高等院校经济管理系列教材

劳动经济学

杨爱元 ◎ 主编

安徽大学出版社

图书在版编目(CIP)数据

劳动经济学/杨爱元主编. —合肥:安徽大学出版社,2021.9(2022.8重印)
ISBN 978-7-5664-2290-3

Ⅰ.①劳… Ⅱ.①杨… Ⅲ.①劳动经济学－高等学校－教材 Ⅳ.①F240

中国版本图书馆 CIP 数据核字(2021)第 190632 号

劳动经济学
Laodong Jingjixue

杨爱元 主编

出版发行:	北京师范大学出版集团 安 徽 大 学 出 版 社 (安徽省合肥市肥西路3号 邮编230039) www.bnupg.com.cn www.ahupress.com.cn
印　　刷:	江苏凤凰数码印务有限公司
经　　销:	全国新华书店
开　　本:	184mm×260mm
印　　张:	19.25
字　　数:	404 千字
版　　次:	2021 年 9 月第 1 版
印　　次:	2022 年 8 月第 2 次印刷
定　　价:	52.00 元

ISBN 978-7-5664-2290-3

策划编辑:姚　宁　邱　昱		装帧设计:孟献辉	
责任编辑:姚　宁		美术编辑:李　军	
责任校对:方　青		责任印制:陈　如	

版权所有　侵权必究

反盗版、侵权举报电话:0551—65106311
外埠邮购电话:0551—65107716
本书如有印装质量问题,请与印制管理部联系调换。
印制管理部电话:0551—65106311

前　言

人类文明史就是一部劳动创造史。劳动是财富的源泉,也是幸福的源泉。早在17世纪,英国古典政治经济学之父威廉·配第(William Petty,1623—1687)就提出了劳动决定价值的基本原理,并在劳动价值论的基础上考察了工资、地租、利息等范畴。配第认为,生产商品所耗费的劳动时间决定商品的价值。他还提出了"劳动是财富之父"和"土地是财富之母"的著名观点,对后人的劳动价值研究产生了深远的影响。

经济学是研究稀缺资源如何有效配置的学问,这一核心问题已渗透到经济学的所有学科分支。劳动力作为研究经济问题的首要因素,是一个重要资源,其本身也是稀缺的,由此产生的劳动经济学就是因劳动力资源的稀缺性而研究其有效利用问题的一门科学。

劳动是人类生存的基本要求,但作为一门学科的劳动经济学的产生与发展,与社会生产的进步与发展是密不可分的。19世纪中叶,"劳工政策"一词开始在经济学著作中出现。此后,西方许多国家都把劳工政策作为社会经济政策的重要组成部分,力图通过一定的劳工政策来缓和劳资矛盾,以保证经济的发展和社会的稳定。这些劳工政策通常包括工资标准及最低工资的制度、劳动时间的规定、社会保险和社会救济、社会就业的指导、职业技术教育、劳动条件的监督、劳资纠纷的调解、工会法、罢工法、劳资关系法等。

20世纪初,一些专门研究劳动和劳工问题的经济学著作相继问世。1925年,美国学者S·布卢姆出版了《劳动经济学》,其内容包括就业、工资、劳资关系、劳工运动、劳动立法等。这标志着劳动经济学作为一门独立的学科正式登上历史舞台。

20世纪七八十年代以后,劳动经济学是经济学体系中发展最为迅速、参与研究的经济学家人数较多、并且研究技术和工具不断得到充实和改进的重要分支学科之一。它不但囊括了劳动力供给与需求理论、收入分配理论、就业理论、商业周期理论等经济分析,而且吸收和应用了心理学、社会学、哲学、政治学、行为科学、统计学、计量经济学等方面的重要研究成果。随着劳动力资源在社会经济生活中的影响越来越大,对社会的贡献越来越大,劳动经济学也越来越成为显学。

历史发展到今天,大数据时代对劳动经济管理提出了新的要求,共享经济的发展给企业管理提出了新的课题。因此,劳动经济学作为一门研究劳动问题的学科,需要与时俱进,研究劳动经济领域出现的新问题,谋求新的发展。

致力于劳动经济问题研究一书的编写,是我从教三十多年的愿望。本书特点主要表现在以下几个方面:

(1)除第一章绪论外,基本是按照先微观后宏观的顺序编排相关章节。

(2)每章内容结构基本上是按照学习目标、正文、本章小结、关键概念、思考题、课后阅读资料等几个部分组织的。

(3)在每一章正文的适当位置增加了一定的即问即答。这些即问即答,有的是对所学知识的回顾,有的是对所述内容的即时分析和思考。有的有参考答案,有的没有,纯粹是启发思考而已。

(4)在每一章正文的适当位置还增加了一定的视野拓展,以二维码形式呈现,读者可以扫码查阅并思考。

(5)每一章的一些主要概念,除了在正文中进行了解释,有的还在旁边进行了补充说明。

(6)课后思考题,大部分在书中都能找到答案。但有些问题,还要请读者查阅相关资料才能解答。

感谢湖南学者仇德辉先生,他对我的写作提出了许多很好的参考建议并提供了丰富的参考资料。他的著作《统一价值论》也给了我很大的写作启发。在本书写作过程中,我力争站在哲学、经济学、政治学、社会学等学科角度,对劳动问题进行一点创造性思考,希望广大读者能够对劳动问题有一个更深刻、更加全面的理解。

感谢汪传雷、刘兰凤等几位老师,他们为本书出版提供了很多建设性意见和大量的参考资料。特别感谢安徽大学出版社的邱昱和姚宁两位老师,为本书的编辑出版付出劳动。

本书所用的相关辅助资料,包括拓展资料、课后阅读材料等,均来自经济日报、中国科学报、经济参考网、新华网、人民网、新浪、优酷等媒体,在此一并向各媒体和各位作者表示感谢。大部分的资料在书末参考文献中有所体现,部分未注明的,在本书中的相关位置也有注明。本书课后思考题有参考答案,若有需要,可与出版社联系。

编写一本经济学的方面的著作,是一件非常辛苦的事。但辛苦与快乐往往是并存的,因为在这个过程中,本人也在不断学习、不断进步。由于本人水平所限,再加上社会经济的不断发展变化,新问题又层出不穷,因此,本书不足之处在所难免,敬请各位读者批评指正。

编者
2021 年 6 月 6 日

目 录

第一章 绪 论 ……………………………………………… 1
第一节 劳动概述 ……………………………………… 2
第二节 劳动经济学的研究对象 ……………………… 7
第三节 劳动经济学的学习方法与内容 ……………… 11
第四节 为什么要学习劳动经济学 …………………… 16

第二章 劳动需求论 ……………………………………… 22
第一节 劳动需求的基本概念 ………………………… 23
第二节 完全竞争下的劳动需求 ……………………… 27
第三节 不完全竞争下的劳动需求 …………………… 37
第四节 劳动需求弹性 ………………………………… 44

第三章 劳动需求论的拓展 ……………………………… 50
第一节 多要素投入的劳动需求 ……………………… 51
第二节 雇佣人数与劳动时间 ………………………… 54
第三节 不同类型劳动的需求 ………………………… 57
第四节 最低工资与劳动需求 ………………………… 65

第四章 劳动供给论 ……………………………………… 72
第一节 劳动供给概述 ………………………………… 73
第二节 人口与劳动参与率 …………………………… 76
第三节 个人劳动供给分析 …………………………… 84
第四节 福利与所得税政策对劳动供给的影响 ……… 95

第五章 劳动供给论的拓展 ……………………………… 100
第一节 生命周期中的劳动供给 ……………………… 101
第二节 职业选择 ……………………………………… 105

第三节　家庭生产理论 …………………………………………… 113
第四节　劳动时间的进一步分析 ………………………………… 123

第六章　人力资本论 …………………………………………………… 130

第一节　人力资本的基本概念 …………………………………… 131
第二节　人力资本投资模型 ……………………………………… 135
第三节　教育投资 ………………………………………………… 141
第四节　在职培训 ………………………………………………… 145

第七章　工资论 ………………………………………………………… 155

第一节　工资概述 ………………………………………………… 156
第二节　激励工资理论 …………………………………………… 161
第三节　效率工资理论 …………………………………………… 168
第四节　工资差异理论 …………………………………………… 171

第八章　劳动力流动论 ………………………………………………… 181

第一节　劳动力流动概述 ………………………………………… 182
第二节　劳动力流动决策 ………………………………………… 189
第三节　劳动力流动类型 ………………………………………… 191
第四节　资本与产品流动的影响 ………………………………… 200

第九章　劳动力市场歧视论 …………………………………………… 204

第一节　歧视的概念及类型 ……………………………………… 205
第二节　劳动力市场歧视理论 …………………………………… 209
第三节　劳动力市场分割理论 …………………………………… 220

第十章　就业与失业论 ………………………………………………… 227

第一节　就业与失业概述 ………………………………………… 228
第二节　失业类型与成因 ………………………………………… 234
第三节　失业理论 ………………………………………………… 243

第十一章　收入分配论 ………………………………………………… 252

第一节　收入分配理论 …………………………………………… 253
第二节　收入分配不平等的衡量 ………………………………… 256
第三节　收入分配差异产生的原因 ……………………………… 259
第四节　收入分配差距扩大的治理 ……………………………… 265

第十二章 劳动与宏观经济 ·········· 273

第一节 政府与劳动力市场 ·········· 274
第二节 二元经济与刘易斯拐点 ·········· 279
第三节 失业与通货膨胀 ·········· 283
第四节 经济发展与就业增长 ·········· 287

参考文献 ·········· 297

第一章
绪论

学习目标

1. 劳动概念与价值
2. 劳动经济学的研究对象
3. 劳动经济学的基本假设
4. 劳动经济学的学习方法
5. 为什么要学习劳动经济学

经济学是一门研究稀缺资源如何优化配置和有效利用的学问。作为经济学的一门重要分支学科——劳动经济学,它不仅与其他专业经济学有着密切的联系,还与社会学、心理学、人类学、伦理学、政治学等学科显著相关。劳动经济学不但对经济学理论的发展作出了巨大贡献,而且由于其研究问题涉及最为复杂的经济现象,推动了经济学研究方法不断进步和完善。正因为如此,劳动经济学者是诺贝尔经济学奖的常客,2010年的诺奖就全部颁给了三位劳动经济学家。

在英国,经济学专业的研究方向一般分为宏观经济学、微观经济学、劳动经济学、国际经济学、计量经济学和发展经济学五大方面,劳动经济学排在第三位,可见其重要性。

在现实社会生活中,没有哪一个问题像劳动问题一样与我们的生活密切相关。我们大多数人在一生中都面临着就业、失业、工资、人力资本投资和流动等问题的选择。在今天这个共享经济时代,"大众创业,万众创新"风起云涌,如何合理开发和利用劳动力资源,是每一位企业管理者、人力资源管理者和劳动经济学者都应该思考的问题。

本章首先从劳动的基本概念出发,提出了劳动经济学的研究对象,然后分析了劳动经济学的学习方法,明确了劳动经济学的研究内容,最后告诉大家为什么要学习劳动经济学。

第一节 劳动概述

人类生产出的财富,都是劳动力、劳动工具、劳动对象这三种基本要素共同作用的产物,劳动力是其中的决定因素。劳动是人类生存与发展的必要条件。劳动创造文明,创造财富,促使人类发展,推动历史前进。那么,什么是劳动?劳动有什么特征?劳动的价值何在?本节对这些问题进行简单说明。

一、劳动的基本概念

人民创造历史,劳动开创未来。对劳动的解释,主要有以下几种。

劳动是人们使用劳动工具改造自然使之适应自己需要的有目的的活动。

劳动是指人们在各种活动中劳动力的使用或消耗。简单地说,人们所从事的各种"劳动",与"生产""经营""工作""上班""营业""务工""务农""就业"等范畴相比,含义更为广泛。

> **劳动:**
> 劳动是公民的权利和义务。权利和义务是密切联系的,任何权利的实现总是以义务的履行为条件。没有权利就无所谓义务,没有义务就没有权利。

劳动是发生在人与自然界之间的活动，实质是通过人的有意识的、有一定目的的自身活动来调整和控制自然界，使之发生物质变换，即改变自然物的形态或性质，为人类的生活和自己的需要服务。

劳动是人创造的活动，它包括各种生产过程（在工厂上班，在土地上耕作，在学校里教学等）。在各种技术水平上，千百万种工作和任务都是由劳动完成的。对于一切人类文明来说，劳动力是最重要的生产要素。

劳动是具有一定生产经验和劳动技能的劳动者使用劳动工具所进行的有目的的生产活动，其根本标志在于制造工具。劳动是整个人类生活的第一个基本条件，它既是人类社会从自然界独立出来的基础，又是人类社会区别于自然界的标志。马克思认为，劳动创造了人本身。

劳动是指能够对外输出劳动量或劳动价值的人类运动，劳动是人维持自我生存和自我发展的唯一手段。运动并不等于劳动，它还包括消费活动，劳动只是运动的一种特殊形式。人的消费活动与劳动往往是相互渗透、相互作用的。消费活动是为劳动服务的，是劳动的前提和基础。

劳动是人类运动的一种特殊形式。在商品生产体系中，劳动是劳动力的支出和使用。

劳动是人类社会存在和发展的最基本的条件，劳动在人类形成过程中，起了决定性的作用。人类的祖先猿，是经过长期劳动才变成为能制造工具的人。劳动在不同社会制度下，具有不同的地位与作用。劳动通过作用于劳动对象，创造能满足人们需要的各种物品。所谓劳动对象是指人们在劳动过程中对一切被加工的东西的总称。它可以是自然界原来有的，例如矿石等；也可以是加工过的原材料，例如钢材等。

全国科学技术名词审定委员会对劳动的定义是：劳动是指有劳动能力和劳动经验的人在生产过程中有目的的支出劳动力的活动。

即问即答：矿工们说：劳动是挖掘地下的火种，让乌金成河。农民们说：劳动是春季里栽种的秧苗，收获秋天的硕果。环卫工们说：劳动是每天给城市洗脸，用绿色和花香装扮美丽家园。你怎么看劳动？

视野拓展

二、劳动的特征

人们对劳动与其他生产要素区别的理解，使得劳动经济学作为一门学科发展起来，并带动了其他领域的发展。劳动区别于其他生产要素的特点，可以从劳动的一般特征和新经济下的特征两个方面进行分析。

1. 劳动的一般特征

劳动作为保证或改善劳动者或其家庭成员的社会地位的手段，它的一般特征主要表现在以下几个方面。

(1) 劳动是人有目的的脑力活动。人脑浓缩了巨量的信息，因而就可能形成特殊的信息场，并由信息场发出具有能动作用的信息力，即脑力。劳动不是被动的、盲目的活动，而是一种主动的、自觉的活动。劳动是脑力与时间的相互作用，这种作用的存在形式称为"劳动力"。

(2) 劳动是一种自身生产和增值的活动，这是劳动的本质。劳动是人创造财富的活动。创造财富是人与自然的关系，即人通过适应和改造自然，达到利用自然获取社会财富的目的。社会上任何个人或集团的脑力活动，符合这个要求的才可以定义为劳动。

(3) 劳动力"出售"他的劳动，但保留自身拥有的资本。这是将劳动与其他生产要素区别开来的核心原因。劳动力能够凭借其所拥有的生产技能提供劳动服务，但他们在"出卖"劳动服务的时候，并未出售人体本身。被人们称为"人力资本"的劳动者及其技能并不能像实物资本那样被卖掉。

(4) 所有的劳动出售者都具有一定的主观偏好。这种偏好主要表现在职业选择、就业地点和工作条件等方面。这一特点并非强调不同类型的人适合于作不同类型的决策，而是指出，劳动者对不同类型工作的非货币利益和损失的认识将会显著地影响其劳动供给决策。

(5) 雇主具有雇佣劳动力的主观偏好。雇主以何种方式来雇佣何种人，不仅取决于人们的生产能力，还取决于性别和种族等其他因素。雇主在劳动使用上可能存在主观歧视，这是劳动作为生产要素的一个十分显著的特点。

(6) 劳动供给决策与物品需求决策有十分密切的相互依赖性。这一特点表明提供劳动服务的劳动者也是消费者，他要购买劳动产品。而物品的消费需要货币和时间，这又依赖于劳动者提供的劳动数量和质量，以及他从劳动中获取的收入。因此，消费和劳动供给决策是同时决定的。

(7) 居住于同一家庭中的人们的劳动供给决策是密切相关的。这一特点表明劳动问题的复杂性。个人通常是家庭或更大社会单位的一分子。在这种情况下，一个人的劳动供给决策和消费决策能够影响该社会单位其他成员的相应决策。例如，丈夫失业可能影响妻子提供其劳动服务的决策,反之亦然。

2. 新经济时代劳动的特征

新经济是历史发展的产物,共享经济是其中的典型代表。其具体表现为快速的经济增长和收入提高、低失业率和适度通货膨胀。新经济是基于知识经济的全球化经济,其基本特征是高技术化和全球化。新经济时代的出现给各国经济发展带来了新的机遇与挑战,对人们的生活方式产生了深远的影响。

今天,在新经济时代,劳动的特征主要表现在以下几个方面。

(1)劳动概念广义化。在新经济时代,传统的生产性劳动和非生产性劳动的划分失去意义,知识创新者已取代资本所有者而处于支配地位。劳动概念的广义化,使得一切生产要素的所有者通过利用生产要素取得收入的活动,都可称为劳动。

(2)劳动配备的要素知识化。劳动者就业必须具备当代的知识技术,在业劳动者以智力为主。机器不仅会排挤体力劳动者,也会排挤脑力劳动者。

(3)劳动时空条件低限化。在农业经济时代,日出而作,日落而息。而在新经济时代,劳动就业灵活化,许多工作不一定要在固定的时间和固定的地点进行,只要有网络的地方,就可以工作。

(4)劳动观念流动化。在工业经济时代,人们找到一份工作,倍感珍惜。而今天,追求生活享受的劳动者,要从多方面搜寻满意的工作。自主、求新、流动是新生代的劳动理念。当前,中国的劳动力市场正在经历着前所未有的结构性变革,每年我国大量的人口流动以及新兴产业业态的出现,给劳动力带来了机会。

(5)劳动生活化。对于新经济下的新生代员工来说,他们追求劳动过程自由,渴望被授权,渴望得到尊重。他们不一定将劳动作为谋生的主要手段,他们只是将工作当作生活的一部分。因此,如何及时激励,如何真诚引导,如何从关心劳动者到关心其家庭,如何从关心劳动到关心休闲等,都成为管理者要思考的问题。

上述这些特点都在某种程度上涉及人类的主观价值判断和偏好。显然,许多学科和研究方法都可应用于这一领域。劳动市场研究并非经济学家的独立领域,社会学家、地理学家和心理学家等都对它的发展作出过重要贡献。

三、劳动的分类

对劳动的分类主要可从以下三个角度进行。

1. 根据劳动的耗费方式分类

按参与劳动的方式不同,劳动可分为体力劳动和脑力劳动。

体力劳动是指劳动者运用生产资料,进行直接劳动操作以生产物质产品,以体力耗费为主。简单地说,体力劳动是指用体力来完成的产生价值的运动。

脑力劳动则以脑力耗费为主,其特征在于劳动者在生产中运用的是智力、科学文化知识和生产技能。简单地说,脑力劳动是指用脑力来完成的产生价值的运动。

2. 根据劳动的复杂程度分类

按劳动的复杂程度不同,劳动可分为简单劳动和复杂劳动。

简单劳动是指不需要经过专门训练和培养的一般劳动者都能从事的劳动,或者是虽然要经过培训,但技术要求非常简单的劳动。

复杂劳动是指需要经过专门训练和培养,具有一定文化知识和技术专长的劳动者所从事的劳动,如医生治病、老师授课等。在相同的劳动时间里,复杂劳动创造的价值要大于简单劳动的价值。

3. 根据劳动的市场性分类

按劳动的市场性不同,劳动可分为市场性劳动和自理性劳动。

市场性劳动是一种有价劳动,是指生产和创造物质产品与精神产品,这是一般意义的劳动。我们研究的主要就是这种劳动。

自理性劳动也称为"非市场性劳动",是一种无价劳动,是指自己为自己或家人提供服务或产品,而没有通过市场交易的劳动,如为自己烧饭、洗衣等。

即问即答: 医生的劳动是脑力劳动还是体力劳动?你为父母打扫房子是市场性劳动还是自理性劳动?

四、劳动是价值的唯一源泉

劳动创造价值。劳动的分工与协作,深刻影响着社会结构的表现,进而塑造了社会机制与文化观念。劳动价值是一种特殊的使用价值,它是劳动力这种特殊的商品所产生的使用价值,是一种能够产生价值增值的使用价值。

劳动价值论是关于价值是一种凝结在商品中的无差别的人类劳动,即抽象劳动创造价值的理论。劳动决定价值的思想最早由英国经济学家威廉·配第提出,其著名的观点之一是"劳动是财富之父,土地是财富之母"。配第是现代政治经济学的奠基者,他最先认识到劳动是商品价值的源泉,开创了正确探索劳动价值的道路。

亚当·斯密在其名著《国民财富的性质和原因的研究》中系统地探讨了劳动价值论。他认为,劳动是衡量一切商品交换价值的真实尺度。斯密从商品价值的角度分析,认为劳动是第一价格,是最初用以购买一切货物的代价。此外,斯密还认为,劳动生产力上最大的增进,以及运用劳动时所表现的更大的熟练、技巧和判断力,似乎都是分工的结果。因此,斯密认为要尊重劳动者的贡献,首先要尊重劳动的所有权,并认真提出了"劳动所有权是一切其他所有权的主要基础,所以这种所有权是最神圣不可侵犯的"的观点。

宏观经济学的创始人梅纳德·凯恩斯认为,总需求函数与总供给函数相等时的需求称为"有效需求",并称这是其著作《就业、利息和货币通论》的实质性内容,而这两个函数决定了就业量。凯恩斯认为,在技术、资源和成本均为既定的情况下,收入取决于就业量。凯恩斯还认为,就业的机会必然会受到有效需求的多寡的限制。简单地说,有效需求决定充分就业,而充分就业决定国民收入。这种思想从理论上指出了发展经济固然很重要,但关键还要看劳动就业。如果充分就业目标已经实现,则此时的国民收入是最理想的,而不必计较国民收入是多是少。

马克思劳动价值论的科学性是公认的。马克思把价值的实体归结为劳动,主张资本只是无偿占有自然条件。马克思认为,劳动价值是劳动者在生产商品过程中所付出的一般人类劳动量,劳动力的价值是由生产、发展、维持和延续劳动力所必需的生活资料的价值来决定的。马克思的劳动价值理论告诉我们,一切商品的价值都是由人的劳动创造的,凝结在商品价值中的社会必要劳动,是决定商品价格变动的根本原因。

今天,一些人的劳动观、世界观、价值观出现了错位。有人鄙视劳动,有人不尊重劳动者,还有人寄希望于不劳而获、少劳多获。

劳动者通过自己的劳动,改善生活,完善自己,改造世界,这是劳动价值的重大体现。当劳动者得到更多的理解、关心和制度保障,充分享受劳动和奉献带来的支持和快乐时,劳动将会成为创造价值和促进社会进步的源泉。

第二节 劳动经济学的研究对象

经济学是研究稀缺资源如何有效配置的学问,这一核心问题已渗透到经济学的所有学科分支之中。劳动力作为研究经济问题的首要因素,是一个重要资源,其本身也是稀缺的。劳动经济学就是因劳动力资源的稀缺性而研究其有效利用问题的一门科学。

一、资源的稀缺性

离开了资源,人类的生存和发展就无从谈起。但相对于人的无限需求来说,任何资源都是稀缺的,这种稀缺性是被人类自身"制造"出来的。人类不断追求更高的生活质量,而这种追求本身会遇到时间、空间和各种资源的限制,人们也就不断地为自己制造出了更多的难题和更大的麻烦,于是人们又要花力气解决这些问题,克服这些难题。

资源有限性与人们需要无限性的矛盾是人类社会最基本的矛盾。这一矛盾的有效解决需要我们认真研究如何进行资源的有效配置。

一方面,人类生存发展总是需要生活资料,人们的需要具有多样性和无限性。人的需要表现为各种各样的需要,如生存需要、享受需要、发展需要,或者经济需要、政治需要、精神文化需要等。这些需要随着人们生活的社会环境条件的变化而变化,不断地从低级向高级发展,不断扩充其规模。旧的需要满足了,新的需要又产生了。

另一方面,资源具有有限性和不平衡性的特点。资源的有限性也称为"稀缺性",是指相对于人们的无穷欲望而言,经济资源或者说生产满足人们需要的物品和劳务的资源总是不足的。不平衡性有两层含义:一是需要结构是不平衡的,人们不得不作出选择,分出轻重缓急,在满足需要时分出先后顺序;二是资源在不同地区、不同国家、不同的社会群体中的分布是不平衡的。

由于资源是有限的,各个国家必须实施可持续发展战略。可持续发展就是既要考虑当前发展的需要,又要考虑未来发展的需要,其核心是实现经济社会和人口资源环境的协调发展。

作为第一要素的劳动资源,当然也具有稀缺性,主要有如下表现。

第一,劳动资源的稀缺性是相对于社会和个人的无限需要和愿望而言的,是指相对的稀缺性。在一定时期,社会可支配的劳动资源无论其绝对量有多大,总是一个既定的量。任何一个既定的资源量与无限性的需要相比总是不足的,即具有稀缺性。

第二,劳动资源的稀缺性又具有绝对的属性。社会和个人的需要和愿望不断增长、变化,已有的需要和愿望得到了满足,又会产生新的需要。因此,劳动资源的稀缺性存在于社会历史发展的各个阶段,从而使劳动资源的稀缺性具有普遍和绝对的属性。

第三,在市场经济中,劳动资源稀缺性的本质表现是利用劳动资源的支付能力、支付手段的稀缺性。支付能力和支付手段的有限性,正是劳动资源闲置的根本原因之一。

即问即答:既然劳动资源是稀缺的,为什么还会出现失业?

二、劳动经济学的研究对象

关于劳动经济学的研究对象,存在着多种多样的表达和叙述。就劳动经济学字面的意义来看,一方面,应当理解劳动经济学的"劳动"这一范畴的内涵和外延;另一方面,对劳动经济学中所涉及的"经济学"问题,有必要进行一些分析和讨论。

美国劳动经济学家伊兰伯格和史密斯认为,劳动经济学研究的是劳动力市场的运行和结果。确切地说,劳动经济学研究雇主和雇员对工资、价格、利润以及雇佣关系的非货币因素(如工作条件)的行为反应。

英国学者德里克·博斯沃思等认为,劳动经济学以个人、家庭和企业在劳动服务供给和需求方面的基本经济行为作为主要研究对象。

杨河清教授认为,劳动经济学是一门研究劳动的人的学问。劳动经济学以经济学的一个重要领域,即劳动力资源的开发与优化配置作为研究的重点,围绕劳动力市场和劳动关系展开分析与研究。

有的学者认为,劳动经济学是研究劳动力市场中劳动力供给和劳动力需求各自影响因素以及相互作用关系的经济学分支。劳动经济学的研究领域包括劳动力供给、劳动力需求、就业、工资、人力资本投资、失业、收入分配等。

还有学者认为,由于劳动经济学是在政治经济学的基础上产生的一门具体经济科学,它应研究生产关系中直接与劳动有关的部分,即研究生产关系中的劳动关系。这种劳动关系包括劳动力与生产资料的结合方式、劳动的分工与协作形式、对劳动者分配个人消费品的形式等主要内容。

也有学者认为,劳动经济学是研究劳动这一生产要素投入的经济效益以及与此有关的社会经济问题的经济学科。其核心是如何以最少的活劳动投入费用取得最大的经济效益,包括微观经济效益和宏观经济效益。

总体而言,尽管上述各种定义所强调的重点不同,但基本方面都离不开劳动力的供求、劳动力的市场、劳动者的行为,以及离不开经济学的基本范畴,包括成本、收益和价格,基本的分析方法和资源配置优化的目标。因此,绝大多数的学者对劳动经济学的研究对象的定义基本是一致的。对此,曾湘泉教授认为,劳动经济学是对劳动力资源配置市场经济活动过程中的劳动力需求和供给行为,及其影响因素的分析和研究。简单来说,劳动经济学也可表述为是对劳动力市场及其影响因素的研究。

三、劳动经济学的价值

究竟是什么原因使得劳动经济学成为一个重要的研究领域呢?对于这个问题,有很多答案。

1. 劳动经济问题的现实性

劳动经济学重要性的证据在现实生活中随处可见。今天,浏览一下各种媒体的标题,我们经常可以看到与劳动经济学有关的问题。例如,政府要求增加最低工资,削减员工,劳动生产率下降,农民工工资急剧上升,工资增长不均,工作培训,国有企业高管人员的高工资受到质疑,收入分配不平等,劳动力流动频繁,招工难,新生代员工难管等。

另外,劳动经济学还有助于我们理解过去几十年中社会经济"大趋势"发生的原因及其结果,如服务业就业快速增长,女性劳工数量激增,农民大量流向城市,实体部门劳动力流失,劳动力市场全球化扩大等问题。

当前,我国劳动力市场正在经历重要变革。从供给方看,劳动年龄人口比例下降,劳动者受教育水平逐步提高,90后进入劳动力市场并成为主力,追求自由、灵活为主的就业观念开始在青年一代流行。从需求方看,受技术进步驱动、商业模式创新推动,零工经济快速发展,新经济、新业态不断涌现,用工形式由原来传统的雇佣模式改为商务合作关系。劳动力供需形式和特点的变化给劳动关系界定、劳动力市场监管、社会保障体系运转带来了巨大挑战。

2. 数量上的重要性

认定劳动经济学重要性还表现在数量方面。在西方经济中,大部分国民收入并不是来源于资本收入(利润、租金和利息),而是来源于工资。在美国,绝大多数居民户的主要收入来源是提供劳务。有资料表明,从美国国内生产总值构成看,从1930年开始,劳动报酬在国民收入中的比重一直占50%以上,进入21世纪以来,更是在60%之上,最高接近70%。这表明,从数量上看,劳动才是我们最重要的经济资源。

从劳动力流动角度看。有学者研究,我国流动人口规模从1982年的657万人增加到2017年的2.44亿人,人口流动对改革开放40多年高速经济增长的贡献率高达20%~30%。段成荣教授认为,流动劳动力已成为经济成长的重要源泉。2016年,北京市流动劳动力对北京市生产总值的贡献率为9.17%,即当年流动劳动力直接创造了约2354亿元人民币产值。

3. 独有的特性

劳动力市场上劳务"买""卖"关系所体现的特点和特性,要求我们对其进行独立研究。劳动力市场的交易完全不同于产品市场的交易。劳动力市场是一个极有意义和复杂的场所。当一个劳动力得到一份工作时,他不但希望挣得一份工资,而且十分关心工资增长率、附加福利、风险程度、晋升和解雇的规则等。作为回报,该员工必须放弃一些时间,企业要求他提升自身的技能,培训其他劳动者,付出体力和智力,服从厂商对他的时间安排。这样,劳动者的供给决策要比产品市场的供给概念复杂得多。

同样,一种产品的需求取决于该产品所能提供的满足程度和效用,而对劳动的需求是因为其贡献,即在生产物品和提供服务上的生产力。实际上,对某种特定劳动的需求取决于该劳动所能生产的产品的需求,如社会之所以有对汽车工人的需求,是因为存在对汽车的需求。因此,对劳动的需求是一种间接的或"引致"的需求。对劳动力市场的理解必须建立在对劳动供给和需求特性的理解之上。特有的制度因素,最低工资、职业许可及歧视等,都将影响劳动力市场的运行,因而需要特别关注。

4. 收益的广泛性

无论是个人还是社会,都可以从劳动经济学中得到许多启示和教益。从劳动经济学得到的信息和分析工具有助于人们作出与劳动力市场有关的决策。

从个人角度看,本书中表述的大量内容将直接与读者有关,如工作搜寻、失业、歧视、工资和劳动力流动等。

对于企业管理者来说,从对劳动经济学的理解中所得到的知识背景和分析方法,对作出有关雇佣、解雇、培训和劳动者报酬等方面的管理决策也应该是十分有用的。

从社会角度看。了解劳动经济学将使人们成为更有知识、更理智的公民。劳动经济学问题的范围和影响是广泛的。例如,政府是否应该限制国有企业经理人员、运动员和娱乐业从业人员的高收入?税率结构的变化会对劳动积极性产生怎样的影响?移民政策的制定应该是自由化还是更加严格?是否应该给予正规教育和职业培训或多或少的公共支持?对这些问题,你不一定立即能够作出详细和准确的回答,但劳动经济学可以给你提供可贵的洞察力,从而有助于形成你对这些问题和类似问题的个人观点。

第三节 劳动经济学的学习方法与内容

现代劳动经济学运用选择理论来分析和预测劳动力市场参与者的行为和劳动力市场的运行对经济的影响。因此,为了更好地理解并掌握其中的最优选择理论,就要探讨劳动经济学的学习方法。本节首先明确劳动经济学的四个基本隐含假设,其次探讨劳动经济学的主要学习方法,最后对该学科的主要内容进行简单介绍。

一、劳动经济学的基本假设

要研究劳动经济问题,不可能穷尽所有因素,这需要作出一定的假设,以便对主要因素进行分析。劳动经济学的假设主要表现在以下四个方面。

1. 资源的相对稀缺性

如前所言,相对于社会中个人和集团的欲望而言,土地、劳动力、资本和企业家资源是稀缺的,或是有限的,这种相对稀缺性要求社会必须对劳动和其他资源如何分配作出选择。同样,个人也面临着时间和可支配收入的相对稀缺性。尽管我国劳动力资源比较丰富,但满足社会需求的有效劳动力是稀缺的。因此,时间、个人收入和社会资源的稀缺性构成了经济学分析的基本前提。

2. 效用最大化

由于劳动资源的稀缺性,人类社会进行生产经营活动时,必须研究劳动资源的合理配置和利用。在市场经济条件下,市场运作的主体是企业和个人。他们都有自己的目标,力争实现各自的效用最大化。当然,并不是说任何一个市场主体的每一种决策行为都达到了效用最大化的目标,而是说主体的行为可以用效用最大化的观点加以分析和预测。

3. 行为的有目的性

稀缺性这一假设所隐含的重要命题是,人们对资源的使用既存在着供求问题,又存在着成本,特别是机会成本的问题。对劳动者个人而言,选择一种职业必须有所放弃,其本身不仅有直接的成本和收益问题,还有因个人劳动力的有限而引起的放弃其他选择的成本和收益问题。用人单位的情况也是一样,如用高价格招聘张三,也面临着放弃对王五的雇佣。可以说,劳动力市场上的个人及各级的人力资源部门,每天都处在资源稀缺性约束下的就业抉择之中。每一种选择在得到某种东西的时候,总是要牺牲另外一些东西,这种牺牲(如放弃闲暇等)就是机会成本。

4. 行为的适应性

资源的稀缺性迫使人们作出选择,而选择是有目的的,因而劳动市场的参与者会对所观察到的成本和收益的变化作出反应。例如,当工资率发生变化时,劳动者就会调整其所愿意工作的小时数;当某一特定技术的培训成本上升,或者当拥有该技能的劳动者的工资下降时,很少有人愿意获得这一技术;当厂商所生产的产品的需求发生变化时,它们会调整其雇佣人数;一些劳动者会从低工资的地区迁移至工资率较高的地区。现代劳动经济学就是要对这些反应加以分析,发现可预测的模式,从而增加我们对经济运行的理解。

二、如何学习劳动经济学

劳动经济学所研究的内容与我们每一个人都密切相关。那么,如何学习劳动经济学呢?

1. 学好经济学的基本原理

关于经济学原理,无论是微观部分还是宏观部分,概念和公式都非常多,记忆和理解起来也非常困难。经济学原理中的效用论、成本论、市场论、分配论和宏观政策等内容,对学习劳动经济学的帮助很大。

2. 理解劳动价值理论

劳动价值理论讨论的是劳动是创造商品价值的源泉的问题。现在的问题主要是如何去认识这个"劳动"。随着经济和社会的发展,一个以知识创新为特征的新经济时代正在深刻地改变着人们的生产和生活方式。现代社会劳动的形式已经发生了深刻的变化,劳动要素由以体力劳动占绝大部分变成了脑力劳动和体力劳动共存。我们对当代社会劳动形式这一新特点,在分析和研究劳动创造价值时必须给予充分的考虑。

3. 理解实证研究方法

实证研究方法作为一种研究范式,产生于培根的经验哲学和牛顿、伽利略的自然科学研究。**实证研究方法**是认识客观现象,向人们提供实在、有用、确定、精确的知识的方法,其重点是研究现象本身"是什么"的问题。实证研究方

> **实证研究方法:**
> 主张从经验入手,采用程序化、操作化和定量分析的手段,使社会现象的研究达到精细化和准确化的水平。

法试图超越或排斥价值判断,只揭示经济现实内在的构成因素及因素间的普遍联系,归纳概括现象的本质及其运行规律。例如,最低工资制度对就业的影响是什么?失业保险对于失业时间的长短存在何种影响?农村剩余劳动力进城对于城市劳动者的收入和就业会产生怎样的影响?收入所得税减免对于劳动力供给的影响是怎样的?等等。

实证研究方法具有两个特点:

一是实证研究方法的目的在于认识客观事实、研究现象自身的运动规律及内在逻辑;

二是实证研究方法对经济现象研究所得出的结论具有客观性,可根据经验和事实进行检验。

运用实证研究方法分析研究经济现象,目的在于创立用以说明经济现象的理论。因此,运用实证研究方法研究客观现象的过程,也就是形成经济理论的过程。这一过程步骤如下。

第一步,确定所要研究的对象,分析研究对象的构成要素、相互关系以及影响因素,搜集并分析相关的事实资料。

第二步,设定假设条件。试图把所有复杂因素都包括进去,显然是既不现实也不可能的。为此,必须对某一理论所适用的条件进行设定。

第三步,提出理论假说。假说是对存在的经济现象经验性的概括和总结,但还不能说明它是否能成为具有普遍意义的理论。

第四步,验证。在不同条件和不同时间对假说进行检验,用事实检验其正确与否。检验还包括应用假说对现象的运行发展进行预测。

运用实证研究方法研究劳动力市场现象,必须坚持调查研究,一切从实际出发;同时需要运用经济学知识和均衡分析、市场非均衡分析、静态分析和动态分析方法,还需要运用逻辑学、数学、统计学等多方面的知识和分析工具。

4. 理解规范研究方法

规范研究方法是以某种价值判断为基础,说明经济现象及其运行"应该是什么"的问题。规范研究方法研究客观现象的目的在于:提出一定的标准作为经济理论的前提,并以该标准作为制定经济政策的依据,以及研究如何使经

> **规范研究方法:**
> 是关于经济目标、经济结果、经济决策、经济制度的合意性的研究,旨在对各种经济问题的"好""坏"作出判断。

济现象的运行符合或实现这些标准。比如:是否应当为最低工资立法?是否应当废除失业保险制度?等等。

规范研究方法具有以下两个特点:

一是规范研究方法以某种价值判断为基础,解决经济现象"应该是什么"的问题,

这里的价值概念涉及的是最优的行为标准问题；

二是规范研究方法研究经济现象的目的主要在于制定经济政策。

规范的基本原则是互惠。互惠的交换当然对社会有积极意义，它有利于提高社会总体福利水平。关于互惠原则的理解，主要有以下三点。

第一，市场交易行为活动涉及的所有各方均受益，即没有人在此交易行为活动中遭受损失。比如，当一个用人单位用高薪招聘一个营销总监时，如果应聘者是一个进行过较大的人力资本投资，并有丰富经验的人士，那么此人将会给企业创造相当多的价值，这是符合双方收益的互惠原则的。企业的好处是，一个既懂营销分析又懂资本运作的营销总监，将大大改善企业的经营管理状况，这将更能促使管理出效益；个人的好处是，高薪实现了个人人力资本投资的回报，体现了个人价值。

第二，在市场交易行为活动中，有一些人获得收益，但无人遭受损失。而在现实经济生活中，这种损失情况是常常会发生。例如，在劳动立法中，特别强调反对在人员招聘中发生的年龄歧视。但是，简单的年龄歧视的招聘政策，对个别企业是有些好处的，比如能减少人员招聘过程中的甄选成本等。未被招用者可以到其他单位从事相应的工作，也许还能实现更佳的匹配。

第三，在市场交易行为活动中，有一些人获益，同时有一些人受损，但从长期来说，全社会收益总量大于损失总量。在市场交易过程中，由于各种原因，并非所有的交易都让交易双方获益。比如，新成立的公司可能在新员工的工资待遇上并不一定与他的绩效对等。当然，交易受损在短期内是可以的，但长期必须获益，否则交易无法进行下去。

劳动力市场的很多交易行为活动是在互惠的原则驱动下发生和展开的，但并不是说所有互惠的行为都会自动产生。劳动力市场如同产品市场一样，由于信息不对称、交易障碍、价格扭曲和市场缺位等原因，许多市场行为尽管存在着互惠的理由，但未能发生互惠的活动行为。互惠交换的障碍仅仅依靠市场自身的力量很难消除，需要政府制定一定的社会经济政策加以调整。因此，规范研究方法往往成为政府制定社会经济政策服务的工具。

5. 学以致用

劳动经济学分析许多重大的经济和社会问题。失业的原因和收入分配等问题已引起人们的广泛关注。工资和工资支付制度的激励效应，成为人力资源管理学中的热点。劳动市场上的性别歧视，以及长期失业的分布等问题涉及十分重要的社会问题。在政府日益关注生产率和竞争力的时代，人力资源在经济增长进程中的作用日益显现。

现代劳动经济学运用选择理论来分析和预测劳动力市场参与者的行为和劳动力市场的运行对经济的影响。无论是今天的劳动者个人或明天的企业家，还是企业家、政治家或经济家,劳动经济学都会对我们的思维方式的改进与提高起着非常重要的作用。这也是为什么西方有些发达国家将劳动经济学作为许多专业必修课的主要原因。总之,劳动经济学是很重要的一门理论基础课程,在今后的生活当中,它一定能帮助我们更清楚地看待这个社会,了解这个社会的运行而受益终生。

三、劳动经济学的研究内容

劳动经济学要研究分析的内容有很多。本书共分十二章。

第一章是总论,主要分析劳动的概念、劳动经济学的研究对象和学习方法,以便读者对本书内容有基本的了解。

第二章至第五章分别通过考察劳动需求和劳动供给,以奠定劳动经济学的基础。劳动需求是一种派生需求,它源自于人们对产品的需求。雇主打算为劳动支付的价格,取决于他由该劳动产品所能够获取的价格及劳动生产率。劳动供给分析始于考察个人选择:是否参与劳动、工作多长时间。人们对劳动供给理论的发展体现在考察家庭生产与劳动市场供给之间的关系,家庭作为一个决策单位时的情况,以及整个生命周期中的劳动供给决策。

第六章探讨劳动经济学的一个重要领域,即人力资本投资。本章分析了人力资本投资的决策模型,以及教育的成本和收益,探讨了培训的成本和收益。

第七章讨论工资理论,主要研究工资的影响因素,重点讨论激励性工资理论、差异性工资理论和效率工资理论。

第八章讨论劳动力流动。大量的劳动力流动可能发生于企业内部,而不是发生于企业之间,即内部劳动市场可能与外部劳动市场同时运行。所有劳动力流动都是有成本的,当然也是有收益的,这需要进行成本效益分析。

第九章分析劳动力歧视问题,即劳动力歧视的原因有哪些?对歧视者和被歧视者有什么不同的影响。

第十章分析就业与失业问题。通过分析影响就业的因素,进一步理解失业的影响。通过失业理论的回顾,分析失业的产生原因,提出了解决失业问题的一些思路。

第十一章分析收入分配问题。市场经济是竞争经济,各种要素贡献不一,收入不等。一方面要执行劳动分配原则,另一方面也要防止收入分配差异过大,目的是促进社会经济和谐稳定发展。

第十二章研究劳动与宏观经济问题。由于宏观经济问题很多,也很复杂,本章只对政府与劳动市场、失业与通货膨胀、二元经济与共享经济、经济增长与就业增长等问题进行简单分析。

劳动经济学问题一直是国内外主流经济学关注的重要问题。作为经济学的一门主要分支学科,劳动经济学研究劳动关系及其发展规律,与政治经济学、产业经济学、部门经济学及其他专业经济学有着密切的联系。它们通过相互取长补短,共同得到了发展。随着社会经济转型,中国正面临着日益严峻的就业形势,就业、失业、劳动力市场发育等问题成为经济生活中越来越重要的课题。借鉴国外现代劳动经济学的理论、方法和历史经验,在研究现实问题的同时,发展具有中国特色的劳动经济学任重道远。

第四节　为什么要学习劳动经济学

在当今社会,一个人要不要工作?如何选择工作?企业如何选择劳动力为其服务?如何制定合适的薪酬政策?政府如何出台就业政策?这些政策对劳动力市场会产生什么样的影响?为什么会产生失业?如何解决收入分配不公和收入差异扩大化问题?等等,这些劳动经济问题,无论是微观的,还是宏观的,最终都涉及每一个人的切身利益。因此,正确认识和研究劳动经济学的地位与学科意义,就成为非常迫切重要的课题。

一、经济学是一门研究人类如何生活的学问

经济学的核心是经济规律,资源的优化配置与有效利用是经济规律的展开和具体表现。

1932年,英国经济学家罗宾斯提出了一个经典性的经济学定义:经济学是一门研究目的与具有可供选择的用途的稀少手段之间关系的人类行为科学。这就说明,经济学的产生就在于人类无尽的欲望与物品稀少性的矛盾。

美国当代著名经济学家保罗·萨缪尔森在其《经济学》中也写道,经济学是研究人和社会如何作出最终抉择的科学。萨缪尔森给出的一条最重要的理由是:在人的一生中,你永远都无法回避无情的经济学真理。所以,我们必须学习经济学。

哈佛大学教授格里高利·曼昆在他的畅销书《经济学原理》中,一开篇就谈到要学经济学的三个原因:学习经济学有助于了解我们所生活的世界;经济学的学习会使人更精明地参与经济活动;经济学会使人们更加理解经济政策的潜力与局限性。

二、劳动经济学是社会发展进步的产物

劳动经济学具有较长的发展历史。西方工业化社会对劳动就业问题的关注首先是工业化生产所导致的劳动分工,以及劳动力市场运行失调所引起的失业问题。因此,劳动经济学最初的发展是基于宏观经济运行的结果而引起的。

随着资本主义生产方式的产生和发展,劳资雇佣关系扩展到社会生活的各个领域。与此相联系,劳工问题(包括工资、失业、劳动时间、劳动条件、妇女与童工劳动、

劳资谈判、罢工等)日益突出,劳工运动不断发展。这是劳动经济学赖以产生的社会背景。

19世纪中叶,许多资本主义国家都把劳工政策作为社会经济政策的重要组成部分,力图通过一定的劳工政策来缓和劳资矛盾。劳工政策通常包括工资标准及最低工资的制度、劳动时间的规定、社会保险和社会救助、就业指导、职业技术教育等。

20世纪初,一些专门研究劳动和劳工问题的经济学著作相继问世。美国管理学家F·W·泰罗在工厂组织中进行劳动定额和计件工资制的实验,并发表了《科学管理原理》等著作,对微观劳动管理具有重大意义。1925年出版的美国学者S·布卢姆的《劳动经济学》,包括就业、工资、劳资关系、劳工运动、劳动立法等内容。1929年至1933年世界性资本主义经济危机的爆发,致使劳工问题尖锐化。英国经济学家J·M·凯恩斯的"有效需求不足"理论和"非自愿失业"概念的提出,对西方劳动经济学的发展产生了非常重要的影响。

三、劳动经济学研究的是特殊的生产要素

经济学是研究生产要素如何实现有效配置的学科。劳动经济学作为经济学的一门分支学科,是专门研究"劳动力"这种生产要素如何配置的学科。

在当代,无论是发展中国家,还是发达国家,都面临着两个关于劳动经济方面的挑战:一是国家经济正在向世界经济转;二是面对世界新技术革命,如人工智能的快速发展。从实质上来看,都是对劳动人才的争夺。从2017年下半年开始爆发的全国性的人才吸引大战,正充分证明劳动资源的重要性。

劳动经济学作为应用经济学的重要组成部分,在现代经济学中具有比较突出的地位。2010年度诺贝尔经济学奖授予了三位杰出的劳动经济学家——(美)P·A·戴蒙德、(美)D·T·莫滕森和(英)C·A·皮萨里德斯,更引起人们对劳动经济学地位和作用的关注。在思考摩擦性失业和失业持续期等现实问题的基础上,三位经济学家发展起来的工作搜寻和职位匹配理论让我们深入认识了劳动力市场制度对失业率的影响。

四、劳动经济学让你理性地看待经济问题

劳动经济学是一门迷人的学科,它的研究范围从微观层面的劳动力市场运行和企业内部人力资源的配置,到宏观层面的失业和收入分配问题。通过学习和研究劳动经济学,我们可以思考有关经济运行的本质问题。同时,由于劳动经济学还触及一些有关社会和人的更为深刻的问题,我们不仅能够学会基本的经济学分析方法,还能够关注人与社会的发展。

劳动经济学的发展对未来中国的发展无疑具有重要意义。随着中国经济的发展

和城市化进程的推进,中国劳动力市场将处于不断演化的过程之中,就业问题将始终是政策制定者关注的中心议题。例如,老龄化和城市化将如何影响未来的劳动力市场?生育政策应如何调整以应对老龄化问题?社会保障政策如何适应老龄化趋势?大幅度提高最低工资标准将对中国的劳动力市场有何影响?对个性化强烈的新生代员工如何进行有效管理?当然,有些问题的深入研究已远远超出本书的范围。

随着中国经济的发展和劳动力市场的演化,各类劳动经济问题将为中国的劳动经济学的发展提供丰富的素材,而中国劳动经济学的研究成果也将成为相关公共政策制定的重要依据。党的十九大提出,目前我国社会的主要矛盾已经转变为人民日益增长的美好生活需要和不平衡不充分的发展之间的矛盾。有很多新的问题不断产生、旧的问题不断演化,这对我国劳动经济学科的发展而言既是挑战、又是机遇。

2020年初,全球爆发新冠疫情,这对全球经济增长会带来一定的负面影响,但我国经济从高速增长阶段迈向高质量发展阶段的大方向不会改变,提升就业质量要求劳动经济学科予以科学理论指导的内在需求也不会改变。疫情总会过去,我国的产业结构如何演变,各地产业如何布局才有利于就业质量提升等,都需要劳动经济学从就业与产业演进关系的角度给出科学的回答。

五、劳动经济学视角下的人力资源管理

在现代人力资源管理的观念中,人是企业的核心资源,因此,企业在利用人力资源进行财富创造的同时,也会不断地去开发人力资源,这也体现在企业的人力资源管理框架中,包括人员招聘与选拔、人员培训与开发、绩效管理、薪酬管理、员工职业生涯规划等。

企业要追求利润最大化,有一条很重要的途径就是减少成本,而对于有些企业来说,劳动者的工资占了生产成本的很大比例,因此,企业要减少成本,就要合理地雇佣劳动者。

随着劳动就业市场化改革的推进和民生问题的凸显,劳动经济问题越来越受到劳动者、用工单位和政府的关注,劳动经济学也成为经济学科中发展最快的分支,因而此专业的毕业生的就业前景看好。尤其是在经济发达的大中城市,对此专业的人才需求很大,他们能在综合经济管理部门、政策研究部门、金融机构和企业,从事经济分析、预测、规划和经济管理工作。

六、还原劳动的本来价值

劳动不但丰富着我们的生活,而且锻铸着我们的灵魂;不但增加了社会的财富,而且创造了人类的文明。用自己的诚实劳动创造财富,正当而又光荣。如今,在贫富的差异和社会的分化中,还原劳动价值,还原劳动者本色,是经济社会转型期一道紧迫的课题。

每一种职业,本无高低贵贱之分,只有社会分工不同;每一家企业,都应同舟共济,共同创造财富;每一个劳动者,都应当保有自觉的职业道德、敬业精神和工匠意识,都应拥有一份阳光的心态和自信的生活。但是,这一切都得从全社会对劳动的尊重奠基。

劳动的全部意义,就是给予每一个人改变生活、改变命运、改变自己的力量和机会。劳动应当是文明的。文明传递的是一种温暖、一种幸福、一种人道、一种和谐。构建规范有序、公正合理、互利共赢、和谐稳定的劳动关系,已是社会当务之急。依法保障劳动者的劳动报酬,维护劳动者的人格尊严,保障劳动者的基本权益,是其重中之重。

总而言之,劳动经济学是一门非常深奥且有意思的学科,其研究内容与人们的生活是息息相关的。倘若我们能全身心投入,对我们的帮助是巨大的,因为我们完全可以学以致用。学好经济学,特别是学好劳动经济学,不仅仅是让我们懂得一些经济学方面的原理,更重要的是它能让我们改变思维方式,让我们更加积极、健康和理性,从而更好地学习、生活和工作。

本章小结

劳动是具有一定生产经验和劳动技能的劳动者使用劳动工具所进行的有目的的生产活动。劳动是人的自觉的有目的的活动。劳动者"出售"他的劳动,但保留自身拥有的资本。所有的劳动出售者都具有一定的主观偏好。

对劳动的分类可从不同角度进行。根据参与劳动的人体主流系统的不同,人类劳动可分为脑力劳动和体力劳动;按劳动的复杂程度不同,劳动可分为简单劳动和复杂劳动。

经济学是研究稀缺资源如何有效配置的学问。劳动力作为一个重要资源,其本身也是稀缺的。劳动经济学就是研究劳动力资源稀缺性的一门科学。

关于劳动经济学的研究对象,存在着多种多样的表达和叙述。一般认为,劳动经济学是对劳动力资源配置市场经济活动过程中的劳动力需求和供给行为,及其影响因素的分析和研究。简单来说,劳动经济学也可表述为对劳动力市场及其影响因素进行研究的一门学科。

劳动经济学的假设主要表现在以下四个方面:资源的相对稀缺性、效用最大化、行为的有目的性和行为的适应性。

劳动经济学的研究方法主要有两种,即实证研究方法和规范研究方法。学习劳动经济学可以使我们更理性地认识经济问题,理解资源稀缺性的基本内涵,从而更合理地理解劳动资源的优化配置原理,从而更好地做好人力资源的管理工作。

关键概念

劳动　　　劳动价值　　　劳动稀缺性
劳动经济学　实证研究方法　规范研究方法

思　考　题

一、问答题

1. 如何理解劳动经济学的价值？
2. 劳动经济学的研究方法有哪些？
3. 简述劳动经济学的研究内容。
4. 下述两种论点中哪个更好地反映了这种经济学的视角？

(1) 在我国，即使没有退休金，大多数劳动者也会在 60 岁退休，这是因为该年龄一直是通常的退休年龄。

(2) 在我国，大多数劳动者在 60 岁退休，是因为该年龄是他们合法取得个人退休金和全部社会保障金的年龄。

5. 为什么要学习劳动经济学？
6. 实证经济学与规范经济学有何不同？

二、案例分析题

先实现体面劳动，才有创造性劳动

不能否认，我们国家的改革成果共享已经在制度设计层面被逐步落实，城乡二元结构的社会福利保障剪刀差正在随着城乡居民保障的统筹而逐渐缩小。但是，在保证了人们基本的生活所需之后，如何改善劳动条件，提高劳动者特别是一线技术工人的工资收入水平，通过市场价值来体现劳动者的劳动价格和劳动地位，正成为当前时期政府部门首要的任务。

这一方面需要有关部门对薪酬结构进行顶层设计，更多向一线劳动者倾斜；另一方面需要各级政府部门尤其是人社部门加大对劳动者的职业技能培训。只有提高劳动者的技能水平，才能提升劳动者劳动价值的内涵，才能从"中国制造"走向"中国创造"。

而从这次被表彰人员的职称来看，尊重技术人才、重视高技能人才的培养已经成为一个重要的信号。在这次接受表彰的 2968 名全国劳动模范和先进工作者中，有 1484 人拥有专业技术职称，1024 人具有高级职称，技师、高级技师等高等级技术工人有 445 人……

当前，对于我国来说，实现劳动者的体面劳动，其实更多的是如何实现新生代农民工的体面劳动。让这些新生代的农民工真正融入城市，最终成为新市民，这是工作之外的"体面"，更是他们在以后的工作岗位上发挥更大创新活力的前提和动力。

思考讨论：

(1)"体面劳动"的价值是什么？

(2)实现"体面劳动"的途径是什么？

课外阅读资料

第二章
劳动需求论

学习目标

1. 劳动需求的特征与影响因素
2. 劳动需求的变化与劳动需求量的变化
3. 完全竞争市场下的劳动需求决策
4. 不完全竞争市场下的劳动需求决策
5. 劳动需求的价格弹性及其影响因素
6. 马歇尔-希克斯派生需求定理

人工智能发展越来越快速,大量的工作正在被机器代替。共享经济与零工经济不断涌现,塑造了灵活的新型就业形态。新经济的成长创造了新的就业岗位,整个就业容量是增加的。2020年7月23日,人社部中国就业培训技术指导中心联合阿里巴巴钉钉发布《新职业在线学习平台发展报告》,报告统计显示,未来5年,新职业人才需求规模庞大。据统计预测,云计算工程技术人员将需要近150万人,物联网安装调试员将需要近500万人,无人机驾驶员将需要近100万人,农业经理人将需要近150万人,人工智能人才将需要近500万人,建筑信息模型技术员将需要近130万人。

劳动力是第一资源,经济要发展,离不开劳动力需求的增长。企业的劳动力需求是一种派生的需求,它是从消费者的需要和欲望中派生出来的。劳动力市场运行的结果,不但取决于劳动者将他们的时间提供给工作活动的意愿,而且取决于企业雇佣这些劳动者的意愿。对劳动的需求,我们在第二章和第三章进行分析。

本章首先介绍劳动需求的概念,然后从完全竞争和不完全竞争两个市场分析劳动需求的差别,最后研究劳动需求的弹性。

第一节 劳动需求的基本概念

对劳动的需求分析是在生产要素市场进行的。由于生产要素市场与产品市场具有不同的性质,对劳动的需求不同于对产品的需求。

一、劳动需求的一般概念

在产品市场上,需求来自于消费者。消费者购买产品的目的是直接满足自己的吃、穿、住等需求。因此,对产品的需求是所谓的直接需求,即满足"效用"的需求。而在生产要素市场上,需求不是来自消费者,而是来自厂商。厂商购买生产要素不是为了自己的直接需求,而是为了生产和出售产品以获得收益,即满足对利润的最大化追求。因此,从这个意义来说,对生产要素的需求不是直接需求,而是一种间接需求,是从消费者对产品的直接需求中派生出来的,因此,对生产要素的需求又被称为"派生需求"或"引致需求"。对于生产经营来说,生产要素是多种多样的,企业要合理配置多种生产要素。但是,由于同时处理多种要素的需求问题将使分析过于复杂,为简单起见,本书重点分析劳动要素。

简单地说,**劳动需求**是指在一定时期内、一定工资率条件下,企业和社会愿意而且能够雇佣的劳动数量。其特点主要表现在以下几个方面。

第一,它是一种意愿需求,即为厂商从生产经营角度出发,必须有雇佣的劳动需求,它能够帮助厂商实现经营目标。

第二,它是一种有效需求。不同于需要,需求是指厂商有能力雇佣。厂商没有能力雇佣,比如支付不起工资,只能表明厂商有这个愿望,而不能实现雇佣。

第三,它是一种共同需求。也就是说,对劳动的需求只是众多要素需求中的一部分,厂商必须找到与其他要素最佳的配置,否则难以实现经营目标。

如果以 $x_1, x_2, \cdots, x_i$ 表示为影响劳动需求的各种因素,则劳动需求(L)函数可表示为:

$$L = f(x_1, x_2, \ldots, x_i) \tag{2.1}$$

二、劳动需求的影响因素

影响劳动需求的因素很多,主要包括工资、产品需求、生产技术、经营目标、考察时间的长短以及社会制度环境等。

(一)工资对劳动需求的影响

工资是影响劳动需求的最主要因素。一般来说,当其他条件不变时,工资的变化与劳动需求之间成反比,其原因表现在规模效应和替代效应。本章第二节将对此进行进一步分析。

(二)产品需求对劳动需求的影响

在其他条件不变时,产品需求的变动将会使劳动需求曲线按同一方向变动。在本章第四节的劳动需求弹性的影响因素分析中,将会讲到,考察的时期越长,劳动的需求弹性就越大。当其他条件相同时,如果面对产品价格的变化,消费者的反应越强烈,厂商对劳动需求在工资价格变化上的反应就越强烈。

(三)其他资源的价格对劳动需求的影响

当其他投入品(如资本、土地、原材料)的价格发生变化时,劳动需求曲线会发生移动。下文以资本价格的变化对劳动需求的影响为例加以说明。

假设资本价格出现了下降,这会对劳动需求造成什么影响呢?

1. 总替代

如果一种要素的价格变化会导致另一种要素的需求沿相同方向变动,这两种要素间就具有总替代关系。如果劳动和资本之间具有总替代的关系,则资本价格的下降就会导致劳动需求的减少。一方面,资本价格的下降,降低了产品的边际成本,这会导致产出扩张和劳动需求的增加(产出效应);另一方面,厂商使用已变得相对便宜的资本去替代劳动,这又会导致劳动需求的减少(替代效应)。当劳动和资本具有总替代关系时,替代效应超过了产出效应,最终会导致劳动需求的下降。例如,商店使用的安全器材与夜班警卫之间就具有总替代关系,前者价格的下降最终削减了对夜班警卫的需求。

2. 总互补

如果一种要素的价格变化导致另外一种要素的需求沿相反方向变动,说明这两种要素之间具有总互补关系。当劳动和资本具有总互补关系时,产出效应超过了替代效应,劳动需求就增加了。例如,汽车与汽车设计人员之间具有这种互补关系,在过去十几年中,汽车价格的下降使得厂商对汽车设计人员的需求也增加了。

即问即答:男性劳动力与女性劳动力是替代关系还是互补关系?

(四)技术对劳动需求的影响

厂商对生产要素的需求具有共同性,即各生产要素必须共同使用才能生产商品。我们常常用劳动和资本两种生产要素的生产函数来分析技术对劳动需求的影响。生产函数可以表示为:

$$Q = f(L, K) \tag{2.2}$$

式(2.2)中,Q 表示产量;L 表示劳动;K 表示资本。

生产函数表明了生产中的投入量和产出量之间的相互依存关系。我们通常用技术系数的概念来反映生产一单位产品所需要的各种投入之间的配合比例关系,它可以划分为固定技术系数和可变技术系数两种。

固定技术系数是指企业在每一产量水平上所需要的各种生产要素之间的比例是固定的。例如,某些工厂工人数与机器数之间的比例是固定的,有些是 1∶1 的关系,人少了机器就不能正常运转,人多了也不能增加产量。

可变技术系数是指企业在每一产量上所需要的各种生产要素的配合比例是可以变动的。显然,如果某一企业的生产函数具有固定技术系数的特征,那么该企业在使用生产要素时无法相互替代;如果某一企业的生产函数具有可变技术系数的特征,那么该企业在生产中就可以根据生产的成本状况进行替代,以最经济的方式生产产品。

(五)时间长短对劳动需求的影响

生产函数在短期和长期可能是不同的,不同的生产函数就会导致对劳动需求的不同。事实上,在短期和长期之间的简单划分可能是不现实的,原因如下:其一,不同生产要素是以不同的比例发生变化的,如改变手工工人的数量可能比改变机械操作工人的数量更容易;其二,要素的不同统计量以不同的比例发生变化,如工作时数可能比工人人数更容易改变;其三,不同要素变动的速度在不同的时点可能变化不同,例如,当劳动市场需求相对疲软时,可能更容易改变劳动的投入,而改变资本的投入则相对难一些。

然而,尽管有多方面的因素在决定时间的长短中起了重要的作用,但为了集中分析问题,我们首先作如下的假定:只存在劳动和资本两种投入;两种投入各自都是同质的;劳动投入在短期内是可以变化的,而资本只在长期内变化,生产技术在超长期内才能发生变化。然后,我们逐步放开这些假设,并在随后的章节中加以分析。

(六)企业目标对劳动需求的影响

企业目标对劳动需求具有很大的影响。如果将企业目标确定为利润最大化,那么企业试图在既定的成本下尽可能生产最大的产量,或者是在既定的产量下尽可能采用最小的成本进行生产。如果企业以管理效用最大化和销售收入最大化为目标,其所要求的劳动需求量则与利润最大化目标所要求的劳动需求量之间有很大的差异。

(七)社会制度安排对劳动需求的影响

在市场经济条件下,企业需要何种类型的劳动力、多少劳动力,都是企业为实现利润最大化目标的自主行为。然而,现实中的劳动力市场是在一定制度结构的规范下运行的,因而企业的劳动需求不可避免地要在既定的制度约束下确定,这些制度约束可能有利于企业在当时的环境下去追求利润最大化,也可能使企业行为偏离利润最大化或至少是在短期内偏离。因此,我们需要研究社会制度对劳动市场的干预和影响。

三、劳动需求量的变化与劳动需求的变化

(一)劳动需求量的变化

劳动需求量的变化是指在其他因素不变的情况下,仅仅因为劳动要素价格即工资的变化,而引起的企业愿意雇佣的劳动数量的变化,表现为劳动需求曲线上点的移动。一般来说,工资变动与劳动需求量变动成反向关系,如图2.1所示。

图2.1表明,在其他条件不变时,工资下降,劳动的需求量增加。原因主要是厂商生产成本下降,从而赢利增加,进而刺激厂商增加劳动量。反之,工资上升,劳动需求量则减少。

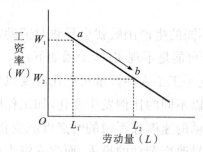

图 2.1 劳动需求量的变化

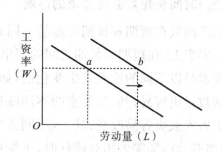

图 2.2 劳动需求的变化

(二)劳动需求的变化

劳动需求的变化是指在工资因素不变的情况下,仅仅因为其他某一影响劳动需求量变化的因素发生的变化,从而引起的企业愿意雇佣的劳动数量的变化,表现为劳动需求曲线的平行移动。比如,产品因市场需求增加而价格上升,厂商利润会因此而

增加,从而刺激厂商扩大生产规模,增加劳动需求,如图 2.2 所示。

图 2.2 中曲线的平移表明,在工资不变时,某一因素变化(如减税)会刺激厂商扩大生产规模,劳动需求曲线向右移,对劳动的需求量增加。反之,劳动需求曲线则左移,劳动需求量减少。

即问即答:在其他条件不变时,若增值税率下降,则劳动需求如何变化?

视野拓展

第二节 完全竞争下的劳动需求

本节试图构建一个完全竞争条件下的企业劳动需求模型,并运用该模型推导企业的劳动需求曲线。这里所说的"完全竞争的企业"是指企业所处的产品市场和要素市场都是完全竞争的,即在产品市场和要素市场上供求的双方都很多,产品与产品之间、要素与要素之间没有任何区别,产品和要素的供求双方都具有完全的信息,产品和要素可以充分自由地流动等。显然,完全满足这些要求的产品市场和要素市场在现实生活中是不存在的,本节暂且这样简单假定,下一节再作进一步分析。

一、生产函数

生产函数表示,有多少产出是由劳动力、资本等要素的任一结合所生产出来的。为简便起见,我们假设只有两种生产要素投入:劳动量(L)和资本量(K)。

首先作出非常具有限制性和值得注意的两种假设。

假设 1:雇员的劳动量等于所雇劳动者人数乘以每人劳动时数。集中关注 L,而不是关注它的两个相互分离的组成部分。我们假设企业雇佣 10 位劳动者,每人每天劳动 8 小时所得到的产量,与企业雇佣 20 位劳动者,每人每天劳动 4 小时所得到的产量是相同的。

假设 2:不同类型的劳动者是同质的。事实上,劳动者是非常异质化的。有些劳动者是大学毕业生,有些则是中学辍学者;有些劳动者拥有丰富的劳动力市场经验,有些人则是新近进入者。简而言之,有些劳动者对企业的贡献也许比其他人对企业产出的贡献大得多。

与企业的生产函数相关的最重要的概念是边际产品。**劳动力的边际产品**

(marginal product of labor, MP_L)被定义为：当其他投入不变时,来自雇佣额外一位劳动量时产出的变化量。简单地说,MP可表示为增加一单位可变要素劳动投入量所增加的产量。类似地,资本的边际产品是指当其他投入不变时,来自一单位资本存量的增加而引发的产出的变化量。我们假设劳动力和资本的边际产品都为正数。

劳动力的边际产品最终会下降的假设来自边际收益递减规律。随着越来越多的劳动者被配置到某一固定的资本要素,来自专业分工的收益和劳动者的边际产品就下降了。事实上,如果企业不遭遇边际收益递减,它就会无止境地扩展其雇佣的劳动数量。

当企业的目标是使其利润达到最大化时,企业的利润表示为：

$$\Pi = PQ - wL - rK \quad (2.3)$$

式(2.3)中,Π表示利润,P为企业能够出售其产出的价格,Q为产品产量,w为劳动力价格即工资,r为资本的价格。

我们假设企业是其所在产业中的一个较小的竞争参与者。于是,P不受该企业生产和出售多少产品的影响;w和r也不受企业雇佣多少劳动力或利用多少资本的影响。一个完全竞争性的企业不能影响价格,只能通过雇佣和利用适宜数量的劳动力和资本来达到利润最大化。

二、短期劳动需求决策

我们将短期定义为企业不能扩大或缩小其规模。因此,在短期中,企业的资本存量被固定在某一水平K,变动的只有劳动量L。

(一)劳动要素需求原则

由于假定企业是在产品和要素市场上的利润最大化追求者,企业使用劳动要素的原则是增加一单位劳动的使用所带来的边际收益和边际成本必须相等。

1. 使用要素的边际收益

企业的收益函数等于产品产量与产品价格的乘积,可以用公式表示为：

$$TR(Q) = Q \cdot P \quad (2.4)$$

由于产品价格固定不变,企业的收益决定于另一个因素,即产量。因此,总收益TR被看成产量Q的函数。

在产品市场分析中,收益是产量的函数,与生产要素无关。一旦转入要素市场,则应进一步看到,产量是生产要素的函数。假设完全竞争企业在短期内只能变动的生产要素是劳动,式(2.4)则可以将收益看成劳动要素的复合函数,即可表示为：

$$TR(L) = Q(L) \cdot P \quad (2.5)$$

收益对产量的导数就是产品的边际收益MR。而在完全竞争条件下,这个边际收益等于产品价格,即$MR=P$。因此,为了求得劳动的边际收益,必须以劳动为自变

量求取导数,即对(2.5)式进行求导,得到如下等式:

$$dTR(L)/dL = dQ(L)/dL \cdot P \tag{2.6}$$

式(2.6)中,$dQ(L)/dL$ 为劳动的边际产品 MP。$MP \cdot P$ 表明增加使用一单位劳动所增加的收益,这就是完全竞争企业使用劳动要素的"边际收益",我们称之为**劳动的边际产品价值**(value of the marginal product, VMP)。于是有下列公式成立:

$$VMP = MP \cdot P \tag{2.7}$$

应特别注意,劳动的边际产品价值(VMP)与产品的边际收益(MR)的区别:前者是针对劳动要素而言的,故称为劳动的边际产品价值;后者通常是针对产量而言的,故称为产品的边际收益。

由于劳动的边际产品是产量对劳动的导数,故也是劳动的函数。根据"边际生产率递减规律",劳动的边际产品为一条向右下方倾斜的曲线。根据式(2.7)可知,劳动的边际产品价值也是劳动的函数,由于 P 为常数,边际产品价值曲线显然也向右下方倾斜。

2. 使用劳动要素的边际成本

成本函数是企业的成本与产量水平之间的关系,用公式表示为:

$$TC = C(Q) \tag{2.8}$$

由于产量又取决于所使用的劳动要素数量,故成本也可以直接表示为劳动的函数。若设劳动要素的价格为 w,则使用劳动要素的成本就可以表示为:

$$TC = w \cdot L \tag{2.9}$$

在完全竞争的劳动市场上,劳动价格是既定不变的常数,使用劳动要素的边际成本(MLC)就等于劳动价格:

$$MLC = dTC(L)/dL = w \tag{2.10}$$

式(2.10)表示完全竞争企业增加使用一单位劳动所增加的成本。

由于使用劳动的成本被看作劳动数量的函数,故它对劳动的导数即使用劳动要素的边际成本也是劳动数量的函数。在完全竞争条件下,该函数曲线在图形上表现为一条水平线。

3. 完全竞争企业使用劳动要素的原则

企业使用劳动要素的原则是使边际成本等于相应的边际收益,这是企业利润最大化目标在劳动使用上的具体体现。在完全竞争市场中,企业使用劳动要素的原则可以表示如下:

$$VMP = MP \cdot P = w \tag{2.11}$$

当劳动价格一定时,如果每增加一单位劳动所增加的价值大于增加的劳动成本,则厂商会继续增加劳动的需求。随着劳动投入量的增加,边际产品价值下降,当每增加一个单位的劳动所增加的价值小于增加的劳动成本时,厂商就会减少劳动的投入量。因此,如果完全竞争企业在使用劳动要素时实现了上述条件,那么该企业就实现了利润最大化,此时使用的劳动数量就是最优的数量。图2.3表明,曲线VMP与MLC的交点所决定的劳动需求量是最佳的。

竞争性的企业可以在不变的工资水平上雇佣它所需要的所有劳动力。假设劳动力市场上的工资是10元,如图2.3所示,那么一个追求利润最大化的企业将雇佣8位劳动者。在此雇佣水平上,劳动的边际产品价值等于工资率。若该企业决定只雇佣7位劳动者,它将获得比雇佣该劳动者的成本要多的收入。因此,一个追求利润最大化的企业将会扩展企业并且雇佣更多的劳动力。然而,如果该企业想雇佣8位以上劳动者,其边际产品价值就会低于雇佣的成本。从一个追求利润最大化的企业的角度看,超过8位的雇佣是得不偿失的。

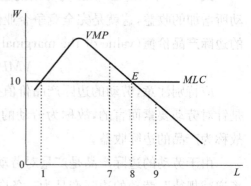

图2.3 完全竞争企业劳动的最佳需求量

图2.3也表明,如果企业只雇佣1位劳动者,其工资也将等于其边际产品价值。然而在此点上,边际产品价值曲线是向上倾斜的,这能使企业利润达到最大化。原因是,如果该企业雇佣另外1位劳动者,被雇佣的第2位劳动者将比第1位劳动者对该企业的收入贡献更大。继续增加雇佣,可增加利润。也就是说,如果VMP保持上升,该企业将不断扩展,以达到利润最大化,但收益递减规律会限制企业的规模扩张。

另外值得强调的是,由于竞争性的企业对工资没有影响,工资水平的高低完全是由劳动力市场供求决定的。企业所能够做的仅仅是设定其雇佣水平,也就使其劳动力的边际产品价值等于市场决定的工资水平。

(二)完全竞争企业的劳动需求曲线

劳动力需求曲线表示的是,当工资变化而资本不变时,企业的雇佣水平会发生什么变化。短期劳动力需求曲线,如图2.4所示,该图显示企业边际产品价值线是向下倾斜的。

劳动的需求函数反映的是企业对于劳动需求的数量与劳动的价格之间的关系。完全竞争企业的劳动需求曲线是指在其他条件

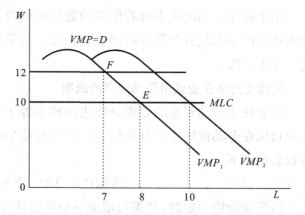

图2.4 完全竞争企业劳动的需求曲线与VMP曲线重合

不变时,完全竞争企业对劳动的需求量L与劳动价格w之间的关系。根据我们在前

面所推导的结论,完全竞争的企业要想实现利润最大化,必须满足式(2.11)所列的条件,由于边际产品 MP 可以看成劳动数量的函数,即为:

$$MP = MP(L) \qquad (2.12)$$

故式(2.11)也可以写成:

$$MP(L) \cdot P = w \qquad (2.13)$$

由于产品价格 P 为常数,上式(2.13)实际上确定了一个从劳动价格 w 到劳动数量 L 之间的一个函数关系,即确定了完全竞争企业对劳动的一个需求函数。

假定一开始时,企业使用的劳动数量为最优数量,现在劳动价格 w 上升,于是有 $MP(L) \cdot P < w$。为了重新恢复均衡,企业必须调整 L,使 $MP(L)$ 上升,从而 $MP(L) \cdot P$ 上升。根据边际生产力递减这一性质,只有通过减少劳动使用量才能达到这个目的。由此得出结论:随着劳动价格的上升,企业对劳动的最佳使用量即需求量将下降;反之,亦然。因此,完全竞争企业的劳动需求曲线与其边际产品价值曲线一样向右下方倾斜。

劳动力需求曲线的位置取决于产出的价格。因为边际产品价值被定义为产出价格乘以边际产品。如果产出变得越来越昂贵,那么短期需求曲线就会向上移动。例如,假设产出价格上升,图 2.4 中的边际产品价值曲线就会从 VMP_1 移动到 VMP_2。如果工资是 10 元,产出价格的上升就会将该企业的雇佣水平从 8 位劳动者提高到 10 位劳动者。因此,短期雇佣水平与产出价格之间存在着一种正相关关系。

进一步考察式(2.13)我们可以发现,在完全竞争的条件下,企业在短期内对单一可变劳动要素的需求曲线将与其边际产品价值曲线完全重合。

首先,根据式(2.13)可以获得一个有关劳动量与边际产品价值的函数关系,即有一个劳动量就会有一个相应的边际产品价值与之对应,由此得到了一条向右下方倾斜的 VMP 曲线。

其次,根据劳动市场完全竞争的假设,单个企业改变其劳动使用量不会影响劳动价格的变化,这说明单个企业面临的是一条水平的劳动价格,即工资率曲线 w。

最后,根据劳动要素的使用原则 $VMP = w$,如图 2.4 所示,E 点表明,给定一个劳动价格时,就有一个劳动需求量。也就是说,边际产品价值曲线 VMP 上 E 点也是劳动需求曲线上的点。同样的,如果给定另外一个劳动价格(如图 2.4 中的 $w=12$),则有另外一条水平直线与 VMP 相交于另外一点 F,新的交点也是需求曲线上一点,这点也在 VMP 曲线上。因此,在短期内,完全竞争的厂商如果不调整其他生产要素,仅调整劳动要素,则劳动需求曲线与劳动的边际产品价值曲线恰好重合。

应该注意的是,以上结论的成立需要两个潜在的假定:一是劳动的边际产品曲线不受劳动价格变化的影响;二是产品价格不受劳动价格变化的影响。如果其他生产要素不变,仅改变劳动要素的使用量,则劳动的边际产品曲线不会发生变化。如果我们仅讨论一个企业的生产发生变化,而不考虑其他企业的调整,则由于完全竞争条件下企业产量的变化对市场影响不大,产品价格也不会发生变化。

(三)完全竞争市场的劳动需求曲线

通过前面的分析,我们得知完全竞争企业的劳动需求曲线是与其边际产品价值曲线重合的。我们也可以应用同样的方法推导出整个产业(生产同样产量的一大批企业)中每一个企业的短期劳动力需求曲线。但能不能通过产业中的各个企业的劳动力需求曲线的水平加总获得该产业的劳动力需求曲线呢?

显然,这是不可能的,因为我们前面的分析是假定产出的价格是不变的。在一个完全竞争的行业中,每一个企业都小得无法影响价格。但是,当我们把分析从企业扩展到整个市场,单个企业的劳动需求曲线就有了变化。如果该行业中所有的企业都通过增加雇佣以利用较低的工资水平,该行业就会出现产出的大量增加,这就意味着产出的价格将会下降,从而其边际产品价值也会下降,并且每一单个企业的劳动力需求曲线将会向左轻微移动。在此行业中的雇佣数量就比我们把所有单个企业的需求曲线加总时的雇佣数量小。

在研究短期生产中,完全竞争企业仅调整劳动要素,劳动价格的变化不会影响到劳动的边际产品曲线,即 MP 曲线不发生变化。如果不考虑其他企业的调整活动,则劳动价格的变化不会影响产品价格,从而不会改变劳动的边际产品价值曲线。其原因是该企业是产品市场上的完全竞争者,故其产量的变化并不能改变产品价格。当其他企业都发生调整时,则情况将完全不同。劳动价格变动所引起的全体企业的产量变动将改变产品的供给曲线的位置,从而在产品市场需求量不变时,将改变产品的市场价格。产品价格的改变反过来又使得每个企业的边际产品价值发生改变,从而使得企业的需求曲线与其边际产品价值曲线不再重合。

我们利用图 2.5 来推导在多个企业同时调整情况下,某个企业的劳动需求曲线。假定企业 i 在一个初始工资率 w_1、产品价格为 P_1 的完全竞争的劳动要素和产品市场中,此时有一条边际产品价值曲线 VMP_1。根据该曲线可确定 w_1 下的劳动需求量 L_1。因此,点 $H(W_1,L_1)$ 即为需求曲线上的一点。假定工资下降到 W_2,则劳动需求量增加到 L_3。如果其他企业都进行调整(增加劳动需求和产品供给),于是工资率下降使劳动的边际产品价值曲线向左下方移动,如移动到 $VMP_2(=MP \cdot P_2)$,

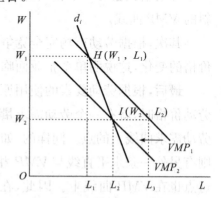

图 2.5 经过市场调整后的 i 企业的劳动需求

从而在工资 W_2 下,劳动的需求量不再是 L_3,而是更少一些的 L_2,就又得到劳动需求曲线上的一点 $I(W_2,L_2)$。

重复上述过程，我们可以得到其他与 H、I 性质相同的点。将这些点连接起来，即可得到在多个企业调整情况下企业 i 对劳动的需求曲线 d_i，也称为"行业调整曲线"。一般来说，该曲线仍然是向右下方倾斜的，但比边际产品价值曲线要陡峭。

我们将上述经过行业调整后的单个企业的劳动需求水平加总，就可以得到整个市场的劳动需求曲线。假定完全竞争的劳动市场中存在 n 个企业，每个企业经过行业调整的劳动需求曲线分别为 $d_1,d_2,\cdots,d_n$，整个市场的劳动需求曲线 D 可以看作所有企业的劳动需求曲线的简单水平加总，即为：

$$D = \sum d_i \tag{2.14}$$

如果假定这 n 个企业都是一样的话，则市场的劳动需求曲线为：

$$D = nd_i \tag{2.15}$$

式(2.15)中，d_i 可以是任何一个企业的劳动需求曲线。

三、长期劳动需求决策

前面在分析短期劳动需求时，假定企业有一定数量的资本，而且这个资本数量是固定的，不能随工资率的变化而变化。但当转向长期分析时，为应对劳动价格的上升，企业不但可以通过调整其使用的劳动数量的方式，而且可以通过调整其资本存量的方式。显然，由于企业长期可以调整资本存量，故企业的长期劳动需求曲线不同于短期劳动需求曲线。

(一)等产量曲线与要素投入选择

前面我们假定企业的目标是利润最大化，这一目标又可以引申出两个重要的企业行为：一是在既定产量下的成本最小化行为；二是在既定成本下的产量最大化行为。当工资率变化时，企业的这两个行为如何随之发生变化呢？换句话说，工资率是如何影响这两个决策从而影响企业对劳动数量的雇佣呢？

我们引入等产量曲线工具来对上述问题进行考察。**等产量曲线**是在技术水平不变的条件下，生产同一产量的两种生产要素投入量的所有不同组合点的轨迹。两要素的等产量曲线如图 2.6 所示。

对于每一企业能够生产的可能产量来说，都存在一条等产量曲线代表的劳动和资本组合。在同一等产量曲线上，不同的组合点表明不同的生产技术。对同一产量的产品，既可以使用较多的资本和较少的劳动来生产，也可以使用较多的劳动和较少的资本来生产。我们将前者称为"资本密集型生产技术"，后者称为"劳动密集型生产技术"。

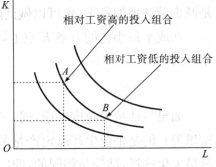

图 2.6　等产量曲线

企业的等产量曲线具有不同的形状,等产量曲线的形状取决于企业特定产品的各种不同技术的性质。但是等产量曲线的一般特征主要表现在以下五个方面。

第一,等产量曲线的斜率为负。在同一条等产量曲线上,一种要素投入多,另一种要素投入就少。

第二,位置较高的等产量曲线具有较高的产量。

第三,等产量曲线是连续的。其经济含义是企业有无限种生产技术可以生产任何数量的产品。尽管这种描述与现实不符,但是这样做有利于理论分析。

第四,等产量曲线斜率的绝对值是递减的。在等产量曲线的左边,企业一般采用资本密集的生产技术,而在等产量曲线的右边,企业一般采用劳动密集的生产技术。

第五,等产量曲线永远不可能相交。因为相交就意味着交点与这两条线上各点的组合能产生同样产量,从而表明这两条线必然是重合的。

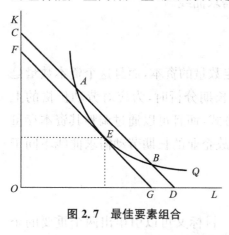

图 2.7 最佳要素组合

为便于分析,引进等成本线。**等成本线**是指在既定的成本和既定的生产要素价格条件下,生产者可以购买到的各种生产要素的各种不同数量组合点的轨迹。如图 2.7 中的 CD 线、FG 线。假定要素市场只有劳动资本两种要素。厂商的最佳要素需求量是由等成本线与等产量线相切决定的。当成本一定时,该要素组合的产量是最大的;当产量一定时,该要素组合的成本是最小的。下面通过图 2.7 分析既定产量下的最小成本组合。

从图 2.7 可以看出,要完成既定的产量 Q,至少有 A、B、E 三个要素组合,但明显 A、B 的组合对应的成本在一条较高的等成本线上,只有 E 点的要素组合所表示的成本是完成既定产量 Q 的最小成本。关于这一点可以这样分析:若从 A 沿 Q 线向下改变要素组合,也就是增加劳动减少资本,可以做到产量不变,而成本下降(如下降到比 CD 等成本线更低的等成本线 FG 上);同样,若从 B 沿 Q 线向上改变要素组合,也就是减少劳动增加资本,也可以做到降低成本。

在成本最小化的方案 E 点上,等成本线的斜率等于等产量线上 E 点的切线的斜率,即为:

$$\frac{MP_L}{MP_K} = \frac{w}{r} \tag{2.16}$$

如果只从技术角度考虑,同一等产量曲线上的任一点与其他点没有实质的区别,这里关心的是企业生产既定产量的最小成本组合。同样,可分析在既定成本下的产量最大化选择,结论是相同的,即厂商的最佳要素需求量是由等成本线与等产量线相切决定的。

(二)长期劳动需求曲线的推导

1. 长期劳动需求曲线的推导

从长期来看,当工资发生变化时,企业对劳动力的长期需求会发生什么变化呢?

先考虑企业生产 Q_1 单位的产出。假定利润最大化企业将在最低成本上生产这一产出水平。工资起初为 W_1,该企业投入的最优组合如图 2.8 所示,选择 10 单位的资本和 L_1 单位劳动的组合,来生产 Q_1 单位的产出。请注意,与生产这一产出水平相联系的成本费用为 C 单位。

假设市场工资下降到 W_2。如果不考虑其他因素,可以得出简单推断,减少工资会使等成本线外移,以表示可雇佣更多的劳动。如果该企业要使得位于 C 水平上的成本费用保持不变,等成本线将围绕 C/r 旋转,并且企业要素的最佳组合会从点 E 移动到点 F。

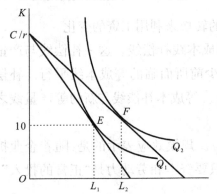

图 2.8 工资变动对劳动需求的影响

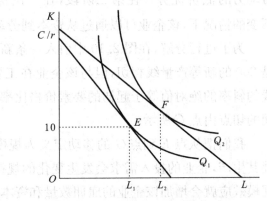

图 2.9 工资变动对劳动需求的影响

工资的下降通常会削减生产企业产出的边际成本。当劳动力变得比以前更便宜时,多生产 1 单位的产出就比劳动力昂贵时更为便宜。于是,我们预期工资的下降将鼓励该企业扩展生产。因此,该企业将会"跳跃"到一条更高的等产量线上。

但事实上,追求利润最大化的企业一般不会在工资发生变化时还想使得成本费用保持不变。其结果是,新的等成本线不必与旧的等成本线一样,从纵轴的同一点画出来。因此,投入的最佳组合是由更高的等产量线上的那一点所给定的,在此点上,等产量线与一条新的等成本线相切,而这条等成本线具有比初始的等成本线更加扁平的特点。因此,解决方案如图 2.9 中的点 F 所示。

如图 2.9 所示,当工资下降时,该企业总是会雇佣更多的劳动者。图 2.9 中的点 F 还意味着,该企业将会使用更多的资本。但现实情况不一定总是如此。简而言之,工资削减不是提高就是减少了资本需求的数量。

劳动力的长期需求曲线给出了企业在特定工资水平上的雇佣数量,并且该曲线是向右下方倾斜的。

2. 替代效应与规模效应

工资的下降鼓励该企业重新调整其投入组合,使之变得更加劳动力密集。此外,工资削减会减少生产的边际成本,鼓励该企业扩展。随着该企业的扩展,它会雇佣更多的劳动者。

替代效应和规模效应如图 2.10 所示。假定企业起初位于点 E,工资为 W_1,生产 100 单位的产出,雇佣 20 个单位劳动者。当工资下降到 W_2 时,该企业会移动到点 F,生产 200 单位的产出,雇佣 50 个单位劳动者。

从点 E 到点 F 的移动可分解为两个阶段。在第一阶段,该企业可以通过生产扩展来利用劳动力的低价优势。在第二阶段,在产出保持

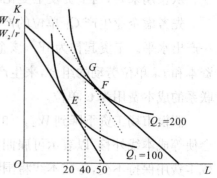

图 2.10 替代效应和规模效应

不变的情况下,该企业可以通过从资本到劳动力的转换来利用工资的变化。

为了进行分解,在图 2.10 中引入一条新的等成本线补偿线。这一补偿线与产量是 200 的新等产量线相切,但与该企业在工资减少前所面临的等成本线平行。补偿线的斜率的绝对值等于起初的要素价格比率 W/r。等成本补偿线与新的等产量线之间的切点由点 G 所示。

我们把从点 E 到点 G 的移动定义为规模效应。规模效应表示的是:随着企业扩展其生产,企业的投入需求会发生变化的规律。只要资本和劳动力是"正常的投入",规模效应就会增加该企业的雇佣数量和资本存量。

除了扩展规模,工资削减还将鼓励企业采用不同的生产方法。其中,一种生产方法是利用更加便宜的劳动力的劳动密集型生产方法。替代效应表示的是:随着工资的变化,产出水平保持不变,企业的雇佣数量将发生什么变化。而且,雇佣数量是由图 2.10 中从点 G 到点 F 的移动决定的。替代效应使得企业的雇佣数量从 40 位劳动者提高到 50 个劳动量。请注意,替代效应必定会减少企业对资本的需求。

随着工资的下降,替代效应和规模效应都会导致该企业雇佣更多劳动者,但对资本的使用量是不确定的。图 2.10 显示的是当工资下降时,该企业会使用更多的资本。如果替代效应大于规模效应,该企业将会使用较少的资本。

四、长期劳动需求曲线与短期劳动需求曲线的相互作用

从长期来看,企业既可以调整资本,也可以调整劳动。而在短期中,企业将维持固定资本存量,不能轻易调整其规模。因此,在长期中,企业可以充分利用工资变化所引入的经济机会,其结果是长期需求曲线比短期需求曲线更加富有弹性。

如图 2.11 所示。我们用 D_L 表示长期劳动需求曲线,用 D_S 表示短期劳动需求曲

线。假定一开始工资率为 W_0，在产品价格和资本价格既定时，企业最优劳动雇佣量是 L_0。E 点既是长期劳动需求曲线 D_L 上的点，也是短期劳动需求曲线 D_{S2} 上的点。当工资从 W_0 上升到 W_1 时，短期内企业将从短期劳动需求曲线 D_{S2} 上的 E 点调整到 A 点，此时企业将因调整产量规模而调整劳动使用量；长期内企业将从短期劳动需求曲线 D_{S2} 上的 A 点移动到 D_{S1} 上的 F 点，原因是企业有充分的时间调整其资本的使用量以替代劳动。反之，当工资率下降到 W_2 时，长期调整劳动规模从曲线的 E 点移到 G 点。

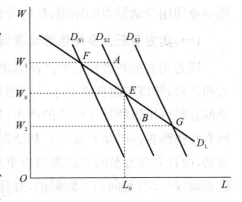

图 2.11 劳动的长期需求曲线与短期需求曲线

在两种情况下，一旦调整完毕，就再次处于新的短期劳动需求曲线上。

通过分析，我们发现，工资率的变动对劳动需求的长期调整影响要大于短期影响，也就是说，企业的长期劳动需求曲线比短期劳动需求曲线更平坦。

即问即答：短期与长期相比，哪一种劳动需求曲线弹性要大一些？为什么？

第三节 不完全竞争下的劳动需求

上一节我们讨论的是完全竞争市场下的劳动需求，但现实中的市场主要是不完全竞争的。不完全竞争表现在垄断、寡头和垄断竞争三种情况。本书只考察垄断市场结构下的劳动需求问题。根据企业在产品和劳动市场上的不同情况，垄断企业可为三种类型：其一是作为产品市场上的垄断卖方；其二是作为劳动市场上的垄断买方；其三是作为产品市场上的垄断卖方和劳动市场上的垄断买方。我们重点讨论前两种类型，因为第三种是前两种的简单"综合"。

一、卖方垄断企业的劳动需求决策

卖方垄断企业是指企业在产品市场上是垄断者，即产品市场上只有一个卖方，但在劳动市场上是完全竞争者，即与其他企业一样参与同质劳动的竞争性需求。

在完全竞争的市场条件下，企业使用劳动要素的边际成本等于劳动价格，这一点在卖方垄断情况下仍然成立。由于卖方垄断企业在劳动市场上仍然假定为完全竞争者，故劳动价格仍然是既定的常数。但是，由于企业在产品市场上是垄断者，它所面临的产品价格不再是固定不变的常数，而是取决于产量或销售量的一个变量。因此，垄断企业使用劳动要素的边际收益不再等于其边际产品价值。下面首先考察卖方垄断企业使用劳动要素的原则,然后考察其对劳动需求的问题。

(一)卖方垄断企业使用劳动要素的原则

因为卖方垄断者面临的产品需求曲线表现为负斜率,产出价格会随着生产的扩大而下降,所以与出售新增单位产出相联系的边际收益并不等于产出价格 P。如果垄断者想要出售额外 1 单位的产出,就必须降低价格,不仅是为了该客户,还是为了所有希望购买该产品的客户。其结果是,边际收益不但低于最后 1 单位产出索取的价格,而且会随着垄断者试图出售更多的产出而下降。图 2.12 显示,垄断者的边际收益曲线(MR)是向右下倾斜的,并且位于产品需求曲线(D)之下。

如果卖方垄断者追求利润最大化,那么其产量将确定在边际收益等于边际成本时的那一点,即如图 2.12 中的点 E 所示,此时产量为 Q_1,价格为 P_1。请注意,垄断者生产的产出低于该产业为竞争性产业时所生产的数量。在一个竞争性市场中,Q_2 单位的产出是在 P_2 的价格上进行交易的。假定所讨论的卖方垄断企业的收益函数和生产函数分别为 $TR=TR(Q)$ 和 $Q=Q(L)$,则收益可以看作劳动的复合函数:$TR=TR[Q(L)]$。根据复合函数求导法则有:

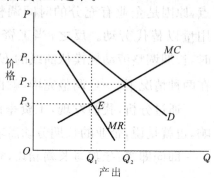

图 2.12 垄断厂商的产出决策

$$\frac{dTR}{dL} = \frac{dTR}{dQ} \times \frac{dQ}{dL} \tag{2.17}$$

在卖方垄断条件下,企业使用劳动的边际收益等于产品的边际收益 MR 和劳动的边际产品 MP 的乘积。这一乘积被称为**劳动的边际收益产品**(marginal revenue product,MRP),即用公式表示如下:

$$MRP = MR \cdot MP \tag{2.18}$$

式(2.18)实际上是一般企业使用劳动要素的边际收益。在完全竞争条件下,企业所面对的需求曲线是一条水平线,MR 等于常数产品价格 P,从而 MRP 等于边际产品价值 VMP;但在卖方垄断条件下,企业的需求曲线就是向右下方倾斜的市场需求曲线,产品价格会随着产量的变动而变动,故产品的边际收益不再等于产品价格。事实上,随着产量的增加,卖方垄断企业必须降低价格才能把所有的产品销售出去,所以企业的边际收益小于最后 1 单位产品的价格,即 $MR<P$。因此,MRP 曲线一定位于 VMP 曲线的下方,如图 2.13 所示。

图 2.13 显示的是垄断者的雇佣决策。因为垄断者的行为只能影响生产市场的产品价格,所以垄断者可以在固定的市场工资 w 的水平上雇佣它想雇佣的任一数量的劳动力。利润最大化的垄断者会雇佣 L_1 位劳动者,在此,工资等于劳动的边际收

益产品。卖方垄断者的利润最大化条件如下所示：

$$MRP = W \tag{2.19}$$

需要注意的是，垄断者最终雇佣的劳动者（L_1）少于该行业为竞争性行业时所雇佣的劳动者，即图2.13中的L_2位劳动者的就业水平。

（二）卖方垄断企业的劳动需求曲线

根据卖方垄断企业的劳动要素使用原则，我们可以推导其劳动需求曲线。公式（2.19）所表示的劳动要素使用原则可改写为：

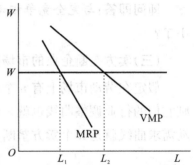

图2.13　垄断厂商的劳动需求曲线

$$MR \cdot MP(L) = W \tag{2.20}$$

式（2.20）确定了劳动使用量L和劳动价格W之间的一个函数关系。

下面考察卖方垄断企业的劳动需求曲线的特征。

假定工资率下降，根据式（2.20）所确定的要素使用原则，劳动的边际收益产品$MR \cdot MP(L)$必然要求下降。下降的程度受MR和MP两个因素的影响。

随着工资率的下降，劳动需求量增加，即劳动需求曲线是一条向右下方倾斜的曲线。由于MR和MP这两条曲线都是递减的，卖方垄断企业劳动需求曲线向右下方倾斜并增加了下降的程度。因此，卖方垄断企业劳动需求曲线比完全竞争条件下的劳动需求曲线更加陡峭。此外，我们进一步可以得到这样的结论：卖方垄断企业的劳动需求曲线与劳动的边际收益产品曲线完全重合。因为卖方垄断企业只有一家厂商，所以卖方垄断企业的劳动需求曲线也就是卖方垄断行业的劳动需求曲线。

下面来考察其他行业多个企业共同调整的情况。当工资变动时，其他行业多个企业的共同调整会导致卖方垄断企业的劳动需求曲线脱离其边际收益产品曲线吗？我们只要考察垄断企业的边际收益曲线是否会因为劳动价格变动而发生变化即可，因为边际产品曲线显然是不变的。但是，劳动价格的变动不会引起卖方垄断企业的产品需求曲线发生变动。原因有以下两点：

其一，整个行业就只有一个企业，卖方垄断企业自己产量变化不会改变其所面临的产品需求曲线；

其二，其他企业的产品与该卖方垄断企业的产品不同，如果不考虑不同商品之间的间接影响，那么其他企业产量的变动也不会改变该卖方垄断企业所面临的产品需求曲线。

由此可以得到以下结论：如果不考虑某些较小的间接影响，则劳动价格的变化不会影响卖方垄断企业的产品需求曲线，从而不能影响它的边际收益产品曲线。换句话说，如果假定只使用劳动，则无论是否考虑其他行业多个企业的调整，卖方垄断企业的劳动需求曲线都等于其边际收益产品曲线。

即问即答：与完全竞争相比，卖方垄断厂商的劳动需求曲线弹性是变大了还是变小了？

(三) 卖方垄断企业的市场劳动需求曲线

假定在劳动市场上有 n 个企业，如果这 n 个企业都是各自产品市场上的垄断者，则它们的行业调整曲线也就是各自的边际收益产品曲线，在这样的情况下，市场的劳动需求曲线就是 n 个卖方垄断企业的边际收益产品曲线的简单水平相加，即为：

$$D = \sum MRP \tag{2.21}$$

有的企业是各自产品市场上的卖方垄断者，有的企业构成了某几个产品市场上的寡头结构等。在这种情况下，整个劳动市场需求曲线不再等于所有企业的边际收益产品曲线的简单水平相加。为了得到市场的劳动需求曲线，仍需要求得每一个企业在各自行业调整情况下的劳动需求曲线，然后再将它们相加。也就是说，仍然要对每一个劳动价格分别求出每一个企业的劳动需求量，再将它们相加求和。

二、买方垄断企业的劳动需求决策

买方垄断企业是指企业在劳动市场上是垄断者，而在产品市场上是完全竞争者。为了便于分析，我们作出以下假定：

第一，有数量众多且符合要求的同质的劳动力，他们在市场上独立地寻找就业机会；

第二，具有完全信息，劳动力能充分流动，不花费任何成本；

第三，只有一家企业对劳动有需求，即一家企业面临着向上倾斜的劳动供给曲线。

> **买方垄断：**
> 在劳动市场只有一个雇主，或者虽有两个或多个雇主，但它们之间有串谋的情况。这两种市场分别称为"纯粹的买方垄断"和"联合的买方垄断"。本书只讨论前一种情况。

与在当前价格水平上可以雇佣任意数量劳动力的竞争相比，买方独家垄断者是工资制定者，而非工资接受者，它必须支付更高的工资以吸引更多的劳动者。例如，位于一个偏僻地方的煤矿是买方独家垄断者，该企业要想说服更多该地居民工作，就必须提高工资，从而达到并超过非劳动者的保留工资水平。

我们将在第四章详细论述劳动供给曲线向右上倾斜的原因。

我们现在考虑两种类型的买方独家垄断企业：完全歧视的买方独家垄断和非歧视的买方独家垄断。

(一) 完全歧视的买方独家垄断者

图 2.14 描绘了该类企业所面临的劳动力市场条件。如同我们前面所指出的，买方独家垄断者面临着向上倾斜的劳动力供给曲线。此外，完全歧视的买方独家垄断者可以在不同的工资水平上雇佣不同的劳动力。图 2.14 的劳动力供给曲线显示，这

一买方独家垄断模型只支付 W_1 的工资,以吸引第 10 位劳动者,并且必须支付 W_2 的工资以吸引第 20 位劳动者。其结果是,劳动力的供给曲线与雇佣劳动力的边际成本曲线相同。

完全歧视的买方独家垄断者面临着一条向上倾斜的供给曲线,并且能够在不同的工资水平上雇佣不同的劳动者。

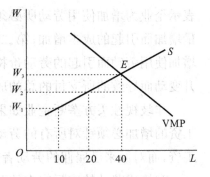

图 2.14 完全歧视的买方垄断的雇用决策

因为买方独家垄断者不能影响产出市场中的价格,来自雇佣额外一位劳动者的收益等于价格乘以劳动力的边际产品,即边际产品价值,所以买方独家垄断者的劳动力需求曲线与竞争性企业一样,是由边际产品价值曲线所给定的。

无论企业是否在竞争性市场中运行,利润最大化的完全歧视的买方独家垄断者都会一直雇佣劳动者,直到雇佣的最后一位劳动者对企业收益的贡献等于劳动力的边际成本时的那一点为止。也就是说,市场均衡出现在点 E,在此点供给等于需求。然而,工资 W_3 不是竞争性工资,相反,它是买方独家垄断者为了吸引所雇佣的最后一位劳动者而必须支付的最高的工资。所有其他劳动者将接受不同的较低的工资,每一位劳动者都可以得到他的保留工资。

(二)非歧视的买方独家垄断者

非歧视的买方独家垄断者必须向所有劳动者支付相同的工资,无论不同劳动者的保留工资高低如何不同。因为非歧视的买方独家垄断者在它希望新增雇佣一位劳动者时,必须提高所有劳动者的工资。表 2.1 中的数字说明了这一点。随着企业扩张,它的边际成本会更高。

从使用劳动要素的原则来看,买方垄断企业使用劳动要素的边际收益应该等于产品的边际收益与劳动的边际产品的乘积。由于买方垄断企业在产品市场上是完全竞争者,劳动的边际收益就等于劳动的边际产品价值,即 $VMP = MP \cdot P$。

表 2.1 非歧视买方垄断的雇佣成本计算表

工资 W	雇用劳动量 L	WL	劳动的边际成本
10	0	0	0
20	1	20	20
30	2	60	40
40	3	120	60
50	4	200	80
60	5	300	100

从使用劳动的边际成本来看,由于买方垄断企业在劳动要素市场上是不完全竞争者,故劳动价格不是固定不变的,使用劳动的边际成本不再等于劳动的价格。

使用劳动的边际成本函数(MLC)如下:

$$MLC = [LW(L)]' = W(L) + L \cdot dW(L)/dL \tag{2.22}$$

式(2.22)表明,劳动的边际成本由两部分组成:第一部分是要素的价格 $W(L)$,

表示企业为增加使用劳动所必须支付给新增加的劳动数量的价格,这是由于劳动数量增加而引起的成本增加;第二部分为 $L \cdot dW(L)/dL$,其中 $dW(L)/dL$ 反映了由于增加使用劳动而引起的劳动价格的上升变动,故第二部分表明企业因劳动价格的上升变动而导致的所支付的总的成本变动。

非歧视性买方垄断企业如果增加使用劳动就必须采取提高工资的办法,而这种工资的增加必须针对所有的劳动者,因为企业不大可能只对新雇佣的劳动者支付高工资,而对原来已雇佣的劳动者支付低工资。

在构成劳动的边际成本的两个部分中,$W(L)$ 是企业所面临的劳动供给曲线。在买方垄断的条件下,由于买方垄断企业是劳动市场上的唯一雇佣者,它所面临的劳动供给曲线与市场的劳动供给曲线是一致的。由于市场的劳动供给曲线通常是向右上方倾斜的,即 $W(L)$ 向右上方倾斜,从而其导数 $dW(L)/dL \geq 0$。由 MLC 的表达式可知:

$$MLC > W \tag{2.23}$$

式(2.23)表示劳动的边际成本曲线位于劳动的供给曲线之上。如图 2.15 所示,劳动供给曲线 $W(L)$ 表示吸引特定劳动数量所必须支付的工资,劳动的边际成本曲线 MLC 表示吸引最后一个劳动者的成本。两条曲线间的垂直距离表示对那些本来愿意在较低工资下工作的劳动者所多支付的工资。注意两条曲线是不平行的,MLC 曲线始终比劳动供给曲线 S 更加陡峭。

图 2.15 显示的是非歧视的买方独家垄断者的劳动力供给曲线与劳动的边际成本之间的关系。因为工资会随着买方独家垄断者试图雇佣更多的劳动者而上升,所以劳动力的边际成本曲线向上倾斜,它上升得比工资更快,并且位于劳动供给曲线之上。利润最大化的买方独家垄断者会一直雇佣劳动者,直到劳动的边际成本等于边际产品价值时的那一点(F)为止。因此,非歧视买方独家垄断者的利润最大化条件是由下式所给定的:

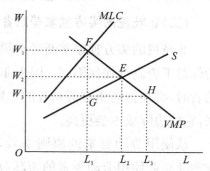

图 2.15 非歧视的买方垄断的雇用决策

$$VMP = MLC \tag{2.24}$$

请注意,劳动力供给曲线表明,买方独家垄断者只需支付 W_3 的工资就可以吸引 L_1 的劳动者。

图 2.15 中所示的劳动力市场均衡具有两个重要的属性。首先,非歧视性的买方独家垄断者雇佣的劳动少于竞争性市场条件下的雇佣数量,即 $L_1 < L_2$。其次,买方独家垄断的工资 W_3 不仅低于竞争性工资 W_2,还低于相应的 VMP。因此,在买方独家垄断中,劳动者所得到的工资低于边际产品价值,劳动者是"受剥削"的。

(三)非歧视买方垄断劳动的需求曲线的非存在性

与完全竞争企业的劳动使用原则相比较,式(2.24)所示的差别在于买方垄断企业的劳动边际成本不再等于劳动价格。如图 2.15 所示,劳动的边际产品价值曲线与劳动的边际成本曲线的交点确定了买方垄断企业的最优劳动使用数量。当企业的劳动需求量确定为 L_1 时,劳动的价格如何决定呢?显然,它应该由劳动供给曲线 $S=W(L)$ 决定,即为 W_3。

根据劳动需求函数的定义,显然 (L_1, W_3) 是需求曲线上的一点。如果我们通过式(2.24)再找到类似于 F 的点,就可以根据式(2.24)所确定的模型推导买方垄断企业的需求曲线。然而,我们无法通过改变劳动价格找到另一个最优的劳动数量。因此,式(2.24)模型本身只能决定一对劳动数量与劳动价格 (L_1, W_3),无法得到更多的需求曲线上的点,除非劳动的供给曲线发生变化。但是,当劳动供给曲线发生变化时,劳动的边际成本曲线也发生了变化,因而其与边际产品收益曲线的交点也发生变化,从而得到不同的工资率与劳动数量的组合点。那么按照这种方法能否得到买方垄断企业的劳动需求曲线呢?

如图 2.16 所示,图中劳动供给曲线 $S_1 = W(L)$ 和劳动的边际成本曲线 MLC_1 为初始的状况,它们与边际产品价值曲线 VMP 一起共同决定了劳动价格 W 和劳动需求数量 L_2。现在假定劳动供给曲线变动到 $S_2 = W(L)$,从而引起劳动的边际成本曲线变动到 MLC_2,它们与 VMP 曲线一起决定了新的劳动价格 W 和劳动需求数量 L_1。可见,相同的劳动价格

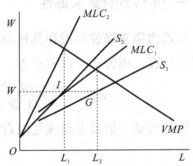

图 2.16 既定劳动价格下的多种雇用决策

有两个不同的最优劳动需求量,这样劳动价格与劳动需求量之间不存在一一对应的关系。

非歧视性垄断买方企业不存在完全竞争厂商那样的劳动需求曲线。事实上,该厂商有效的劳动需求只有一个点 G 而非整条 VMP 曲线。

如果在完全竞争的市场上,均衡的工资和劳动数量将分别为图 2.15 中的 W_2 和 L_2。但在此状态下,买方垄断的厂商将不能实现最大利润。因此,买方垄断的厂商倾向于限制劳动雇佣量并支付一个低于竞争性的工资。

买方垄断者的目标是利润最大化,而社会的目标则是使其产出的总价值最大化。在图 2.15 中 L_1 的劳动量上,VMP 大于劳动价格 W_3。在 L_1 和 L_2 之间的每一单位劳动,其边际产品价值(VMP 上的 EF 部分)都超过了社会的机会成本(S 上的 GE 部分)。如果社会能够重新配置相应数量的劳动到这个买方垄断行业,那么虽然社会将会产生相当于 L_1GEL_2 的面积的损失,但这些劳动会给这个买方垄断行业带来相当

于 L_1FEL_2 的面积的更大的收益。这样,整个社会获得将会有一个净增加,这个净增的部分就由三角形 EFG 的面积来表示。因此,在买方垄断的行业中,劳动的配置通常是不足的,这种不足最终导致了三角形 EFG 的效率损失。

第四节 劳动需求弹性

在完全竞争下,长期劳动需求曲线比短期劳动需求曲线更平坦,单个厂商的劳动需求曲线比市场的劳动需求曲线更平坦。如果不考虑其他因素,当劳动价格即工资率发生变化时,劳动的需求量会发生变化。但是,这样的分析仅仅是从定性的角度做出来的。我们还可以从定量的角度,分析工资率的变化到底会引起劳动需求数量发生多大变化。我们在本节先考察劳动需求的工资弹性,再分析影响劳动需求弹性的因素。

一、劳动力的需求弹性

劳动力需求弹性是指在其他条件不变时,劳动力需求量的变化对工资水平变化的反应程度。用公式可以表示为:

$$E_d = -\frac{\text{劳动需求量变动的比率}}{\text{工资变动的比率}} = -\frac{\Delta L/L}{\Delta W/W} \tag{2.25}$$

因为劳动力的需求曲线是向右下倾斜的,所以劳动力的需求弹性为负数,但一般取正值。

劳动的价格需求弹性一般有两种。

一种是劳动的自身工资弹性,即劳动者本身工资每变动一个百分点所引起的对其需求水平的变化的百分比。不同劳动者对工资的变动反应程度不同,主要表现为以下五种类型。

(1)无弹性。当工资变动一个百分点时,劳动量的变动幅度几乎为零,此时弹性系数为0。

(2)缺乏弹性。当工资变动一个百分点时,劳动量的变动幅度不到一个百分点,此时弹性系数小于1。

(3)单位弹性。当工资变动一个百分点时,劳动量的变动幅度也为一个百分点,此时弹性系数为1。

(4)富有弹性。当工资变动一个百分点时,劳动量的变动幅度超过一个百分点,此时弹性系数大于1。

(5)无限弹性。当工资变动一个百分点时,劳动量的变动幅度无穷大,此时弹性系数为无穷大。

如果通过模型来表示弹性大小,则劳动需求曲线越陡峭,弹性越小,反之则越大。如图 2.17 所示,A 线的弹性为 0,B 线的弹性为无穷大。

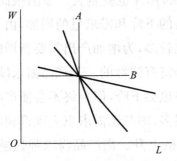

图 2.17　劳动需求弹性的 5 种情形比较

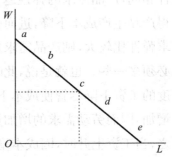

图 2.18　劳动需求弹性的相对性

上述对劳动需求弹性的表示方式并不完全正确。其实除了无弹性和完全弹性,在同一条劳动需求曲线上各点的弹性都不一样。劳动需求曲线上点的位置越高,弹性越大;位置越低,弹性越小。如图 2.18 所示。a 点弹性为无穷大,c 点(中点)弹性为 1,e 点弹性为 0。

另一种劳动需求弹性是交叉弹性。**劳动的需求交叉弹性**是指某一种劳动要素(如 A)需求量的变动劳动对另一个劳动要素(如 B)的价格变动的反应程度。用公式表示为:

$$E_{AB} = \frac{\frac{\Delta L_A}{L_A}}{\frac{\Delta W_B}{W_B}} \tag{2.26}$$

其中,若 $E_{AB} > 0$,则说明 A、B 两要素是替代关系。比如,汽车司机工资上升,在其他条件不变的前提下,汽车票价会提高,坐火车的人就会增加,从而会增加对火车司机的需求。反之,若 $E_{AB} < 0$,则说明 A、B 两要素是互补关系。比如,汽车司机工资提高,旅游费用会提高,从而旅游人数会减少,进而导游需求量会减少。

二、决定劳动需求弹性大小的因素

决定劳动的市场需求弹性的因素可以通过马歇尔－希克斯引致需求原理来说明。该原理首先由英国马歇尔(Alfred Marshall)得出,后经希克斯(John R Hicks)进一步提炼。该原理分析了在某一特定产业中有可能产生富有弹性的劳动力需求曲线的因素,尤其是:对产出的需求弹性越大,劳动力需求曲线就越富有弹性;要素替代性越大,劳动需求曲线就越富有弹性;生产中投入的其他要素的供给弹性越大,对劳动力的需求就越富有弹性;劳动力在总成本中所占比重越大,劳动力需求曲线就越富有弹性。下面是关于这个问题的理论归纳分析。

(一)产品的需求弹性

由于劳动需求是引致需求,劳动需求弹性自然也就受到产品需求弹性的影响。其他条件相同,产品需求的弹性越大,劳动需求的弹性也就越大。原因很简单:工资下降使得产品生产成本下降,进而引起产品价格的下降和需求量的增加,由于这种产品的需求弹性比较大,则产品需求量增加得就比较多,为增加产出需要新增的劳动投入量也必须多一些。也就是说,此时劳动需求是富有弹性的。若产品需求缺乏弹性,一定程度的工资下降尽管使成本下降,产品价格也会下降,但最终不会使产品需求量有明显增加,因而劳动需求的增加量也不会有很多,即劳动需求也表现得相对缺乏弹性。反之,当工资上升时,因成本增加而产品价格上升。当产品需求弹性越大时,会使其需求量下降越多,从而劳动需求量也会削减越多,劳动需求曲线就越有弹性。

由此可以得到两个推论:首先,其他条件相同,企业在产品市场的垄断权力越大,其产品弹性就越小,从而其劳动需求就越缺乏弹性;其次,长期劳动需求应该比短期劳动需求更加富有弹性。

通常情况下,产品需求弹性在长期要比在短期更大一些。对于产品价格的变化,消费者按照习惯不会马上改变其购买行为。比如,当咖啡价格上升时,喜欢喝咖啡的人可能不会削减对咖啡的消费;但如果时间稍长,一些消费者就可能会尝试着用茶来代替咖啡。另外,有些产品在使用时通常需要与昂贵的耐用品搭配,如电和家用电器,这时即便电的价格上升许多,短期之中人们也不可能大量减少用电量。但随着时间的推移,人们将会有足够时间用那些能利用天然气、太阳能的设备来代替各种电器用具,从而使电的需求弹性变得更大。因此,根据劳动需求弹性和产品需求弹性的关系,长期的劳动需求弹性自然要大一些。

(二)其他要素投入的可替代性

当其他条件不变时,其他要素投入对劳动的替代能力越强,劳动需求弹性就越大。如果资本可随时替代劳动,则工资率的微小上升会使机器设备的使用量大幅增加,同时劳动的需求会大幅减少;反之,工资率的轻微下降会导致劳动对资本的大量替代。在这种情况下,劳动的需求是富有弹性的。如果由于技术上的原因,资本对劳动的替代能力极其有限,或者在极端情况下,生产过程中需要固定的劳动投入,如长途客车驾驶员需要配置两名,则工资率的变动对驾驶员产生的影响在短期内是很小的,也就是说,劳动需求弹性很小。

这里,时间因素仍然很关键。时间越长,劳动需求对工资率变动的反应就越充分。例如,当驾驶员工资上升时,驾驶员的需求量不会很快减少。但一段时间后,厂商会更换座位更多的客车,从而相对减少驾驶员的需求量,或者当客车报废后,不再更新,而是转换经营方式。

(三)其他投入要素的供给弹性

以上在分析第二要素时,是假定其他因素价格不变的,这与实际情况不符。当用其他要素替代劳动时,其价格多少会因为需求增加而发生变动,其变动幅度取决于其他要素的供给弹性。一般来说,其他条件相同,其他要素的供给弹性越大,则劳动的需求弹性就越大。

我们以工资上升导致厂商以资本代替劳动为例来说明。如果资本的供给具有完全弹性,则对资本的需求的增加不会改变资本价格。如果资本的供给缺乏弹性,则对其需求的增加将导致资本价格的上升。资本价格的上升必然会削弱其对劳动的替代,并最终降低劳动需求的弹性。

(四)劳动成本占总成本的比例

其他条件不变,劳动成本占总生产成本的比例越大,劳动需求弹性就越大。假设劳动成本是唯一的生产成本,则工资率上升20%也将会使产品成本上升20%。成本的大量增加最终会导致产品价格的大幅度提高,而这必将使产品需求量大量减少,进而导致业对劳动的需求量就会出现大幅度下降。但如果劳动成本只占总成本的10%,则工资率上升20%只会使单位产品的成本耗费增加2%,假设产品需求状况与前一种情况相同,此处相对较小的成本增加只会产生一个相对较小的劳动需求量的下降。

一般来说,在劳动密集的行业,劳动耗费占总成本的比重很大。在这些行业,工资上升就意味着成本的巨大增加,劳动需求就比较有弹性。反之,在资本高度密集的行业,劳动耗费占总成本的比重比较小,因而这些行业的劳动需求相对缺乏弹性。

本章小结

劳动需求是指在一定时期内及一定工资率条件下,企业和社会愿意而且能够雇佣的劳动数量。影响劳动需求的因素很多,主要包括工资、产品需求、生产技术、厂商的经营目标、时间的长短以及社会制度环境等。

劳动需求量的变化是指在其他因素不变的情况下,仅仅因为劳动要素价格即工资率的变化而引起的企业愿意雇佣的劳动数量的变化。劳动需求的变化是指在工资因素不变的情况下,仅仅因为其他某一影响因素发生的变化而引起的企业愿意雇佣的劳动数量的变化。

完全竞争的企业是指企业所处的产品和要素市场都是完全竞争的。完全竞争企业使用劳动要素的原则是使边际成本等于相应的边际收益。使用劳动的边际成本等于劳动的价格,而使用劳动的边际收益是边际产品价值。

在短期内,完全竞争的厂商如果不调整其他生产要素,仅调整劳动要素,则劳动需求曲线与劳动的边际产品价值曲线恰好重合。在多个企业调整情况下,企业对劳动的需求曲线也称为"行业调整曲线"。在长期中，完全竞争企业既可以调整资本，也可以调整劳动，长期需求曲线比短期需求曲线更加富有弹性。

卖方垄断企业是指企业在产品市场上是垄断者。卖方垄断企业的劳动需求曲线与劳动的边际收益产品曲线完全重合。因为卖方垄断企业只有一家厂商，所以卖方垄断企业的劳动需求曲线也是行业劳动需求曲线。

买方垄断企业是指企业在劳动市场上是垄断者。歧视性买方独家垄断者的劳动力需求曲线，与竞争性企业一样，是由边际产品价值曲线所给定的。完全歧视的买方独家垄断者会一直雇佣劳动者，直到雇佣的最后一位劳动者对企业收益的贡献等于劳动力的边际成本时的那一点为止。非歧视买方独家垄断者的利润最大化条件是由 $VMP=MLC$ 决定的。非歧视性买方垄断厂商劳动的需求曲线具有非存在性。

劳动的价格需求弹性一般有两种：一种是劳动的自身工资弹性；另一种劳动需求弹性是交叉弹性。

决定劳动的市场需求弹性的因素可以通过马歇尔—希克斯引致需求原理来说明。该原理分析了在某一特定产业中有可能产生富有弹性的劳动力需求曲线的因素，尤其是：对产出的需求弹性越大时；要素替代性越大时；生产的其他要素的供给弹性越大时；劳动力成本在总成本中所占比重越大时。

关键概念

劳动需求　　完全竞争短期劳动需求　　完全竞争长期劳动需求
卖方垄断　　买方垄断　　　　　　　　均衡原则
劳动需求价格弹性　　马歇尔—希克斯派生需求定理

思 考 题

一、问答题

1. 劳动需求的特点和影响因素有哪些？
2. 如何理解完全竞争下的短期内厂商的劳动需求决策？
3. 在完全竞争下，为什么长期劳动需求曲线比短期劳动需求曲线要平坦一些？
4. 如何理解卖方垄断厂商的劳动需求决策？
5. 如何理解买方垄断厂商的劳动需求决策？
6. 劳动需求的价格弹性与交叉弹性有何不同？
7. 影响劳动需求的价格弹性的因素有哪些？
8. 借助图形，根据等成本线和等产量线的分析推导出长期的劳动需求曲线。
9. 劳动力派生需求定理对解决经济中的失业问题有何启示？
10. 发展高新技术产业对就业有何影响？

二、案例分析题

人口数量第一,用工荒却大面积存在

中国经济的发展速度已经越来越快,各行各业都在不遗余力地向前发展,员工们都在各自的岗位努力实现自己的价值。随着各企业的稳步运营,对于劳动力的需求量也就越来越大。

然而,各地区却相继出现了"招工难""用工荒"等不利现象,尤其在低端制造业中比较明显。很多企业不仅很难招到新人,连老员工也纷纷离职,老板不敢继续投资扩大规模,他们担心自己的投资会打水漂。长期下去,一些工厂开始挺不住了,最终将被迫停产。特别是在2020年上半年公共卫生事件发生后,这种情况尤为明显。

思考讨论:

(1)就业难的原因有哪些?

(2)从微观层面看,我们应如何缓解劳动就业问题?

课外阅读资料

第三章
劳动需求论的拓展

学习目标

1. 劳动要素的相关性
2. 劳动成本与加班对劳动需求的影响
3. 劳动者人数与劳动时间的组合决策
4. 政府就业促进政策的影响
5. 全日制与非全日制用工
6. 劳务派遣的意义
7. 最低工资制度的利弊

在现实的劳动力市场上，我们经常遇到这样的问题：技术工人工资提高了，为什么非技术工人的工资也会提高？劳动者工资提高了，为什么厂商就加大资本投入，以机器来代替劳动力？延长劳动时间，为什么并不一定会提高劳动效率？扩大生产任务，是通过增加劳动力人数，还是通过加班来完成？加班为什么会引起劳动者反感？政府要求厂商提高女性雇佣比例，这是好事还是坏事？为什么有些企业只愿意雇佣零工？最低工资制度到底是保护了劳动者的利益，还是损害了劳动者的利益？

本章首先考察多要素之间的替代和互补关系，其次分析雇佣人员与劳动时间之间的区别与调整问题，接着讨论相关政策对劳动需求的影响，最后简单分析最低工资制度。

第一节 多要素投入的劳动需求

在第二章，我们已经假定生产函数中只有两种投入要素即劳动和资本。在短期，企业不能改变资本存量。在长期，企业可以同时调整劳动和资本在生产中的配置状态。当这两种投入要素的边际收益产品等于各自发生的边际费用时，企业实现了利润最大化。

但现实情况真的会如此吗？在实际生产经营活动中，存在着许多不同的劳动者类型（如熟练的和非熟练的、年轻的和年老的劳动者）和资本类型（如旧机器和新机器），也存在着许多不可缺少的其他因素（如土地、气候、技术等）。因此，研究多种生产要素下的劳动力需求就很有必要。

一、多要素相互替代的劳动力需求

我国机器人产业总体规模快速增长，2020年营业收入首次突破1000亿元，工业机器人已在国民经济52个行业大类143个行业中类被广泛应用。《"十四五"机器人产业发展规划》明确提出，到2025年我国成为全球机器人技术创新策源地、高端制造集聚地和集成应用新高地。在汽车、电子、机械、仓储物流、矿山、农业、电力、应急救援等领域，形成专业化方案并复制推广，提升我国机器人产业创新能力。

有分析认为，由于工资涨幅太大，加上劳动力人口因老龄化问题，中国企业正面临着与美国企业类似的困境，机器代替人作业也许是一个必然的选择。

正如劳动与资本之间的替代关系一样，之所以会出现劳动密集型和资本密集型的生产方式，企业能够根据不同的行业和生产流程作出不同选择的根本原因，是因为两者是可相互替代的。关于这一点，我们可以通过要素价格的变动，研究在多种生产要素呈相互替代关系的情况下劳动力需求的决定。

要素替代关系是指当生产要素 A 的价格下降及需求数量增加时,若生产要素 B 的需求量下降,则生产要素 A 是生产要素 B 的替代性生产要素。

如果生产要素之间是相互替代的,当某些生产要素的价格上涨,导致成本增加时,那么企业势必会减少这些要素的投入,而增加其他生产要素的投入。但是,如果在考虑替代效应的同时,再考虑到规模效应的影响,这种反向关系

> **要素替代性:**
> 某一要素需求增加时,另一要素需求就减少;反之,则增加另一个要素的需求。一种要素可代替另一要素发挥作用。

就不一定成立了,究竟会形成怎样的结果,取决于两种效应各自的作用力大小。

如图 3.1 所示,横轴表示劳动力的投入量,纵轴表示雇佣劳动力的成本即工资,D 表示劳动力的需求曲线。当其他要素价格上涨时,如果劳动力需求曲线向右移动,就表示企业增加了劳动力的雇佣量,通过增加劳动投入来弥补其他生产要素的效用,说明替代效应占主导地位,它们之间是总替代关系,如图 3.1(a)所示。

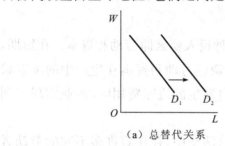 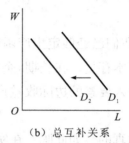

(a)总替代关系　　　　　　　(b)总互补关系

图 3.1 多种要素间的需求关系

在劳动需求一定的假设下,要素之间的替代性越强,要素的拥有者越不具有优势,这就是进城农民工工资不高的原因。农民工失业、工资低,一方面是由于所拥有的知识要素需求不旺,稀缺性被掩盖;另一方面是由于生存的压力,只能从事要素替代性较强的劳动者所从事的工作。

如今,人工智能这一虚拟劳动力已经开始代替许多单一重复的工作,如金融机构、运营商、电商等都开始不约而同地使用虚拟客服取代人工客服。在未来,人机交互会话是人工智能非常重要的发展方向。看看今天,无人售货机已经在大城市人口集中的地方出现,且越来越普遍。

当然也有人认为,人工智能不能完全替代人的劳动,但能降低人的劳动强度并使效率得到提高,因为人工智能本身也要有人设计、加工、制造。机械化会使人失业,而失业最多的就是跟不上形势发展的人。

二、多种要素互补的劳动力需求

如果其他生产要素的价格提升导致成本增加,产品价格上升,竞争力下降,则产品需求量会下降,进一步导致劳动力需求曲线向左移动,如图 3.1(b)所示。这种情况

就说明,规模效应超越替代效应而居于主导地位,企业从整体上缩减生产规模,生产要素之间表现为总互补关系。

要素互补关系是指当生产要素 A 的价格下降及需求数量增加时,若对生产要素 B 的需求量上升,则称生产要素 A 与生产要素 B 是互补的。

如果多种生产要素在企业的生产活动中是互补的,则说明它们之间是相辅相成的关系。多个要素必须同时被使用,离开了任何一方,企业都不可能生产出产品。这意味着企业必须按

> **要素互补性:**
> 当某一要素需求增加时,另一要素需求也增加;反之,另一要素的需求则减少。各种要素必须同时使用才能发挥作用。

照完成产出任务所需的固定比例同时投入它们,要增加必须同时增加,要减少就得同时减少,此时不存在替代效应,只存在规模效应。比如,出租车增加了,驾驶员需求量就要增加。

经验表明,对缺乏技能的劳动力的需求,比对有技能的劳动力的需求更富有弹性。也就是说,对于任何给定百分比的工资提高,对缺乏技能的劳动力的雇佣数量削减,将大于对有技能的劳动力的雇佣数量削减。因此,与拥有技能的劳动力相比,缺乏技能的劳动力的就业更加不稳定。所谓机器排挤人,也许就是针对这种劳动能力低下的人而言。这意味着,要想不被机器或技术淘汰,终身学习成为每个人一生必须持有的信念。

研究表明,缺乏技能的劳动者与资本是替代关系,而拥有技能的劳动者与资本是互补关系。也就是说,随着机器价格的下降,雇主会用机器替代缺乏技能的劳动者。相比之下,雇主会增加他们对资本设备的使用,对拥有技能的劳动者的需求就增加了,因为拥有技能的劳动者与资本设备一同行事更有利于提高劳动效率。这一结果称为"资本与技能互补性假说"。这一假说具有重要的政策含义,它表明对物质资本投资的补贴将对不同群体的劳动者产生不同的影响。因此,投资税收扣除会刺激经济中的投资,恶化缺乏技能的劳动者的经济条件。资本与技能互补性假说还进一步表明,技术进步可以对收入不平等产生实质性的影响,因为它提高了对拥有高技能的劳动者的需求,减少了对缺乏技能的劳动者的需求。这进一步说明,技术创新在促进经济增长的同时,从短期来看,可能会对劳动能力低下的弱势群体的就业产生不利的影响。

人力资源——作为最重要的生产要素,其男女的组合可以产生替代和互补效应。这里进一步分析女性进入劳动力市场对男性工资率的影响。如果男女在不同的经济部门,男性劳动者和女性劳动者就是独立性生产要素,则女性对劳动市场的参与不会对男性的工资率产生影响。如果男女在同一部门工作,男性劳动者处于管理地位,男性劳动者和女性劳动者为互补性生产要素。女性劳动者的进入会增加男性劳动者的需求,因而提高了男性劳动者的工资率。一般来说,男女的组合可以提高劳动效率。

所谓"男女搭配,干活不累",也许就是这个意思。

即问即答:技术工人与非技术工人是替代性要素还是互补性要素?

第二节 雇佣人数与劳动时间

企业至少可以通过三个方面来衡量劳动量:雇佣人数、每个劳动者的劳动时间及其努力程度。劳动者的努力程度将在效率工资理论中进行分析,本节主要讨论劳动量的前两个方面。企业对两者的选择主要取决于劳动成本的结构,以及雇员人数和劳动时间的相对生产率。

一、劳动成本

劳动力成本是指企业(单位)因雇佣社会劳动力而支付的费用。工资支付只是劳动成本的一个方面,非工资成本包括许多方面,如保险、福利、招聘与解雇成本、培训费用和实物支付等。尽管成本类型具有多样性,但是通常把它们分为三类:可变成本(如小时工资)、固定成本(如基本工资)和准固定成本(如保险、招聘费和福利等)。我们在下面的讨论中,将说明"准固定"劳动成本对雇佣人数和工作时间决策的重要性。

图 3.2 表明,企业选择不同的工作时间长度时,所面临的成本结构。根据前面的分类,企业的劳动成本包括以下三种。

(1)**劳动固定成本** FC。这里的固定成本是指在一定的工作时间内,固定不变的人工费用。随着工作时间增加,平均固定成本 AFC 变得越来越小。

(2)**劳动可变成本** VC。这里的可变成本是指在一定的工作时间内,随工作时间变动而变动的人工费用。它包括:在低于正常工时条件下,企业支付的小时基本工资;在高于正常工作条件下,企

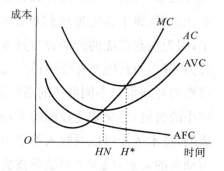

图 3.2 时间劳动成本

业支付的加班补贴。若假定在工作时间达到正常工时(HN)之前,基本工资不变。随着工作时间趋向正常工作时间,平均可变成本 AVC 下降;随着劳动时间超过正常工作时间,边际成本会因此而上升。

(3)**劳动准固定成本**。这里的准固定成本是指在一定的工作时间内,相对固定不变的人工费用。保险税是准固定劳动成本的例子,它是雇主为每个员工支付的税金,不取决于劳动时间的长短。我们将准固定成本加上工资成本,得出劳动的使用者成本。在图 3.2 中,劳动成本中固定部分所占比重越大,AFC 曲线位置越高,则 H^* 左

方的 AC 曲线斜度越大,相对于任何固定的 AVC 曲线,AC 曲线达到最低点时的工作时间较多($H^* > HN$)。

二、生产率与企业均衡

如果雇员人数和工作时间不存在生产率差别,则生产函数可以写成:

$$Y = F(K, LH) \qquad (3.1)$$

式(3.1)中,Y 为产量,K 表示资本存量,H 表示工作小时,L 表示雇员人数,LH 表示人时数量。在完全竞争市场下,企业会把劳动服务的两个方面(工作时间和雇员人数)看作生产过程中的同质投入。由于准固定劳动成本的存在,企业会通过调整雇佣人数,以保证每个劳动者的工作时间都处于图 3.2 中的 H^*,每个劳动者均加班($H^* - HN$)小时。

如果雇员人数和工作时间存在边际生产率差异,企业在生产过程中就不再会把二者看成同质的,这将影响到两种要素的需求水平。为了区分开生产率差异与准固定劳动成本的影响,我们假定每小时劳动使用者成本不变,将生产函数中的雇员人数与工作小时区分开来,则生产函数可写为:

$$Y = F(K, L, H) \qquad (3.2)$$

在这种情况下,若不考虑资本的话,企业利润最大的必要条件是:

$$\frac{MRP_H}{MRP_L} = \frac{W_H}{W_L} \qquad (3.3)$$

式(3.3)中,W_H 和 W_L 分别表示小时工资和单位人员工资。

如果企业发现在正常工时处的工时生产率超过雇员生产率,那么它会增加雇员的工作时间并减少雇员人数,这会降低工时生产率对雇员生产率的比率。

简单地说,假定 $W_H = 1, W_L = 1$。若 $MRP_H > MRP_L$,企业就会延长劳动时间而减少雇佣人数。由于边际报酬递减规律的作用,随着劳动时间延长,MRP_H 会下降;同时由于雇佣人数减少,MRP_L 会上升,最终趋向均衡。劳动时间的延长会使时间工资提高,从而也会制约企业劳动时间的延长举措。

当然,在任何既定时点,企业不一定处于均衡状态。企业在选择趋向长期均衡的途径时,要考虑维持既定雇员水平的成本和调整雇员水平的成本。人们通常认为,调整雇佣人数的成本(如搜寻、雇佣、解雇、培训等方面的成本),显著高于调整工作时间的成本。

三、加班的影响

当企业突然面临大额订单、市场需求旺季等市场变化时,为了满足短期的劳动力需求,企业通常增加雇佣人数或者延长工作时间。但是对于大部分企业来说,突然性的市场需求变化毕竟不多,临时扩充人员会面临诸多风险和很多长期问题。因此,企业通常选择延长员工的劳动时间,哪怕是支付加倍的加班工资。从某种意义上说,加班工资成为企业在作劳动力需求决策时主要考虑的因素。

随着经济条件的改善,人们更看重享受工作之外的休闲时光,企业只有通过提高加班工资才能使员工愿意在8小时之外继续工作。当然,人们呼吁提高加班工资的另外一个重要原因还在于劳动力准固定成本的增加,包括社会保险费的强制缴纳和企业缴费率的提高,以及招聘成本、培训成本和员工福利等企业不得不承担的费用的增长。这些准固定成本的增加导致企业在权衡雇佣人数和工作时间的组合,当发现新增雇佣员工的成本远高于延长劳动时间的成本时,加班就成为一种常态。

加班必须有所限制。一方面是为了劳动者的身心健康,另一方面是为了促进就业。因此,在合理合法的前提下,企业可以加班,但最高要支付高达3倍的加班费。我们从四个方面解释加班工资的提高可能产生的影响。

第一,即使企业加班时间缩减到零,其平均劳动力成本也会上升。这是因为,一旦企业不让员工加班,那么在面临突发性市场波动时,就必须增加雇佣人数,从而不可避免地承担准固定成本。如果加班工资提高到让企业雇佣新员工的话,劳动力成本总额必定有增无减,这就可

> 加班相关法律规定:
> 《劳动合同法》第31条规定:用人单位应当严格执行劳动定额标准,不得强迫或者变相强迫劳动者加班。此外,《劳动法》第41条规定:用人单位由于生产经营需要,经与工会和劳动者协商后可以延长工作时间,一般每日不得超过1小时。因特殊原因需要延长工作时间的,在保障劳动者身体健康的条件下延长工作时间每日不得超过3小时,但是每月不得超过36小时。

能造成企业在资本和劳动之间倾向于采用资本更为密集的生产方式。

第二,在提高加班工资之前经常加班的企业,如果现在转换为资本密集型生产方式,其生产成本也很有可能增加。生产成本的增加会通过价格转嫁给消费者,那么根据市场供求法则,产品的需求量会下降,企业就会根据市场需求缩减生产规模,从而导致企业对劳动力的需求也会同步萎缩。

第三,加班对结构性失业者不利。如果当前存在的失业类型是结构性失业,也就意味着目前从事加班工作的员工与失业者之间的可替代程度很低。即使加班工资提得再高,企业也不得不选择通过延长工作时间来保证产出,因为企业无法在市场上寻找到大量同质劳动力。在这种情况下,我们就很难将加班时间转化为失业者的新就业机会。

第四,加班可能会降低制度内工资。假设法定加班工资提高,那些把加班当成常规性工作的企业可能会降低员工正常工作时间内的小时工资率。研究也证明,当加班工资发生调整时,确实会影响到正常工作时间的工资率。而这种影响将进一步削弱提高加班工资所带来的岗位创造效应。

即问即答：加班会提高员工忠诚度吗？

四、劳动者与工作时数之间的区分

企业劳动力需求的变化，从根本上说就是企业雇佣的劳动者数量的变化。但劳动者与工作时间的区分有时是很重要的。例如，雇主提供的保险成本通常取决于雇佣人数，保险金的增加使得企业不愿意增加其劳动力队伍的数量。指令雇主支付加班费的立法主要影响的是延长劳动时数的成本。

一位雇主可以使用劳动者和工作时数的不同组合来生产同样的产出水平。然而，假设只要企业新雇佣了一位劳动者，该企业就会引发 F 元的固定成本。一旦劳动者被雇佣，小时工资率为 W 元。如果这一小时的工作是由该企业的一位劳动者完成的，该企业对于新增一小时工作的需求，仅支出 W 元的成本；但是，如果这一小时的工作是由一位刚刚被雇佣的劳动者完成的，企业就必须支付 $(F+W)$ 元的成本。

当企业面临着雇佣的固定成本增加时，在工作时数与劳动者之间的权衡取舍究竟会发生什么呢？当固定成本 F 增加时，替代效应就产生了。该企业就会用比较便宜的投入（工作时数）来替换更加昂贵的投入（雇员人数）。该企业会通过延长工作时间以及解雇劳动者以适应雇佣成本的增加。雇佣固定成本的增加也会产生一种规模效应。因为生产的边际成本上升了，该企业就会收缩，且会较少地雇佣劳动者并减少工作时数。

随着生产的两种要素的相对成本发生变化，企业会在劳动者与工作时数之间进行替代。有研究表明，加班费用从 1.5 倍增加到 2 倍，也许会使得全日制劳动者的就业数量减少 4%。当雇佣的固定成本相当高昂时，雇主会偏好于雇佣全日制劳动者，而不是非全日制劳动者。

第三节 不同类型劳动的需求

劳动者的"不同类型"涉及多种分类方式，如职业、技能、受教育程度和性别等。下面主要从弱势群体、政府鼓励、非全日制和劳务派遣等方面分析企业对不同类型劳动力的需求。

一、特殊就业群体保护性促进政策的经济影响

特殊就业群体主要是指有一定的就业能力、就业愿望迫切，但由于职业技能差、文化水平低和其他客观原因，难以通过市场机制或其他途径实现就业的困难人群。这一群体易于在求职和就业中遭遇挫折，有的虽然勉强就业，但仍属于临时就业或弹

性就业,其就业质量低下、工资收入低、稳定性差,还享受不到社会保障和有关福利待遇。

(一)特殊就业群体的种类与特征

特殊就业群体的形成和其劳动就业问题的产生是随着经济和社会发展进程不断演变而形成的,因此,特殊就业群体及其劳动就业一直处于发展变动中。

目前,我国特殊就业群体主要有:残疾人群体;大龄失业群体;农村进城务工人员和生活困难的失地农民;复员转业军人;刑满释放人员群体;享受最低生活保障的困难人员、失业一年以上的高校毕业生等。

特殊就业群体的基本特征主要表现在以下几方面:就业观念落后;就业或创业的信心不足;部分人员年龄偏大;文化程度偏低;技能素质较差;心理脆弱敏感,易发焦虑不满情绪。

(二)特殊就业困难群体对社会的影响

特殊就业困难群体对社会的影响主要有以下几方面。

1. 影响社会公正平等

尽管就业困难群体的出现是经济社会发展不可避免的一种现象,但如果他们的就业问题得不到有效的解决,甚至在就业中被歧视,则会直接影响到社会公正原则在社会生活中的充分体现。

2. 影响社会和谐稳定

就业困难群体生活的贫困,心理的敏感、社会的隔膜以及对未来生活的失落和衍生的家庭成员困难等现状,使这一群体隐藏了不可忽视的社会风险隐患,社会的不稳定因素极容易在他们身上引发。

3. 影响经济健康发展

就业状况反映了社会资源的配置状况。就业困难群体的存在,本质上是劳动力没有得到充分利用。就业的结构性矛盾长期存在,势必造成劳动供求失衡,进而影响经济的增长速度。

(三)对特殊就业群体的政策支持的经济影响分析

完善的社会保障体系可以促进弱势群体自身的发展和转化,也可以解除弱势群体成员的后顾之忧,使他们有时间和财力去学习一技之长,增强自己在社会中立足的本领。但由于就业困难群体的构成状况异常复杂,实施就业困难群体就业帮扶,需要从经济增长、政策立法和社会帮扶等诸多方面着手,充分整合全社会的力量,建立完善长效机制,多举措地构建起适应新的经济形势和社会发展需要且能够取得实效的困难群体就业援助体系。

假定资本是固定不变的。政府为了提高该国某一特殊就业群体(如妇女或残疾人,以下简称为 A 类人,B 类人是除此之外的非特殊劳动者)的就业水平,要求相关企业必须按规定雇佣一定比例的 A 类劳动者,否则将受到处罚。如果企业完全按照政府的政策行事,将会产生什么样的影响呢?

先考察没有任何限制时的 A 类人和 B 类人的雇佣量。假设两类人的劳动效率不同,B 类人的劳动效率高于 A 类人,B 类劳动者为 L_B,A 类劳动者为 L_A,工资分别为 W_B、W_A,产量为 Q_1,如图 3.3 所示。若既定成本为 CD,则在等产量这条曲线上,成本最小化的均衡点为 E,此时等产量线与等成本线相切。A 类和 B 类人的需求量分别为 L_{AE}、L_{BE},可见 B 类劳动需求量大于 A 类劳动需求量。

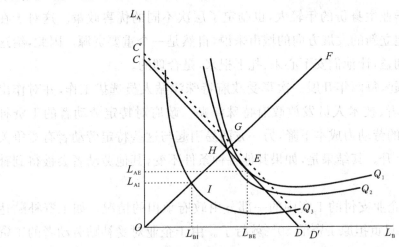

图 3.3　A、B 两类劳动需求比例变动的影响

若政府要促进 A 类人就业,要求 A、B 类人的雇佣比例达到一定标准(比如说是 1∶1),如图 3.3 中的 OF 线所示。企业必须要在 OF 线上找到 A 类和 B 类劳动的组合点。现在面临两个问题:其一,若产量是既定的,比如是根据市场需求确定的,则现在成本无法完成,成本必须增加到 $C'D'$,组合点在 G 点;其二,若企业不能在短期内增加筹资,则产量会下降到 Q_2 曲线,其组合点在 H 点。无论是从 G 点,还是从 H 点看,企业都没有实现最优化的要素组合,这就是政府就业促进政策要企业付出的代价。

如果政府仅限制某些特定企业,只要没有相应的政府补贴,与其他的企业相比,此类企业所增加的成本部分就只能由其自己承担,从而使此类企业竞争力下降。这样此类企业的产量会随着需求的减少(如从 Q_1 或 Q_2 减至 Q_3),劳动力的需求量也会随之减少。结果可能是,A、B 两类劳动者数量分别减至 L_{AI} 和 L_{BI}。如果真的出现图 3.3 所示的产品需求大幅度减少的情况,虽然政策目标是促进 A 类劳动者就业,但结果是不仅 A 类劳动者就业量下降,B 类劳动者就业量也会下降。如果这种现象存在,则公平与效率不可兼得。因此,在就业政策的制定和实施上,一定要充分考虑到政策对产品需求的影响。

即问即答：目前，我国政府规定企业如果增加对残疾人的雇佣，可获得一定的税收优惠。撇开优惠不谈，政府这一就业政策的结果实际会怎样？

二、对特定劳动者发放工资补贴的经济影响

近年来，国内很多一二线城市都陆续推出措施吸引高端人才落地，一些地方政府出台了各种名目的优惠政策，如高年薪、送车房，甚至股权激励等。这些优惠措施对于在海外已经创有一番事业的年轻创业者确实有吸引力。当然，目前出现的人才落地措施，自然不限于处于金字塔尖的海外高端人才，一些城市对于国内具有博士、硕士乃至普通的大学毕业生身份的年轻人，也制定了层次不同的优惠政策。这对于在经济转型之下急于建立新的发展方向的城市来说，自然是一个重要资源。因此，给这些特殊人才丰厚的利益，让他们安下心来、扎下根来，是合理的。

我国从1990年起，每两年开展一次享受政府特殊津贴人员选拔工作，并对作出突出贡献的专家、学者、技术人员发放政府特殊津贴。政府对特定劳动者的工资补贴，一方面可使企业的劳动力成本下降，另一方面易引起与这些特定劳动者有竞争关系的劳动者的工资上升。其结果是，如果其他各种条件不变，其他劳动者会被得到补贴的劳动者所替代。

首先，考虑一下企业支付的工资中的一部分由政府承担的情况。如工资补贴达到20%，企业并不是只负担原工资的80%就行了。由于企业对受补贴劳动者的工资负担减少，企业对这类劳动力的需求就会增加，他们的市场工资率便会上升。另外，市场工资率的上升使劳动力供给扩大，这又会使工资抑制机能起作用。企业的成本虽然没有增加，但支付的工资要比原工资的80%要多一些。

其次，如果工资补贴直接发放到接受者手中，情况则有所不同。假定市场工资率依旧是以前的水平，含有补贴金的部分对劳动者来说具有与市场工资率上升相同的效果，劳动力供给量因此增加。其结果是，劳动力需求量虽然相同，但由于劳动力供给量增加而造成市场工资率下降，企业支付的工资额就会减少。

总之，无论工资补贴以何种形式发放，雇佣得到工资补贴的劳动者的雇主所负担的工资额都会降低，这将对其他类型的劳动者的需求产生什么样的影响呢？

如图3.4所示，以享受工资补贴的劳动需求L_A为横轴，以其他劳动需求L_B为纵轴。获得工资补贴之前的企业的产量为Q_1，相对应的等成本线为CD。此时，点H是企业的最低成本组合点，企业雇佣享受工资补贴的劳动者L_{AH}和其他劳动者L_{BH}。

若政府对A类劳动者进行补贴，则企业直接负担的工资下降，由此而产生的变化可以从替代效应和规模效应两个方面分析。替代效应是因等成本线所代表的相对工资的变化，均衡点从点H向点I移动，结果是享受补贴的劳动者的雇佣量增加，其他劳动者的雇佣量减少。

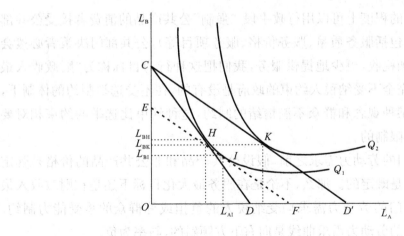

图 3.4

不过变化并非仅此而已,规模效应还发挥着对全部劳动者的劳动力需求扩张的作用:人工成本的降低使产品的供给曲线向右移动;即使市场工资下降,由于享受补贴的劳动者的收入增加,产品的需求也增加,企业的产量随之增加,于是等产量曲线向右上方移动,从 Q_1 移至 Q_2。这样,规模效应使两者的雇佣量从点 I 增至点 K。

工资补贴通过替代效应和规模效应使 A 类人的雇佣量扩大,但是对有竞争关系的其他劳动者来说,替代效应会产生减少雇佣量的效果,而规模效应有扩大其雇佣量的效果。但最终是正效果还是负效果,无法作出先验性的回答。因此,为了尽量减少对特定劳动者的工资补贴所造成的对其他劳动者需求的减少,设计与选择能够最大限度地形成规模效应的方法是制定此类政策时需要重点考虑的。

即问即答:享受工资补贴的劳动者应具备什么样的条件?

视野拓展

三、公共部门的劳动力需求

公共部门向社会提供服务是政府参与经济活动的重要方面。公共部门的行为目标因政治体制不同而不同,因为不同的政治体制会使公共部门的决策者在权力结构中所处的地位发生变化。如果现行政治体制决定了公共部门决策者的前途完全由纳税人即选举人决定,他们的去留与升迁完全听凭于纳税人的选举结果,那么决策人必须在尽可能少的税收基础上尽可能提高服务水平,我们把这种目标称为"服务最大化目标"。

如果现行的政治体制使公共部门决策者的前途在相当大的程度上不受纳税人的

制约,甚至在相当大的程度上可以用行政手段"强制"公共产品的消费者接受公共部门确定的交易条件(包括服务质量、服务价格、服务项目等),公共部门决策者必然会考虑如何更多地增加税收,更少地提供服务,我们把这种行为目标称为"财政收入最大化目标"。当然,完全不受纳税人约束的政府是没有的,在不受选举制约的体制下,政府的决策要受到某种观念和群众不满情绪的制约,这种约束比选举的约束相对要软,但到最终还是有限制的。

在分析公共部门的劳动力需求之前,假设公共产品和非公共产品的价格是既定的,社会可利用资源是既定的。那么,不论是在服务最大化目标下还是在财政收入最大化目标下,公共部门的劳动力需求均受纳税人的负担或称群众的承受能力制约。也就是说,公共部门的劳动力需求曲线是向右下方倾斜的,斜率为负。

在服务最大化目标下,公共部门决策者在确定服务水平时所要考虑的问题是,为了满足选举人的要求,每增加一个单位的服务需要筹措多少资金,而为筹措这些资金,又将增加纳税人多少负担。如果提高服务水平所能满足的群众需要小于因提高服务而增加的群众负担,以服务最大化为目标的决策者将决定不提高服务水平;如果提高服务水平所能满足的群众需要大于因提高服务而增加的群众负担,决策者将决定提高服务水平。因为假设技术条件一定,所以公共部门雇佣规模便同服务水平一起确定。

在财政收入最大化目标下的公共部门的考虑则不同。如果提高服务水平的决策已定,它考虑的是如何将税收负担增加到群众所能承受的最大限度;如果税收负担一定,它考虑的是如何将服务水平降低到群众可忍受的最低限度。因此,如果服务水平相同,公共部分雇佣工资相等,则以财政收入最大化为目标的公共部门将比以服务最大化的公共部门雇佣更多的人员。

四、非全日制的劳动需求

近年来,我国非全日制就业呈现迅速发展的趋势。我国非全日制就业主要是以小时工或钟点工的形式出现的。特别是在餐饮、超市、社区服务等领域,用人单位使用的小时工越来越多。

从国际上看,非全日制就业已成为世界各国推广灵活就业的一种重要形式。2015年,国际劳工组织认为,在覆盖全球65%就业的86个国家中,17%的就业人员从事每周不足30个小时的非全日制工作。

> **非全日制用工:**
> 非全日制就业是与非全日制用工相对应的。两者实际上指的是同一事物的两个方面:从劳动者的角度来讲就是非全日制就业,从用人单位的角度来讲是非全日制用工。

国际劳工组织将非全日制就业定义为:其正常工作时间少于可比性全日制正常工作时数。我国《劳动合同法》第六十八条对非全日制用工作了界定:"非全日制用工,是指以小时计酬为主,劳动者在同一用人单位一般平均每日工作时间不超过四小时,每周工作时间累计不超过二十四小时的用工形式。"由此条规定可以看出,我国对非全日制用工的界定标准是采用日工作时间结合周工作时间,即一般平均每日不超过四小时,同时每周累计不超过二十四小时的用工形式。

从劳动力市场的供给方看,非全日制用工主要存在于四大群体,即已婚妇女、退休后的老年劳动者、尚未正式进入劳动力市场的高校学生和农村剩余劳动力。非全日制用工存在几个主要特点:不签书面劳动合同;不约定试用期;可以与多家用人单位建立劳动关系;任何一方均可随时终止用工;解除劳动关系无需支付经济补偿金。

从总体上看,促进非全日制就业的重要意义主要表现在以下几个方面。

第一,适应企业灵活用工的客观需要。在市场经济条件下,企业用工需求取决于生产经营的客观需要,同时,企业为追求利润的最大化要尽可能降低人工成本。实际上,非全日制用工的人工成本明显低于全日制用工。

第二,促进失业人员再就业。在劳动力市场供过于求的矛盾非常尖锐、失业人员的就业竞争能力较差的情况下,各种灵活的就业形式便成为失业人员寻求再就业的主要途径。其中,非全日制就业在促进失业人员再就业方面正在发挥越来越重要的作用。

第三,有利于减少失业现象。企业实行非全日制用工制度,可以使企业在对人力资源的客观需求总量不变的条件下,招用比全日制职工更多的非全日制职工,从而产生就业岗位的扩增效应,给广大劳动者提供更多的就业机会。

随着我国经济结构的战略性调整,以小时工为主要形式的非全日制用工已经成为灵活就业的一种主要形式,非全日制用工已经越来越受到广大企业的青睐。然而,非全日制用工与全日制用工存在很大的不同,二者的主要区别比较具体见表3.1。

表 3.1 全日制用工和非全日制用工比较表

序号	区别	全日制用工	非全日制用工
1	工作时间不同	一般每日工作时间不超过八小时且每周工作时间累计不超过四十小时	平均每日工作时间不超过四小时,且每周工作时间累计不超过二十四小时
2	合同形式要求不同	必须订立书面劳动合同,否则劳动者可以主张双倍工资	比较灵活,可以订立书面劳动合同,也可以订立口头劳动合同
3	计酬方式及工资支付周期不同	按月支付工资,不得低于当地最低工资标准	按时计酬为主,不得低于当地最低时工资标准,工资支付周期不得超过十五日
4	是否约定试用期不同	可以约定试用期	明文规定不得约定试用期
5	缴纳社会保险不同	用人单位必须为劳动者办理养老、医疗等"五险"	单位只需为劳动者缴纳工伤保险,其他险种由劳动者自行缴纳

续表

序号	区别	全日制用工	非全日制用工
6	劳动合同的解除不同	必须依法解除,并且一般应由用人单位向劳动者支付经济补偿金	任何一方可随时提出终止劳动合同,且用人单位无须向劳动者支付经济补偿金
7	合同主体要求不同	劳动者一般只能与一个用人单位建立劳动关系	劳动者可以与一个以上用人单位建立劳动关系
8	是否能适用劳务派遣	可以适用劳务派遣形式	不得适用劳务派遣形式

我国非全日制用工有很多方面的规定都不如全日制用工,这种安排在一定情况下符合了立法的原意,有助于我国法制建设的进步。然而随着我国经济的发展,非全日制用工的诸多规定也显示出其固有的弊端,有望将来通过立法进一步完善和提高。

五、劳务派遣

劳务派遣又称为"人才派遣",是指由劳务派遣机构与派遣劳工订立劳动合同,把劳动者派向其他用工单位,再由其用工单位向派遣机构支付一笔服务费用的一种用工形式。劳动力给付的事实发生于派遣劳工与要派企业即实际用工单位之间,要派企业向劳务派遣机构支付服务费,劳务派遣机构向劳动者支付劳动报酬。劳动派遣最显著的特征就是劳动力的雇佣和使用分离。根据劳务派遣的概念界定可知劳务派遣不同于简单的雇佣关系,而是涉及三方主体,分别是劳务派遣公司、劳动者和实际的用工单位。实行劳务派遣后,实际用工单位与劳务派遣公司签订《劳务派遣合同》,劳务派遣公司与被派遣劳动者签订《劳动合同》,实际用工单位与被派遣劳动者之间只有使用关系,没有聘用合同关系。

降低用工成本和风险是用人单位选择劳务派遣的主要原因。作为一种非常灵活的用工形式,劳务派遣服务包括人员招聘、岗前培训、在职管理、离职办理、工资发放、绩效管理、各类突发事件处理等。

劳务派遣在促进就业和再就业的问题上有积极的作用,主要体现在以下几个方面。

第一,有利于促进剩余劳动力转移。劳务派遣使农村剩余劳动力得到了有序转移与合理流动,解决了农村剩余劳动力的就业问题和企业的用工荒、用工难等问题。

第二,有利于提高用工率。劳务派遣是企业一种正常存在的、有效率的用工形式。只有当企业同时有用工需求和资金实力时,才会与劳务派遣公司签订协议,让劳务派遣公司为企业招聘企业需要的人才。

第三,有利于提升就业能力和提高就业质量。劳务派遣公司掌握着广泛的职业信息渠道与各类待业人员信息，他们把各类人员组织起来，进行职业介绍、职业规划、技能培训等一系列的系统训练，从而有效地提升了劳动者的个人能力、增加了就业机会、提高了就业质量。

第四，保障了派遣员工的合法权益与各项待遇。派遣员工与劳务派遣公司签订了劳动合同，劳务派遣公司作为用人单位可以监督、督促用工单位规范用人制度，使派遣员工合法权益和各项待遇得到有效保护。

第五，保证企业利润最大化。在就业质量方面，由于派遣员工与正式员工相比，其学历较低、就业能力相对不足，多从事低端职位工作，因而派遣员工的薪酬福利相对较低。另外，由于派遣员工的短期性，企业出于利润最大化目标，很少考虑派遣员工的职业生涯发展。

第六，有利于提高匹配质量。由于派遣机构只要使劳动者进入用工单位工作，就能按月收取管理费，派遣机构主动地获取企业用工需求和求职者信息的积极性较高。作为供给和需求之间的中介组织，派遣机构能使供求信息集约化，有利于消除供求信息障碍，从而提高匹配的质量。

总之，劳务派遣作为一种机制灵活、形式多样的新型用工形式，是解决就业问题的又一途径，是缓解社会就业压力的一种新方法，它能够有效地促进就业。

第四节　最低工资与劳动需求

目前，全世界已经有80％以上的国家设置了最低工资制度，但对它的理解从其产生的那一天开始就争论不休。我国于1993年开始推行最低工资制度，至2004年11月，我国所有的省、自治区、直辖市均建立了这项制度。

一、最低工资制度概念的提出

最低工资制度最早起源于19世纪的新西兰和澳大利亚，如今世界上绝大多数发达国家和发展中国家均已实行最低工资制度。

最低工资制度下的**最低工资**，也称为"最低工资标准"或"最低工资率"，是指由国家法律明文规定的，当劳动者在法定的工作时间或依法签订的劳动合同约定的工作时间内提供了正常劳动的前提下，用人单位依法在最低限度内应当支付的、足以维持职工及其平均供养人口基本生活需要的工资。最低工资不包括加班加点工资、夜班、高温、低温、井下和有毒等特殊条件下的津贴以及法律法规和国家规定的劳动者享受的福利待遇。

目前，世界各国最低工资标准的确立方式有两种：一是在立法上直接规定最低工资标准,如美国;二是在立法中不直接规定最低工资标准,而只规定确立最低工资标准的原则和具体规则,并授权有关机构确定具体的最低工资标准。多数国家都是采取了第二种方式。我国《劳动法》第五章明确规定,国家实行最低工资保障制度,最低工资的具体标准由省、自治区、直辖市人民政府规定,报国务院备案。最低工资的确定主要根据本地区低收入职工收支状况、物价水平、职工赡养人口、平均工资、劳动力供求状况、劳动生产率、地区综合经济效益等确定。当上述因素发生变化时,应适当调整最低工资标准,而我国现阶段经济发展和生活水平地区不平衡,导致难以实行全国统一的最低工资标准。

二、最低工资制度的利与弊

在工资没有管制的情况下,资方会强制加班但不给付加班费,也会通过大量使用实习员工来规避基本工资,或使用极低薪的临时工,变相规避基本工资。因此,通过最低工资制度可以限制不良厂商对劳动的剥削,对保障劳动者的权益有一定好处,也能促进社会的和谐稳定。当然,最低工资制也有一定的不足,需要我们进行深入探讨,以求不断完善。

(一)最低工资制度的"利"

相对而言,最低工资制度"利"的方面要多一些,这也是大多数国家建立最低工资制度的重要原因。

1. 保障劳动者得到基本薪资

当社会的失业率居高不下时,劳动者面对裁员减薪的威胁,没有协商的能力,雇主有可能趁机将劳动者的工资压低。有了最低工资,低收入劳动者就业就能取得能满足基本生活需求的薪金,从而可以维持劳动力的简单再生产。

2. 维护劳动者的尊严

最低工资不仅可以解决部分雇主剥削工资的问题,还有利于解决低技术劳动者工作时间长、工资待遇却很低的"在职贫穷"现象,使他们免被歧视。制定最低工资制度,其实是给劳动者以生存的基本权利,也是给他们以希望与尊严,甚至可以说最低工资是使他们过上不失体面的生活的最基本保障,符合广大劳动者的最基本利益。

3. 维持社会稳定

贫富差距拉大,社会稳定问题随之出现。因此,实行最低工资制度,使低收入劳动者的薪金有了保障,不仅提高了原来所获得的工资率低于最低工资的那些劳动者的收入水平,还有可能通过缩小员工之间的收入差距来压缩收入的不平等程度,从而有机会减少因低收入而衍生的不良社会问题的发生。

4. 有效提升内需

最低工资能提高中下层阶级的财力,能带动各行业的消费增长,雇主也能从中获得利益。通过提高工资去刺激消费,这既是提高人民生活水平的需要,也是进一步推动经济增长的需要,即通过刺激需求去增加就业岗位。

5. 促进劳动者素质提高

确定并提高最低工资标准,在促使社会闲散劳动力努力提高自身素质以寻求就业机会的同时,在企业内部也会加剧就业竞争,迫使在职劳动者不断提高自身素质,这必然有利于企业的综合竞争力的增强和整个社会人才素质的整体提高。

6. 优化产业结构

确定并提高最低工资在某种程度上就是加大了企业间的竞争力度,有利于淘汰一批低层次的劳动密集型企业,并迫使企业全面提升自身的综合素质,增强自身竞争力,免于被淘汰的命运,进而达到了优化产业结构的效果。

7. 促进政府宏观调控水平的提高

市场规律对现实生活的指导作用是巨大的,最低工资是政府规定的受雇者工资下限,是政府干预市场竞争的一种方式。价格管制是政府实行宏观调控的一种有效手段,在适当的时候,必要的价格管制可以起到事半功倍的作用,充分利用建立在对市场规律认识基础上的价格管制更有利于我们市场经济的健康快速发展。

(二)最低工资制度的"弊"

最低工资制度的"弊"也是比较明显的,这是本制度从出现到现在一直受到争论的原因。

1. 加剧失业

一些中小企业或服务性行业为了降低成本,以裁员节省开支,代之以其他商业形式取代劳工,如设立自助柜台、减少服务人员、转用黑市劳工等。如此一来,失业者势必增加。

2. 深化劳资冲突

资方在最低工资的压力下成本上涨,可能会对员工提出比以往的同种工作更严苛的要求,以非工资类的方式加重员工的劳动负担,剥削员工利益,造成劳资不和。

3. 扭曲了市场机制

如果劳动者薪金不是根据市场供求关系制定的,而是以劳动者及其家庭合理的生活需求而定的,可能会造成不同技术要求的工种的薪金水平相同。

4. 削弱企业竞争力

最低工资是政府干预了市场运作的行为,无形中增加了雇主营运成本,削弱了他们的竞争力。

5. 损害低技术、低学历及年轻劳动者的就业机会

因为低技术、低学历劳动者和欠缺经验的年轻劳动者的生产力水平较低,所以雇主只愿意支付较低的工资。但如果有最低工资的限制的话,雇主就只愿意聘请较高学历、较有经验、较有技术的劳动者了。

6. 不能改善穷人的处境

最低工资制度只能为那些最没有经验、最没有生产力和最贫穷的劳动者带来好处。但实行最低工资使这些人很难获得被雇佣的机会,实际上只有最幸运的而不是最勤奋的初级劳动者会得到好处。

此外,有人认为,最低工资制度会导致就业中的种族歧视或性别歧视,使非熟练劳动者和青年无法得到他们情愿用低工资为代价所换来的在职培训。另外,企业是否真正执行最低工资制度也是个实践中的难题。在很多发展中国家,由于监管缺乏足够的资源,企业对于最低工资制度的执行往往不够。

三、最低工资制度的理论分析

目前,有关最低工资制度的理论分为两大类:一是基于完全竞争假定的劳动力市场;二是基于买方垄断假定的劳动力市场。在这两类假定下,最低工资制度所得出的结论是不同的。

(一)完全竞争劳动力市场假定下的分析

在完全竞争的劳动力市场假定下,最低工资制度的理论模型分为两类:一是完全覆盖的模型,即只有所有参与的劳动力均受到最低工资制度的保障;二是未完全覆盖的模型,即只有部分劳动者享受最低工资制度的保障。

1. 完全覆盖模型

假设存在统一的劳动力市场,市场供给曲线向右上方倾斜,需求曲线向右下方倾斜。在完全竞争的劳动力市场中,当最低工资标准高于均衡工资时,就业量会下降。但如果最低工资标准低于均衡工资,则最低工资制度不起作用。

2. 未完全覆盖模型

假定社会存在两个部门,一个是最低工资制度覆盖了的部门(A),另一个是最低工资制度没有覆盖的部门(B)。在 A 部门中由于存在最低工资制度,一部分人会失业,这一部分人可能转移到 B 部门去寻找工作。由于有更多的人流入,B 部门的劳动供给量增加,会压低工资水平。

如图 3.5 所示。若 A 部门严格遵守最低工资法规,且部分劳动者完全流出到 B 部门,则 A 部门劳动者可得到提升后的最低工资 W_1,而 B 部门劳动者只能得到降低后的工资 W_2。

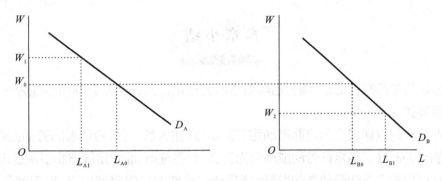

图 3.5　未完全覆盖模型

(二)买方垄断劳动力市场假定下的分析

如果在买方垄断的劳动力市场引入最低工资制度,垄断雇主就会变成"工资的接受者"。在最低工资水平,雇主的边际工资成本和平均工资成本变得完全水平且重合,就业量会增加。因此,选择并实施恰当的最低工资标准能够增加就业。如图 3.6 所示。

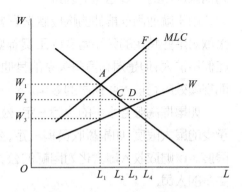

图 3.6　买方垄断均衡模型

在没有最低工资保证情况下,由于厂商具有买方垄断性(原因是可能该地只有一家企业,上一章已作分析),厂商支付的工资是 W_3,最佳雇佣量是 L_1。若最低工资达到 W_2,则雇佣量可达到 L_2,此时,劳动的边际成本已变成 W_2,即是一条水平线 W_2CD,而不是 MLC。但此时最佳雇佣量达不到 L_4,也不可超过 L_4。只要最低工资超过 W_3 而小于 W_1,厂商雇佣量都会超过 L_1。从这个意义上讲,最低工资的确定是有利于提高劳动就业水平的。

即问即答:买方垄断下最低工资会低于 W_3 吗?会超过 W_1 吗?

从上述的分析可以看出,最低工资制度对劳动力市场的影响取决于两个条件:劳动力的市场结构和最低工资标准。在完全竞争性劳动力市场,当市场达到均衡状态时,低于均衡水平的最低工资标准对劳动力市场不产生影响,高于均衡水平的最低工资标准会减少覆盖部门的就业量,增加失业率,同时压低非覆盖部门的工资水平。在买方垄断的劳动力市场,只要最低工资位于均衡时的理论工资(如图 3.6 中的 W_1)和实际工资(如图 3.6 中的 W_3)之间,都有助于短期内增加就业;高于均衡点的最低工资水平,将减少就业量,从而导致失业率提高。

本章小结

企业进行生产经营活动,需要各种要素同时使用。各种要素之间可表现为一定替代关系和互补关系。

企业至少可以通过三个方面来确定劳动量:雇佣人数、每个劳动者的劳动时间、每个劳动者的努力程度。通常把劳动成本分为三类:可变成本、准固定成本和固定成本。

企业可以通过改变劳动者的数量,或是通过改变劳动的时间长度,来调整企业希望达到的雇员工作时数。企业通常选择延长员工的劳动时间,加班工资成为企业作出劳动力需求决策时主要考虑的因素。

由于就业困难群体的构成状况异常复杂,为了解决某些特殊问题,一国政府可能会采取对某些特定的劳动者发放工资补贴的政策。工资补贴通过替代效应和规模效应使雇佣量扩大,但是对有竞争关系的其他劳动者来说,替代效应会产生减少雇佣量的效果,而规模效应有扩大雇佣量的效果。

如果提高服务水平的决策一定,公共部门考虑的是如何将税收负担增加到群众所能承受的最大限度;如果税收负担一定,公共部门要将服务水平降低到群众可忍受的最低限度。以财政收入最大化为目标的公共部门将比以服务最大化为目标的公共部门雇佣更多的人员。

非全日制就业是与非全日制用工相对应的。两者实际上指的是同一事物的两个方面:从劳动者的角度来讲就是非全日制就业,从用人单位的角度来讲是非全日制用工。非全日制就业是随着市场经济的不断发展而出现的,并且比较灵活、便捷,适应用人单位和劳动者双方的实际需要。

劳务派遣又称劳动派遣、劳动力租赁,是指由派遣机构与派遣劳工订立劳动合同,由派遣劳工向用工单位给付劳务,劳动合同存在于派遣机构与派遣劳工之间,但劳动给付的事实则发生于派遣劳工与用工单位之间。

最低工资制度是国家通过一定立法程序所规定的、为保障劳动者在履行必要的劳动义务后应获得的维持劳动力再生产的最低工资收入的一种法律形式。

关键概念

替代性要素　　互补性要素　　准固定成本
劳务派遣　　最低工资

思 考 题

一、问答题

1. 举例说明要素之间的替代和互补关系。

2. 如何理解劳动者人数和劳动时间的使用均衡？

3. 全日制劳动需求与非全日制劳动需求有何不同？非全日制劳动需求的意义何在？

4. 加班对劳动就业会产生什么影响？

5. 劳务派遣制度对企业有何价值？如何加强对劳务派遣的管理？

6. 特殊就业群体有哪些？对他们的就业照顾政策会产生什么样的影响？

7. 工资补贴对厂商的劳动需求有何影响？

8. 公共部门与私人企业对劳动的需求有何差异？

9. 如果雇佣和解雇劳动者的成本都很高，企业将如何调整其雇佣水平？

10. 目前大学生初次就业工资相对于一些岗位的农民工工资是下降的，其原因是什么？

11. 最低工资制度的利弊有哪些？对劳动就业会产生什么样的影响？

12. 假设政府提出一项旨在减少医疗成本的主张，要求所有居民每天都要吃一个西红柿。

(1) 这个主张将如何影响西红柿的需求与均衡价格？

(2) 这个主张将如何影响摘西红柿工人的需求和均衡工资？

二、案例分析题

努力≠加班！敬业≠过劳！

岁末年初，多则有关过度加班导致职场"打工人"身体亮"黄灯"、在个别案例中甚至致人猝死的报道引起广泛关注。

2020年12月29日，某平台旗下产品DD买菜一名女员工凌晨1点半下班途中猝死，据报道其死因与加班过劳有关；2021年1月6日，一则"上海白领体检异常率为99%"的话题登上热搜，话题阅读人数截至目前超过2亿，"99%"这个数字来源于上海外服联合《大众医学》杂志发布的《2019上海白领健康指数报告》。无独有偶，一条"90后不敢看体检报告"话题的阅读量高达5.7亿，有网友调侃"只要不看体检报告我就没病"。

一时间，"如何看待'996''007'加班文化""拿命换钱是当今职场常态吗"等话题，成为舆论热议。目前，过度加班在不少企业体现为一种无形的"文化"，甚至有应届生因拒绝"996"而被公司辞退的报道。

思考讨论：

(1) 加班为什么在中国成为常态？

(2) 加班能提高劳动效率吗？

(3) 如何规范加班制度？

课外阅读资料

第四章

劳动供给论

学习目标

1. 劳动供给的基本概念
2. 劳动供给弹性的种类
3. 劳动力与劳动力资源概念
4. 劳动参与率的影响因素
5. 劳动与闲暇的最佳组合决策
6. 福利计划和所得税政策的影响

每年的5月1日,全国人民都要共唱一首歌——劳动最光荣,以歌颂劳动者对经济和社会的贡献。劳动成就梦想,幸福生活要靠劳动来创造。但劳动并不是目的,享受生活才是人的本性。

纵观人类发展史,劳动聚集着诸种悖论于一身,如有创造力的和扼杀聪明才智的、愉悦身心的和折磨人心的、自由的和谋生的、受尊敬的和受歧视的等,这就使得人们难以由衷地将劳动视为最终目的。相反,某种意义上的非劳作——闲暇是合乎期望的。

享受闲暇是有条件的,这主要就是收入。一般来说,每一个人都必须决定是否参与劳动,并且必须考虑一旦被雇佣,计划工作多少时间,才能取得效用最大化。经济上的权衡取舍可以清楚地表述为:如果不工作,那么我们能够消费很多闲暇,但是我们无法获得使生活更有意义的众多好且优的商品;如果工作,那么我们就有能力购买各种商品,但是我们必须放弃部分宝贵的闲暇时光。

在本章中,我们从劳动供给和劳动力资源的基本概念出发,使用劳动闲暇选择模型来分析静态的劳动力供给决策。在第五章,我们将对劳动供给决策作进一步的分析。

第一节 劳动供给概述

现代经济学中,对于劳动供给问题的研究长期以来一直备受经济学家的关注。通常把劳动供给的问题看作对个体提供劳动服务的激励问题,分析对应于不同工资和收入的个体行为效应。

一、劳动供给的基本概念

劳动供给也可以称为"劳动力供给",是指劳动力的供给主体(劳动者个人或家庭)在一定的劳动条件下自愿对存在于主体之中的劳动力使用权的出让。从量的角度说,劳动供给是指一个

> **劳动供给:**
> 与一般商品供给不同,它提供的是劳动能力而不是劳动者本身。

经济体(一个国家、一个企业、一个家庭)在某一段时期中,可以获得的劳动者愿意并能够提供的劳动能力的总和。要深入理解劳动供给概念,需要把握下面几个要点。

1. 个体决策

无论是全球性的、全国性的、地区性的,还是某个行业的、某个单位的可以获得的劳动供给,都取决于劳动供给方在一定条件下的供给决策。这样的决策由劳动供给主体,即一个个劳动者个人或家庭单独作出。因为在市场经济体制下,劳动者是寄寓

于其身上的劳动力的法定的产权所有者,劳动者有充分的自由使用权和处置权,并具有凭借提供劳务或出租劳动力使用权获得收益(即劳动报酬)的权利。

2. 个体意愿

劳动力是劳动者的私有财产,劳动者是否愿意提供自己的劳动能力,取决于许多因素,如工资水平、个人及家庭经济状况、偏好等。

一个大学生在没有毕业前,就可能对未来的职业进行了规划。有的人准备考研,有的人准备出国,有的人愿意考公务员,有的人准备自主创业。尽管影响决策的因素有很多,但绝大部分决策都是自己独立进行的,能充分反映自己的意愿。

3. 时间要素

劳动供给的分析在时间方面有短期与长期之分,二者只是相对而言。在短期内,一般假定人口规模是一定的,劳动力资源数量是不变的。在这样的总量约束下,一方面讨论劳动条件给定后,社会能够获得多大量的劳动力供给;另一方面讨论人们为了取得最大的效用,如何决定其市场性劳动时间。长期劳动力供给则主要从人口的波动和劳动力资源供给的变化这一角度,预测未来某一时期的劳动力供给数量与结构。

从微观角度看,劳动供给是一个个人决策问题。但从宏观角度看,劳动供给的数量与质量反映了一个国家或一个地区劳动力资源的利用情况。个人或家庭出卖劳动是为了挣钱,而国家关心劳动是为了创造更多的财富,从而进一步促进经济增长。因此,了解和研究一国或一地区的劳动力供给情况,对其长期发展尤为重要。

二、劳动供给函数

如果把影响劳动供给的各种因素作为自变量,把劳动供给作为因变量,则可以利用函数关系来表示影响劳动供给的因素与劳动力供给之间的关系,这个函数称为"劳动供给函数"。以 S 表示劳动供给,以 $x_i(i=1,2,\cdots,n)$ 表示各影响因素,则劳动供给函数为:

$$S = F(x_1, x_2, x_3, \cdots, x_n) \tag{4.1}$$

影响劳动供给的因素有许多,要完全揭示它们之间的关系几乎是不可能的。因此,只能从劳动力市场的角度考察几种最主要的关系。

如果只考虑劳动供给与市场工资率之间的关系,假设其他条件不变,市场工资率作为影响劳动供给的唯一因素,以 W 表示市场工资率,则可以把劳动供给函数表示为:

$$S = F(W) \tag{4.2}$$

三、劳动供给弹性

从劳动供给与工资率的关系中可以看到,当工资率变化时,劳动供给发生相应变动。劳动供给量变动对工资率变动的反应程度定义为**劳动供给的工资弹性**,简称**劳动供给弹性**。设 E_W 为劳动供给价格弹性,$\Delta S/S$ 为劳动供给量变动的百分比,$\Delta W/W$ 为工资率变动的百分比,则有:

$$E_W = \frac{\frac{\Delta S}{S}}{\frac{\Delta W}{W}} = \frac{\Delta S}{\Delta W} \cdot \frac{W}{S} \tag{4.3}$$

通常在考察市场劳动供给时,劳动供给弹性值分布在零到无限大之间。根据劳动供给弹性的不同取值,一般将劳动供给弹性分为5类,如图4.1所示。

(1)供给无弹性,即 $E_W=0$。在这种情况下,不论工资率如何变动(在劳动力市场分析的实际可能范围),劳动力供给量都固定不变。这是一种特殊情况。某些特殊人才的劳动供给弹性可能几乎为零,数量非常稀少,如宇航员。无弹性的劳动力供给曲线是一条与横轴垂直的线,如图4.1中的 A。

(2)供给有无限弹性,即 $E_W=\infty$。这时工资率固定,而劳动力供给变动的绝对值无穷大。这是另一种特殊情况,可能是这种人掌握的劳动技能非常简单,很容易学会,如驾驶员、保洁员等。有无限弹性的劳动力供给曲线是与横轴平行的曲线,如图4.1中的 E。

(3)单位供给弹性,即 $E_W=1$。在这种情况下,工资率变动的百分比与供给量变动的百分比相同。这时劳动供给曲线是与横轴夹角为45°并向右上倾斜的曲线,如图4.1中的 C。

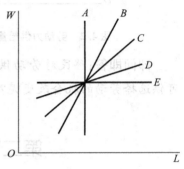

图 4.1 劳动力供给弹性

(4)供给富有弹性,即 $E_W>1$。在这种情况下,供给量变动的百分比大于工资率变动的百分比。这时劳动供给曲线是一条向右上倾斜且较为平坦的曲线,如图4.1中的 D。

(5)供给缺乏弹性,即 $E_W<1$。在这种情况下,供给量变动的百分比小于工资率变动的百分比。这时劳动供给曲线是一条向右上倾斜且较为陡峭的曲线,如图4.1中的 B。

即问即答:为什么技术工人供给弹性比非技术工人的要小一些?

四、劳动供给量的变动与劳动供给的变动

工资率虽然是影响劳动力供给变动的重要因素,但其他多种经济的、社会的因素也会对劳动力供给产生影响。因此,在考察劳动力供给时,需要注意区分劳动供给量的变动与劳动供给的变动。

劳动力供给量的变动是指在其他条件不变的情况下,仅由工资率变动所引起的

劳动力供给数量的变动。这种变动表现为在同一条劳动力供给曲线上的点的移动。如图4.2所示。在通常情况下,当工资率提高时,劳动力供给量增加;反之,劳动供给量则减少。

劳动力供给的变动是指在工资率不变的情况下,由其他因素(如企业规模、气候等)的变化所引起的劳动力供给数量的变动。劳动力供给的变动表现为劳动力供给曲线的水平位移,如图4.3所示。工资率不变,由于其他因素的变化,如失业救济增加,则劳动供给曲线左移,即减少劳动供给;反之,劳动供给曲线则右移。

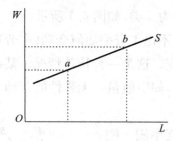
图4.2 劳动力供给量的变化

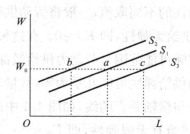
图4.3 劳动力供给的变化

即问即答:移民对劳动供给的影响表现为劳动供给量的变化还是供给的变化?可供选择劳动的机会改变呢?

第二节 人口与劳动参与率

随着中国人口出生率的逐年下降,劳动年龄人口规模也在不断下降,人口红利对经济增长的边际贡献率递减。这时就需要通过提高劳动参与率和全要素生产率等途径,实现经济增长动力的转换,充分发挥人口在经济增长中的积极作用。因此,需要把改革劳动就业制度与促进人口均衡发展结合起来。

一、人口与劳动供给

人口是指生活在一定社会和一定区域的人的总和。从本质上说,人口是社会行为的主体,是一切社会生活的起点和基础。人口包括一切有劳动能力和无劳动能力的人,而不管他们的年龄大小、健康状况如何以及是否参加劳动。人口的数量和质量决定着劳动力资源及劳动力的数量和质量。

劳动适龄人口是指人口中处于劳动年龄的那一部分人口。成长到开始具备了劳动能力的年龄,是劳动年龄的下限。而当人继续成长到逐步衰老,开始丧失劳动能力的年龄,是劳动年龄的上限。

劳动年龄的上限和下限通常是由国家规定的。由于各国的国情不同,具体规定也有不同。从下限看,美国规定为16岁,日本、英国规定为15岁,我国把16岁规定为劳动年龄的下限。对于劳动年龄的上限,在我国是按法定退休年龄规定的,目前是把男性满60岁、女性满55岁作为劳动年龄的上限。有关信息表明,计划到2035年,我国退休年龄逐步递延到65岁。

一般来说,一个国家的劳动力供给规模取决于人口规模和参与劳动力市场活动的人口规模。人口规模与劳动力规模一般是正相关的。人口规模决定一个国家和地区劳动力资源的总量,从而直接影响劳动力规模。一般来说,人口规模越大,劳动力供给规模就越大。人口增长率的波动将引起劳动力资源的波动。

在发展中国家,如果人口规模大,则不但劳动力供给规模大,而且由于个人收入水平较低,低薪阶层的规模也很大,如中国和印度等人口大国的这种倾向尤其明显。在这类经济不发达国家中,一旦人口规模得到控制,个人收入水平提高,劳动供给量会减少,这对缓解城市的就业压力是有益的。

即问即答:我国计划将退休年龄逐步推迟到65岁,你怎么看?

二、劳动力与劳动力资源

(一)劳动力的概念

劳动力是指一个人的身体即活的人体中存在的、生产某种使用价值时所运用的体力和智力的总和。物质资料生产过程是劳动力作用于

> 劳动力:
> 可以是指劳动者,也可称为劳动能力。

生产资料的过程。离开劳动力,生产资料本身是不可能创造任何东西的。对劳动力的理解可从以下几个方面进行。

第一,劳动力是人所特有的一种能力。自然界的任何能力,无论是风力、水力,还是核动力及计算机表现出来的人工智能,都不能称为劳动力。这些"力"不管有多么强大,不管能在何种程度上代替人或者模仿人的劳动力,它们都只能是劳动手段,而不是劳动力。

第二,劳动力是存在于活的人体中的能力。劳动力的存在是以人的生命和健康为条件的,只有达到一定的成熟程度、具有一定的健康条件、能够参加社会劳动的人,才能成为劳动力的承担者,才具有劳动力。

第三,劳动力是人在劳动中所运用的能力,这就把人的劳动力和人的其他能力区别开来了。并非人的一切能力都是劳动力,劳动力只是人的能力的一部分,是人在劳动中运用和体现的能力,人在其他活动中运用和体现的能力则不是劳动力。

第四,劳动力是人在劳动中运用的体力和智力的总和。劳动力由体力和智力两部分组成。一切劳动要同时耗费体力和智力,没有只耗费体力而完全不耗费智力的劳动,也没有只耗费智力而完全不耗费体力的劳动。

第五,劳动力是指具有劳动能力的人。各国关于劳动力的统计和分类虽不尽相同,但基本都是根据人口普查、劳动力调查等方法来统计和估算一国劳动力的量。

下面分别以中国和美国的劳动力分类为例加以说明。图4.4说明了美国劳动力市场统计和分类的一些基本定义。美国的劳动力范畴包含劳动力、非劳动力、就业者和失业者等几个基本概念。

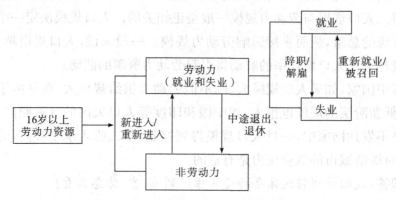

图4.4 美国成年人口的劳动力分类

在美国,劳动力是指16岁以上或者在工作,或者在积极地寻找工作,或者因为暂时失业而等待被召回的所有的人;劳动力中那些没有获得报酬职业的人被称为"失业者"。没有工作并且不寻找工作,也不是因暂时失业而等待雇主召回的人,不算作劳动力。因此,总的劳动力包括就业者和失业者。

就业者是指正在受雇佣的那一部分劳动力。它包括:正在工作者;有职业但并未工作的人。"正在工作者"是指为得到工资或利润而工作的人,或者在家庭或农场或行业中不领工资、每周工作15小时以上的人。"有职业但并未工作者"是指现在不工作也不寻找工作,但本人有职业或企业,只是由于休假、疾病、劳动争议或恶劣气候而暂时缺工,或者由于种种原因而削减工时的人。

失业者这一概念在技术上被定义为:在调查周内没有工作,但在此以前四周内曾专门努力寻求过工作,而在调查周内本人又适于工作的那一部分劳动力。此外,失业者范畴还包括以下两类人:没有工作又适于工作的,临时解雇后正等待召回的人;没有工作又适于工作的,正在等待且等待的时间达30天后可到工资不同的新岗位上报到的人。应该注意的是,"调查周"在美国特指某一给定的周,这一给定周包括该月的星期六和星期天的时间段。

我国对劳动力范畴的统计分类如图4.5所示。

劳动力范围为:在劳动年龄内(16周岁以上),有劳动能力,实际参加社会劳动和未参加社会劳动的人员。劳动力资源又划分为经济活动人口和非经济活动人口。劳动力资源不包括在押犯人、在劳动年龄内丧失劳动能力的人员,以及16岁以下实际参加社会劳动的人员。

图 4.5　中国成年人口的劳动力分类

就业人员是指从事一定社会劳动并取得劳动报酬或经营收入的人员。而**失业人员**是指城镇失业人员,即指城镇常住人口中一定年龄以上,有劳动能力,在调查期间无工作,当前有就业可能并以某种方式寻找工作的人员。在城镇劳动力调查中,对城镇 16 岁及以上,具有劳动能力并同时符合以下各项条件的人员列为失业人员:

调查周内未从事为取得劳动报酬或经营利润的劳动,也没有处于就业定义中的暂时未工作状态;

在某一特定期间内采取了某种方式寻找工作;

当前如有工作机会可以在一个特定期间内应聘就业或从事自营职业。

目前,国际通用的衡量失业指标有两种,即调查失业率和登记失业率。**调查失业率**是指采用抽样调查方法,通过向调查对象(抽中的家庭成员)询问一系列问题,从而综合判断某个家庭成员目前是否处于失业状态,并在此基础上计算得出的失业率。而我国长期采用的**城镇登记失业率**,是指城镇登记失业人员与城镇单位就业人员(扣除使用的农村劳动力、聘用的离退休人员、港澳台及外方人员)、城镇单位中的不在岗职工、城镇私营业主、个体户主、城镇私营企业和个体就业人员、城镇登记失业人员之和的比。

城镇登记失业率与城镇调查失业率的主要区别就是,城镇登记失业率以城镇非农业户口作为统计基准,城镇调查失业率以城镇常住人口作为统计基准。城镇登记失业率以失业人员在当地就业服务机构进行求职登记作为统计基准,员工失业但没有到当地就业服务机构进行求职登记不计入失业范围;城镇调查失业率以城镇劳动力调查时的城镇实际失业人数作为统计基准,并不需要求职者到当地就业服务机构进行求职登记。可见,城镇调查失业率对失业状况的统计更真实、更全面,也更符合我国当前的劳动力市场的现实。

即问即答:*家庭主妇是劳动力吗?*

(二)劳动力资源

劳动力资源是指在劳动年龄内,具有劳动能力,在正常情况下可能或实际参加社会劳动的人口。我国第七次人口普查结果显示,截至 2020 年 11 月 1 日零时,全国人口共141178万人,比2010年第六次人口普查的133972万人相比,增加了7206万人,增长5.38%,年平均增长率为0.53%,比2000年至2010年的年平均增长率0.57%下降0.04个百分点。从年龄构成来看,0—14岁人口为25338万人,占17.95%;15—59岁人口为89438万人,占63.35%。从性别构成来看,男性人口为72334万人,占51.24%;女性人口为68844万人,占48.76%。总人口性别比(以女性为100,男性对女性的比例)为105.07,与2010年基本持平,略有降低。出生人口性别比为111.3,较2010年下降6.8。我国人口的性别结构持续改善。

劳动力资源还可分为潜在的劳动力资源和现实的劳动力资源。**潜在劳动力资源**是指一个国家或地区在一定时期内拥有的具有劳动能力的人口总体。在适龄劳动人口总体中,丧失劳动能力的人,如残疾人、精神病人等都不算劳动力资源。劳动年龄以外的未成年人和退休老人,一般不属于劳动力资源。但那些虽未达到劳动年龄而实际参加劳动的人,以及超过劳动年龄却仍在从事工作的人,也算作劳动力资源,如未成年工、重新被聘用的退休职工等都是劳动力资源。因此,潜在的劳动力资源等于劳动适龄人口中具有劳动能力的人口和劳动年龄以外实际从事劳动的人口之和。

现实的劳动力资源是指一个国家或地区实际可以动用的劳动力资源。它等于从潜在劳动力资源中减去那些虽具有劳动能力但由于种种原因没有从事社会劳动的人,如从事家务劳动的妇女、在校学习的青年学生等。

劳动力资源不等于劳动适龄人口,后者的划分标准只有一条,即劳动年龄的上下限。凡处于劳动年龄上下限之间的人口均属于劳动适龄人口;而劳动力资源除了劳动年龄这一标准之外,还有是否具有劳动能力这条标准。虽在劳动年龄的界限之内但不具备劳动能力的人口,不包括在劳动力资源的范围之内。

研究劳动力资源,不仅要从数量上进行,还要从质量上进行。劳动力资源的质量就是劳动力人口的质量,不仅包括体质和智能两个方面,还包括思想和道德两个方面的内容。劳动力人口的体质包括人体的生理发育状况、人体功能、对于一定劳动负荷量的承受能力和消除疲劳的能力。劳动力人口的智能包括智力、知识和技能三个方面。智力是人们认识客观事物、运用知识、解决问题的能力,包括观察力、记忆力、思维力、想象力和实践能力。知识是人们从事实践活动的经验和理论。技能是人们合理化、规范化、熟练化的动作能力。影响劳动力资源质量的因素主要有遗传、营养、教育和自我努力程度等。

中国是一个劳动力人口众多的国家,合理开发和充分利用劳动力资源,对于国民经济和社会发展具有决定性的意义。开发和利用劳动力资源,涉及宏观和微观两个方面。从宏观角度看,要在全社会范围内合理分配劳动力,逐步实现充分就业,并形成良好的就业结构;从微观角度看,要在各个企业、事业单位实现劳动力资源和物质资源的有效结合,以取得较高的劳动效率和经济效益。

中国劳动力资源的现状是数量丰富,质量偏低,在地区之间、部门之间、单位之间分布很不平衡。针对这种状况,国家在开发和利用劳动力资源方面采取了相应的对策,诸如:控制人口数量,提高人口素质;发展普通教育和职业教育;改善所有制结构、产业结构和技术结构;实行对外开放政策,吸收国外资金和技术,扩大劳务出口;搞活经济,鼓励劳动力合理流动;等等。

三、劳动参与率

2012年,中国劳动力市场的劳动适龄人口开始减少,在许多地方出现了劳动力短缺的现象。根据中国社会科学院的研究,中国劳动力参与率从2010年的77%下降至2016年的72.4%,这一降速加剧了中国劳动力市场日益紧缩的趋势。

表 4.1 世界部分国家15岁以上劳动力参与率(%)

国家	2007年	2008年	2009年	2010年	2016年	国家	2007年	2008年	2009年	2010年	2016年
印度	58.7	57.6	56.6	55.6	53.77	英国	62.1	62.4	62.1	61.9	62.66
法国	56.2	56.3	56.6	56.4	54.91	俄罗斯	62.1	62.7	62.7	62.7	63.35
日本	60.6	60.4	60.2	60.4	59.08	澳大利亚	65.4	65.6	65.5	65.5	64.6
德国	59.3	59.4	59.6	59.6	60.27	加拿大	67.1	67.3	66.8	66.6	65.4
美国	65.1	65.1	64.6	63.7	61.98						

(根据相关资料整理)

(一)劳动参与率的概念

劳动参与率是一个与劳动力供给相关的基本概念,它是衡量和测度潜在劳动力资源人口参与社会劳动程度的指标。**劳动参与率**是指一定时期内经济活动人口(包括就业者和失业者)占劳动年龄人口的比率。广义劳动参与率可用公式表示为:

$$劳动参与率 = \frac{现实劳动力}{潜在劳动力} \times 100\% \qquad (4.4)$$

此外,劳动参与率还有多种表达形式,如年龄劳动参与率、性别劳动参与率等,即为:

$$劳动参与率 = \frac{某年龄或性别现实劳动力}{该年龄或性别潜在劳动力} \times 100\% \qquad (4.5)$$

在考察劳动力市场状况时,人们往往关注的是有多少人绝对失业,而没有了解劳动参与率实际上是就业的一个重要的相对指标。因此,把就业、失业和劳动参与率并重,同时进行研究,不仅对理解劳动力市场规律有很大帮助,还对宏观经济反周期政策的制定有重要的指导意义。

劳动经济学在讨论劳动参与率时,出发点是劳动力的拥有者按照自己的偏好,在为获得收入而工作与放弃工作收入而享受闲暇(包括休闲娱乐、接受教育、操持家务、照顾子女等)之间进行选择。有关理论显示,随着经济发展,收入水平提高可能形成两种影响劳动参与率的效应:一是收入效应,即更高的收入使人们产生更强的闲暇要求,从而减少劳动供给;二是替代效应,即更高的工资水平提高了闲暇的机会成本,诱导人们增加劳动供给。经济史表明,个人由于人力资本禀赋、家庭背景、家庭其他成员的收入水平以及性别、年龄和种族等方面的差异,对劳动参与具有不尽相同的选择偏好。

关于劳动参与率与失业率的关系,主要有两种假说。一种是添加工人假说,该假说认为,当家庭主要劳动者失业时,为了弥补家庭收入的减少,家庭中那些作为辅助性劳动者的成员会加入寻找工作的行列。这就说明预期失业率的上升会提高劳动参与率。另一种是沮丧工人假说,该假说认为,那些长期找不到工作的失业者,由于丧失信心而退出劳动力市场,与此同时,在正常情况下本欲进入劳动力市场的那些人,会由于信心不足而延迟或放弃进入劳动力市场。因此,这种预期失业率的上升会降低劳动参与率。

即问即答:与西方发达国家相比,我国劳动参与率偏高,这是好事还是坏事?

(二)影响劳动参与率的主要因素

劳动参与率只是测试和反映人口参与劳动程度的指标。影响劳动参与率的因素是多方面的,且各因素对劳动参与率的影响程度、影响方向也不一样。影响劳动参与率的因素主要可以从以下十个方面进行分析。

1. 人口规模

在其他条件不变的情况下,人口供给变化必然会引起劳动力供给的变化,但这种变化不是短期内可实现的。国家规定的就业年龄越小,退休年龄越大,潜在劳动力比例就越大。由于人口规模对劳动供给的影响在短期内不能马上实现,因此我们将其称为"滞后效应"。

2. 人口结构

人口对劳动力供给的影响除了表现在总规模上,更主要表现在人口结构上。人口结构是指一个国家或地区在一定时期内人口的构成状况。人口结构按其所具有的属性,可分为人口自然结构、人口经济结构、人口社会结构、人口地域结构和人口质量结构。人口自然结构是根据人口的自然特征来划分的,它反映人口的自然属性,主要包括人口的年龄结构和性别结构;人口经济结构是根据人口的经济特征来划分和组合的人口结构比例关系,主要包括人口的产业结构、职业结构、收入分配结构等;人口社会结构是根据人口的社会特征来划分和组合的人口结构比例关系,主要包括人口的民族结构、家庭结构等;人口地域结构是根据人口居住地的地域特征来划分的,主要包括城乡结构和区域结构;人口质量结构是根据人口素质的特征来划分的,主要包括身体素质结构和文化结构。

国际上对人口年龄结构构成划分为三种类型,即年轻型、成年型和老年型,具体标准见表4.2。

表4.2 不同类型人的年龄构成分类标准

	0～14岁人口占总人口比例	65岁以上人口占总人口比例	65岁及以上人口与0～14岁人口之比	年龄中位数
年轻型	40%以上	5%以下	15%以下	20岁以下
成年型	30%～40%	5%～10%	15%～30%	20～30岁
老年型	30%以下	10%以上	30%以上	30岁以上

一般来说,一个国家或地区的人口处于老年型或年轻型人口结构时,劳动力供给会相对短缺。

表4.3是根据我国最近三次人口普查公报中数据整理的年龄构成对比表。与表4.2对照,我国的人口年龄结构构成类型是哪种呢?

表4.3 第七次、第六次、第五次人口普查年龄构成对比

	0～14岁人口占总人口比例	15～59岁人口占总人口比例	60岁及以上人口占总人口比例	65岁及以上人口占总人口比例
第七次人口普查数据	17.95%	63.35%	18.70%	13.50%
第六次人口普查数据	16.60%	70.14%	13.26%	8.87%
第五次人口普查数据	22.89%	66.78%	10.33%	6.96%

(根据相关资料整理)

3. 教育体制与教育供给规模

劳动者受教育时间的长短对劳动参与率有直接的影响。从动态上看,劳动者受教育的年限增加,会相应减少就业的时间,从而降低劳动参与率;反之,受教育年限缩短,把可用于接受教育的时间用于就业,必然提高劳动参与率。国家的教育事业越发达,对国民的受教育程度的要求越高,参加劳动的时间就会相应减少;教育程度不同的劳动力工资率差别越大,劳动参与率也会越低。

4. 宏观经济状况

当经济总体形势好,处于高涨、繁荣状态时,经济增长率越高,就业机会越多,工资水平越高,就会有更多人有更强的就业欲望和信心,从而劳动参与率越高,社会劳动力供给越多。如果经济长期处于衰退状态,失业者长期找不到工作,就可能会打击个人的积极性,让更多人失去寻找工作的耐心和意愿,这将使他们退出劳动力群体,从而使劳动参与率降低。

5. 工资政策及工资水平

按劳分配规律的一个重要内容是,以社会劳动为尺度,按照劳动者提供的劳动数量和质量分配。复杂劳动应折算为倍加的简单劳动获得更多的劳动收入,在此基础上形成较为合理的工资分配关系,从而成为劳动者及其家属提高自身素质的内在动力。在这种条件下,青少年将会延长学习时间,从而推迟进入劳动力市场的初始年龄,使劳动参与率水平下降。

工资水平是调节劳动力供给和劳动力需求的经济杠杆。从宏观上看,工资水平越高,劳动力供给就会增加,从而劳动参与率越高;反之,劳动参与率越低。当然工资水平的变化对劳动供给的影响就个人而言,到底是促进劳动供给增加,还是使劳动供给减少,这要通过替代效应和收入效应的比较来分析。

6. 个人非劳动收入

在现阶段,劳动是人们谋生的基本手段,人们谋生对劳动的依赖程度取决于非劳动收入的变化。在实行生产要素按贡献参与分配的原则下,个人非劳动收入的增加将会降低人们谋生对劳动的依赖程度,从而降低劳动参与率。

7. 家庭生产率的变化

居民家庭生产率是指居民从事家庭生产活动的效率,即居民在单位时间内从家庭生产活动中取得的效用。居民家庭生产率越高,家庭生产的时间价值就越高,从而愿意向市场提供的劳动供给数量就越少,因此,在市场工资率一定的条件下,劳动参与率会降低。

8. 社会保障制度

社会保障制度会对劳动参与率产生直接的影响作用。劳动普及型社会保障制度会降低劳动参与率,就业型社会保障制度会刺激劳动参与率提高。西欧一些国家的高福利政策,使得劳动者宁愿失业享受救助也不愿意去工作,从而降低了劳动参与率。

9. 社会分工程度

人们的商品观念越浓,社会分工程度越高,家务劳动社会化程度越高,人们从事家务劳动的必要时间就会越少,处于就业年龄女性的社会就业者就会越多,从而劳动参与率就越高。

10. 其他因素

其他因素包括社会文化、风俗习惯等。

总之,劳动参与率受很多因素的影响。然而,具体到某一个国家或地区、某一时间段的劳动参与率,都要通过对各影响因素进行综合分析才能得到较为准确的估计。

第三节 个人劳动供给分析

美国作家罗伯特·斯基德尔斯基在写作《凯恩斯传》时,说当年凯恩斯的一位作家朋友弗吉尼亚·伍尔夫非常向往一种"美好生活"——一年五百英镑外加一个属于自己的房间,拥有充裕的闲暇时间来交谈、进行艺术和学术创作。这是一种懂得在物质上"适可而止"、在精神上有所追求的"古典生活"。今天确实有许多人认识到这种"古典生活"的实质性意义,不然怎么会有人发出"世界这么大,我要去看看"的感叹呢?

在劳动力供给问题上,每个人的选择是不同的。有的人想工作长一些,以便得到较多的收入;有的人不想工作太长时间,即使提高工资也不干;有的人有条件地选择工作,工资达不到一定标准就不干;有的人在工资低时增加工作时间,而在工资高时反而减少工作时间。

这种多样化的劳动供给决策是如何作出的呢?用于分析劳动力供给行为的典型框架通常被称为"劳动与闲暇选择模型"。该模型的目标是分析决定某一个人是否工作,如果工作的话,他要选择工作多少时间才能实现效用最大化。

一、闲暇的概念

劳动供给涉及劳动者对其拥有的既定时间资源的分配。劳动者拥有的时间资源是既定的,每天只有 24 个小时。劳动者在这固定的 24 个小时内,有一部分时间必须用于睡眠、吃饭及其他方面而不能挪作他用。为了方便起见,我们假定劳动者每天必须花费 8 个小时在以上的几个方面。因此,劳动者可以自由支配的时间资源每天为固定的 16 个小时。

由上述假定,劳动者可能的劳动时间供给只能来自这 16 个小时之中,也就是说其最大的劳动供给为 16 个小时。设劳动供给量为 6 小时,则全部时间资源中的剩余部分为 10 个小时,我们将之称为"闲暇"时间。**闲暇**是指人们扣除谋生活动时间、睡眠时间、个人和家庭事务活动时间之外剩余的时间。若用 h 表示闲暇,用 H 代表劳动者的劳动供给量,很显然,$H=16-h$。因此,劳动供给问题就被看成劳动者如何决定其固定的时间资源 16 小时中闲暇 h 所占的部分,或者说,是如何决定其全部资源在闲暇和劳动供给两种用途上的分配。

关于闲暇的古典思想,可以追溯到亚里士多德,他认为,闲暇代表着"可支配的时间"和"不受约束"。不受拘束使人们有时间沉思,从而带来真正的快乐。

劳动者选择一部分时间作为闲暇来享受,选择其余时间作为劳动供给。前者即闲暇直接增加了效用,后者则可以带来收入,通过收入用于消费再增加劳动者的效用。因此,可以将劳动者看成消费者,他们在闲暇和劳动两者之间进行的选择,就是在闲暇和劳动收入之间进行选择,以满足自己效用最大化的愿望。

根据消费者需求理论,对特定商品和服务的需求受许多变量的影响,其中最重要的是受到商品和服务的价格、消费者的收入以及消费者对商品和服务的偏好的影响。

此理论有如下预期：

在其他情况不变的条件下，某种商品的价格越高，则消费者对该商品的需求就越低；

在该商品为正常品的情况下，如果消费者的收入增加，则消费者对该商品的需求增加；

当消费者的偏好发生变化的时候，消费者对该商品的需求也会随之发生变化。

消费者需求理论也可以用来分析劳动者的工作时间决策。在这里，"闲暇"被视为一种商品，闲暇就像任何其他的商品和服务一样可以为消费者提供效用和满足。因此，闲暇也有其自身的价格，这就是工资，即放弃劳动的代价——机会成本。

即问即答：谁享受闲暇的机会成本高——门卫还是医生？

二、劳动闲暇的无差异曲线

在传统的分析中，闲暇是作为劳动时间之外的时间来运用的，它被视为一种消费品。后来，经济学家注意到这样一个简单的事实，消费需要消耗时间。在这里，闲暇不再是消费品，它被还原为时间，即一个人完成消费行为所必需的时间。

（一）偏好

偏好代表了消费者对某种商品相对其他商品的心理愿望强度。偏好从性质上说属于主观的东西，受到种族、社会经济地位、职业以及个人性格等因素的影响。

我们假定消费者必须在以下两种商品之间进行排序和选择：闲暇和从工作赚得的收入。闲暇可以带来直接效用，而收入可以通过购买商品消费而间接获得效用。由于闲暇和收入都能带来效用，它们在某种程度上可以相互替代。如果消费者放弃一些收入，如缩短工作时间，那么闲暇时间的增加可以替代这部分失去的收入，并且仍然能够保持原有的总效用不变。

（二）效用

效用是商品或劳务给人们所带来的主观感受。个人可以从来自收入 Y（购买商品）和来自闲暇 h 的消费中获得满足。个人收入与闲暇的理念可以用效用函数表示，即：

$$U = F(Y, h) \qquad (4.6)$$

> **效用**：
> 效用是一种主观的心理评价。在这里，收入与闲暇都是好东西，而不是坏东西。收入给满足消费的需求，闲暇可以让人们自由地生活。

效用函数可以把个人对商品与闲暇的消费转换为指数 U，用于测度满足或幸福水平。该指数被称为效用，U 的水平越高，此人就越幸福。我们假定购买的商品越多，或将更多的时间用于闲暇，就会提高个人的效用。

(三)无差异曲线

无差异曲线是劳动收入与闲暇组合效用相同时的点的轨迹。借助图4.6进行说明。我们用纵轴表示收入,横轴表示闲暇时间或劳动时间(从左向右表示闲暇时间不断增加,从右向左表示劳动时间不断增加)。

假设某人每周收入1 000元和100小时的闲暇,如图4.6中的点A所示,这一特定的组合为此人提供了特定水平的效用,比如说20 000个效用单位。很容易想象,不同的收入与闲暇消费组合可能会产生同一水平的效用。例如,某人可能声称,对于她自己来说,是取得1 000元的收入和100小时的闲暇,还是800元的收入和120小时的闲暇,两者并无差别。图4.6描绘了产生这一特

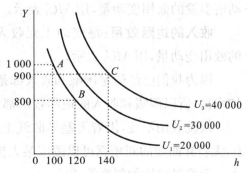

图4.6 无差异曲线

定效用水平的许多Y和h的不同组合。此类点的轨迹被称为无差异曲线,沿着该曲线的所有点的组合的效用都是相同的。

假设此人选择900元的收入和140小时的闲暇(见图4.6中C点),这一组合会将此人推向更高的无差异曲线,产生40 000个效用单位。显然,我们可以画出该效用水平的无差异曲线。简而言之,我们可以为每一效用水平构建一条无差异曲线。

无差异曲线的特性主要表现在以下五个方面。

1. 无差异曲线是向右下倾斜的

无差异曲线是向右下倾斜的,向某人提供更多闲暇时光,并且仍然保持效用不变的唯一方式就是减少部分收入所带来的商品的消费。

2. 较高的无差异曲线代表较高的效用水平

无差异曲线有无数条,任意两条无差异曲线之间可以有无数条无差异曲线。位于产生40 000个效用单位的无差异曲线上的消费组合要优于产生20 000个效用单位的消费组合。

3. 无差异曲线不会相交

让我们假设无差异曲线如图4.7中所示的那样相交,因为点A和点B位于同一条无差异曲线上,在A和B之间个人效用将是无差异的,点A与点C之间也是无差异的,因而A、B、C也是无差异的。

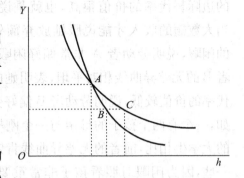

图4.7 无差异曲线的非相交性

4. 无差异曲线凸向原点

理论上,无差异曲线的斜率是**用劳动的边际替代率(MRS)来衡量的**。MRS是指

闲暇与收入边际效用的比率,或者说是用于补偿 1 单位闲暇而必须放弃的收入量。MRS 一般表现为负值,但通常取正值。

这里有两个概念要解释。

闲暇的边际效用:每变动 1 小时的闲暇活动所引发的效用变动量,用 MU_h 表示。

> **劳动边际替代率**:
> 当你增加闲暇时,必须减少劳动时间,从而减少收入。收入与闲暇之间是一种替代关系。

收入的边际效用:每变动 1 元收入所引发的效用变动量,用 MU_Y 表示。

因为我们已经假定闲暇和收入都是"商品",从某种意义上说,它们能够使人们更加幸福,所以闲暇和收入的边际效用都为正数。

假设效用不变,沿着无差异曲线上点移动,比如说从图 4.6 中的点 A 移动到点 B,无差异曲线的斜率就可以测度某人愿意放弃某些闲暇时光,从而换取的额外的收入。无差异曲线的斜率等于:

$$\frac{MU_h}{MU_Y} = -\frac{\frac{\Delta U}{\Delta h}}{\frac{\Delta U}{\Delta Y}} = -\frac{\Delta Y}{\Delta h} \tag{4.7}$$

5. 劳动者偏好的差异使无差异曲线陡峭程度不同

图 4.6 中的无差异曲线显示的是某一特定劳动者估计的闲暇与消费的替换关系,不同的劳动者对该替换关系会作出不同的估价。有些人可能愿意把大量的时间和努力奉献给工作,而有些人则偏好于把大部分时间用于享受闲暇。这些表现在偏好方面的差异意味着不同劳动者的无差异曲线是完全不同的。

图 4.8 显示的是两位劳动者的无差异曲线:劳动者 A 的无差异曲线非常陡峭,表明她的边际替代率的价值很高,也就是说,需要相当大数额的收入才能说服她放弃额外 1 小时的闲暇,说明劳动者 A 非常偏好闲暇;而劳动者 B 的无差异曲线相对平坦,表明她的边际替代率的价值较低,说明劳动者 B 偏好劳动。例如,一个有两个孩子的母亲与一个刚毕业工作的大学生相比,前者的无差异曲线肯定要陡峭一些,因为闲暇对照看孩子非常重要。同样,

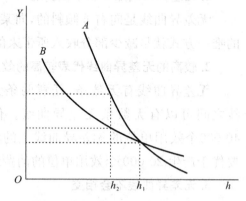

图 4.8 劳动者偏好的差异

一个已婚者与一个单身汉相比,前者的无差异曲线要平坦一些,因为他要为家庭负责。

"工作偏好程度"显然是一个人作出劳动力供给决策的重要决定因子。特别喜欢闲暇的劳动者将倾向于劳动较少的时数,而没有将闲暇时间附加很高价值的劳动者

将倾向于成为"工作狂"。

即问即答：正在哺乳期间的妇女与丈夫，谁的无差异曲线更平或更陡峭一些？

三、预算约束

劳动者对于劳动和闲暇的消费当然会受其时间和收入的约束。**预算约束线**是指在既定工资率条件下，个人可能获得的实际收入和闲暇的所有组合点的轨迹。劳动者收入的一部分并不取决于他劳动多少小时，这就是**非劳动收入**。非劳动收入是指不用劳动也能取得的收入，如股息、救助、租金、捐赠等。我们用 Y 表示总收入，V 表示这种非劳动收入，H 表示他在给定时期内配置到劳动力市场中的小时数，W 表示小时工资率，则其预算约束可以表示为：

$$Y = WH + V \tag{4.8}$$

即总收入等于劳动收益（WH）与非劳动收入（V）之和。

以上方程可以用一条直线的形式来表示，如图 4.9 所示。线性预算线有以下几个特征。

(1) 预算线的斜率为负，表示随着闲暇增加，收入会下降。

(2) 预算线的斜率为负的工资率。每一小时的闲暇都有一定的价格，并且该价格是由工资率给定的。即增加一小时的闲暇所放弃的收入等于减少 1 小时的工资。

(3) 工资率水平越高，预算线斜率的绝对值越大，即越陡峭。

(4) 存在非劳动收入时，预算线向上平移。如图 4.9 所示，图中的点 F 表明，如果此人决定完全不工作，并且把 T 小时花费在闲暇活动上，他仍然可以购买价值 V 元的消费品。点 F 被称为"馈赠点"。

(5) 最大购买力由预算线与纵轴交点决定。如果该劳动者放弃他的所有闲暇活动，他就能够购买（$WH+V$）元价值的商品。

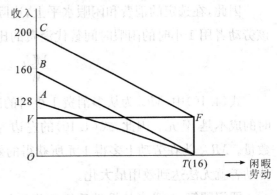

图 4.9　收入预算线

四、劳动与闲暇决策

为分析简单化，我们假设劳动者追求的是效用最大化，并且是通过收入与闲暇的组合取得的。

(一) 均衡决策

如图 4.10 所示，预算线是 TH，没有非劳动收入，每小时 8 元的市场工资率，三条

效用曲线 U_1、U_2、U_3，位置越高效用越大。如何在工作与闲暇活动之间进行配置，才能获得最大效用呢？

点 E 为效用最大化的劳动者所选择的劳动与闲暇时数的最优组合。该劳动者每天消费 8 小时的闲暇，工作 8 小时，获得收入 64 元。该劳动者显然偏好位于无差异曲线 U_3 上的消费组合，假设是点 G。在该点，他每天工作 8 小时，并且能够购买价值 100 元的商品。然而，给定他的每小时 8 元的工资率，该劳动者绝不可能支付得起这一消费组合。相比

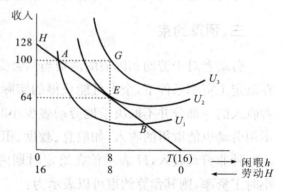

图 4.10 劳动与闲暇的最佳组合决策

之下，他可以选择诸如点 A 这样的点，但点 A 获得的效用低于点 E。因此，对劳动者来说，收入与闲暇的最优消费是由预算线与无差异曲线相切的那一点决定的。

在最优点 E，预算线与无差异曲线相切，无差异曲线的斜率等于预算线的斜率，这意味着：

$$MRS_{hY} = \frac{MU_h}{MU_Y} = W \tag{4.9}$$

因此，在选定的消费和闲暇水平上，边际替代率 MRS 等于工资率（即市场愿意让该劳动者用 1 小时的闲暇时间替代消费的比率）。如果我们把上式改写为：

$$\frac{MU_h}{W} = MU_Y \tag{4.10}$$

式(4.10)中，MU_h 为从多消费 1 小时的闲暇中所获得的额外效用，这额外的 1 小时的成本是 W 元。因此，式(4.10)的左边为通过在闲暇上多花费 1 元而获得的效用数量。MU_Y 为在劳动上多得 1 元所获得的效用数量。如果这一相等没有被保持，该劳动者就无法达到效用最大化。

即问即答: 如果老板提供两份工作让你选择：一份是企业规定的固定工作时间，另一份是你选择的弹性工作时间，你将如何选择？

(二)非劳动收入变化时，工作时数发生的变化

图 4.11 显示的是，在工资保持不变的情形下，当该劳动者非劳动收入 V 增加时，劳动时数发生的变化。

起初，该劳动者的非劳动收入每天为 10 元，这是与馈赠点 F_0 相关的。给定该劳动者的工资率，预算线就可以表示为 A_0F_0。该劳动者通过选择点 E_0 的消费组合可以达到效用最大化，消费 8 小时的闲暇时间，工作 8 小时。

若非劳动收入增加，则会使馈赠点向 F_1 移动，因此新的预算线为 A_1F_1。在工资

保持不变的情形下,非劳动收入的增加,通过平行移动预算线就可以扩展该劳动者的机会集。

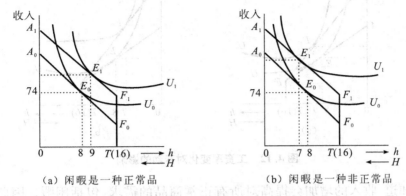

(a) 闲暇是一种正常品　　(b) 闲暇是一种非正常品

图 4.11　非劳动收入变化对劳动决策的影响

非劳动收入的增加使得该劳动者可以跃向更高的无差异曲线。图 4.11(a)中的点 E_1 意味着,新增的非劳动收入既能提高消费品的支出,又能增加闲暇时数,其结果是每天工作的长度会下降到 7 小时。图 4.11(b)中的点 E_1 意味着,新增的非劳动收入会减少对闲暇时数的需求,将每天劳动的长度增加到 9 小时。在工资保持不变的情形下,非劳动收入变化对劳动时数的影响被称为"收入效应"。

如果我们更加富裕,我们会需要更多的闲暇。因此,如果假定闲暇是正常商品,此时的收入效应为负,即在工资率不变的情况下,随着非劳动收入的增加,劳动时数会减少,闲暇时数会增加。负的收入效应用公式表示为:

$$\frac{\Delta H/H}{\Delta Y/Y} < 0 \tag{4.11}$$

但如果闲暇是非正常商品,则收入效应正好相反,如图 4.11(b)所示。当然,对于绝大部分消费者来说,闲暇是"好东西"。

(三) 工资率变化对工作时数的影响

考虑当非劳动收入保持不变,工资从每小时 10 元增加到每小时 20 元的情形。工资增加会使预算线绕着馈赠点旋转,如图 4.12 所示。预算线的旋转会使得机会集从 TFA 移动到 TFB。

图 4.12 中所展示的两种情况描绘了工资的增加对工作时数所产生的潜在影响。在图 4.12(a)中,工资的增加会使最优消费组合从点 E_0 移动到点 E_1。在新的均衡点,个人会消费更多的闲暇,从 8 小时增加到 9 小时,从而使工作时数每天从 8 小时减少到 7 小时。

然而,图 4.11(b)描绘了相反的结果,工资的增加再次使该劳动者达到一条更高的无差异曲线,并且最优消费组合会从 E_0 移动到点 E_1。然而这一次,工资的增加减少了闲暇时数,从而使工作日的长度从 8 小时增加到 9 小时。

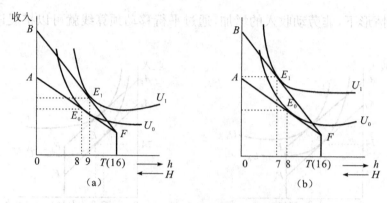

图 4.12 工资率变化对劳动的影响

我们知道,收入的增加会提高对所有正常商品的需求,包括闲暇。因此,工资的增加会提高对闲暇的需求,从而减少工作时数。这就是收入效应。

但是,这并不是所有的变化,工资的增加也使得闲暇变得更加昂贵了。当该劳动者每小时挣 20 元时,她每增加 1 小时的闲暇享受,同时就放弃了 20 元的潜在收入。其结果是,闲暇对于高工资的劳动者来说,是一种昂贵的商品;而闲暇对于低工资的劳动者来说,则是一种相对便宜的商品。因此,对于高工资的劳动者来说,工资的增加会减少其对闲暇的需求,从而增加劳动时数,这是替代效应,可以定义为:

$$\frac{\Delta H/H}{\Delta W/W} > 0 \tag{4.12}$$

工资变化既会产生收入效应,也会产生替代效应,这是劳动时数与工资率之间关系不确定的根本原因。至于哪种效应占上风,要具体情况具体分析。这两种效应如图 4.13 所示。正如我们前面所论述过的,起始工资率是每小时 10 元,该劳动者通过选择由点 E_0 所给定的消费组合,可以使他自己的效用达到最大化,在点 E_0 他每天消费 8 小时的闲暇,劳动 8 小时。假设工资增加到每小时 20 元,如同我们论述过的,预算线就会发生旋转,从 FA 上移到 FB。

我们可以把从点 E_0 向点 E_1 的移动分解为两阶段的移动,以讨论收入和替代两种效应。

首先,分析收入效应。我们画一条与旧的预算线平行的新预算线,但是与新的无差异曲线相切。该预算线 D 如图 4.13(a)所示,并且产生了一个新的相切点 E_2。从起初的位置点 E_0 到最终的位置点 E_1 的移动,可以被分解为从点 E_0 到点 E_2 的第一阶段移动,和从点 E_2 到点 E_1 的第二阶段移动。很容易看出,从点 E_0 到点 E_2 的移动是收入效应。收入效应由此增加了对闲暇的需求(从 8 小时增加到 10 小时),并减少了劳动时数(每天减少 2 小时)。

其次,分析替代效应。点 E_2 到点 E_1 的第二阶段移动被称为替代效应,它表示随着工资的增加,在效用保持不变的情况下,最优消费组合所发生的变化。随着工资的上升,劳动者会把较少的时间花费在相对昂贵的闲暇活动上(闲暇时间从 10 小时减少到 9 小时),并且增加他对商品的消费。工资的增加会减少对闲暇的需求,并且使劳动时数增加 1 小时。因此,替代效应意味着,在真实收入保持不变的情况下,工资率的上升将增加劳动时数。

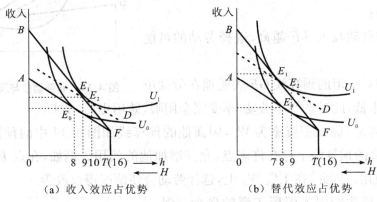

(a) 收入效应占优势　　　　　　(b) 替代效应占优势

图 4.13　工资变动的收入效应和替代效应

如图 4.13(a)所示,由收入效应引发的劳动时数的减少(2 小时),超过了与替代效应相关的劳动时数的增加(1 小时)。较强的收入效应由此会引发劳动时数与工资率之间的一种负相关关系。

在图 4.13(b)中,收入效应(仍然是从点 E_0 到点 E_2 的移动)会使劳动时数减少 1 小时,而替代效应(从点 E_2 到点 E_1 的移动)会使劳动时数增加 2 小时。因为替代效应占优势,在劳动时数与工资率之间存在着一种正相关关系。

劳动时数与工资率之间的关系可以总结如下:

如果替代效应的强度超过收入效应,那么工资率的提高将增加劳动时数;

如果收入效应的强度超过替代效应,那么工资率的提高将减少劳动时数。

五、非劳动参与及保留工资

究竟是什么因素驱动一个人进入劳动力市场呢?

要描述劳动决策的本质,我们考虑图 4.14 的情形。该图显示了穿越馈赠点 F 的一条无差异曲线,该无差异曲线表明,一个根本不劳动的人可以得到 U_0 单位的效用。于是,是否劳动的决策浓缩成一个简单的问题,即"交易条件"工资或者说闲暇价格是否足够具有吸引力,让他进入劳动力市场?

假设最初该劳动者的工资率为 W_1,因而他的预算线如图 4.14 的预算线 GF 所示。该预算线上没有一点能够给予他比 U_0 更多的效用。如果他打算从馈赠点 F 移动到预算线 GF 上的任何一点,他就会移动到一条较低的无差异曲线上。例如,在点 A,他将只能获得 U_1 的效用。因此,在工资 W_1 水平上,他选择不劳动。

若劳动者选择非劳动,根据图 4.14 所示,他可表现为以下特征:

第一,此人的无差异曲线可能特别陡峭,闲暇的价值更被看重(他可能是年轻人,把时间用在学习上更重要);

第二,非劳动收入 TF 越高,选择劳动的可能性越低;

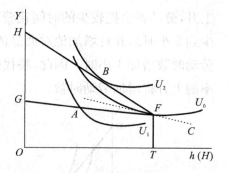

图 4.14 非劳动参与及保留工资

第三,相对平坦的预算线 GF 表明他在劳动市场的工资率很低,此时选择不劳动,享受完全闲暇,效用更高,如 U_0。

与此相对应,假设工资率为 W_2,因而他的预算线如图 4.14 中的预算线 HF 所示。这条较高的预算线上存在许多点,允许增加他的效用。例如,在点 B 上,他可以获得 U_2 的效用。因此,在工资 W_2 上,选择劳动会使情况得以改善。

图 4.14 使我们引入**保留工资**的概念。**保留工资**是劳动者心中认为值得出卖劳动的最低工资,其含义是:如果工资较低,那么人们宁愿不劳动,也不愿意接受水平达不到自己认可的

> **保留工资:**
> 吸引劳动者参加劳动的最低工资。这一条件因人而异,故也称为条件工资。

最低要求的工资去劳动,而"保留"自己的劳动力。如图 4.14 所示,当非劳动收入为 TF 时,保留工资是与无差异曲线 U_0 在点 F 处的切线(图 4.14 中虚线 C)的斜率相等的工资率。在这一工资率下,劳动与闲暇的价值相同。如果市场工资率低于该保留工资,他就选择不劳动,或者说,此时选择劳动会使他的福利降低;相反,如果市场工资率高于保留工资,他就会成为市场劳动参与者,此时,劳动价值大于闲暇价值。

即问即答:二胎政策使保留工资提高了还是降低了?

六、劳动供给曲线

工作时数与工资率之间的预测关系被称为"劳动力供给曲线"。下面我们从个人劳动供给曲线和市场供给曲线两个角度进行分析。

(一)个人劳动供给曲线

个人劳动供给曲线的推导见图 4.15 的描述。图 4.15 显示劳动者可在可替换的许多工资率下的最优选择。若保留工资为 W_0,在该工资水平,他选择劳动与不劳动是无差异的。因此,他一般不会选择工资低于 W_0 的劳动。一旦工资上升到超过 W_0 的水平,他就会选择劳动若干时数。但是,当工资水平超过 W_2 后,劳动时间反而减少。这意味着,替代效应在低工资水平上占据优势,而收入效应在高工资水平上占据优势。

图 4.16 是劳动力供给曲线、最优劳动时数与工资率之间的关系。劳动力供给曲

线的斜率会随着劳动时数和工资率一起移动而呈现正值。然而,一旦工资上升到超过 W_2 时,收入效应就占据优势,劳动时数会随着工资的上升而下降,创建出具有负斜率的劳动力供给曲线的那一线段。这种特征的劳动力供给曲线被称为"先向右上方再向左上方弯曲的劳动力供给曲线"。

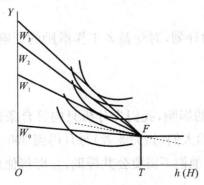

图 4.15 劳动与闲暇的最优决策

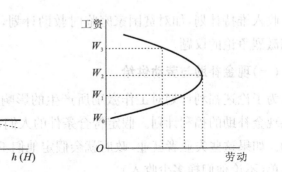

图 4.16 个人劳动供给曲线

(二)市场劳动供给曲线

将所有单个劳动者的劳动供给曲线水平相加,即得到整个市场的劳动供给曲线。尽管许多单个劳动者的劳动供给曲线可能会向后弯曲,但劳动的市场供给曲线却不一定如此。

在较高的工资水平上,现有的劳动者也许会提供较少的劳动,但高工资也会吸引新的劳动者进来,因而总的市场劳动供给一般还是随着工资的上升而增加,从而市场劳动供给曲线仍然是向右上方倾斜的。

第四节 福利与所得税政策对劳动供给的影响

每年 3 月 20 日被联合国定为"国际幸福日"。2018 年 3 月 14 日,联合国发布了《2018 年全球幸福报告》。该报告基于 2015—2017 年的多项调查数据,对世界上 156 个国家进行了调查,量化了每个国家公民的主观幸福感,并解释了幸福的原因。其中,排前十国家的分别是芬兰、挪威、丹麦、冰岛、瑞士、荷兰、加拿大、新西兰、瑞典和澳大利亚。这些都是高福利国家。可以说,从摇篮到坟墓,这些国家为他们的公民安排好了一切:上学不用花钱;看病几乎免费;失业了,政府给发救济金;退休了,政府又提供丰厚的养老金等。但高福利政策也产生了一些不和谐的现象,如失业人数增加了,失业期延长了,政府税收加重了等。

尽管劳动并不是人唯一的生活目的,但从宏观角度看,政府还是希望每一个劳动者都去参与社会劳动,以提高社会产品总量。但由于个人禀赋不同,或经济原因,或其他原因,总有人会失业,此时政府或企业给予必要的补贴是很重要的。同时,出于平衡收入差异的考虑,实施个人收入所得税政策也很有必要。但这两项政策对劳动供给的影响是复杂的。

一、福利计划与工作激励

收入维持计划,如对贫困家庭临时救助计划,对受益者工作激励的影响,一直是人们激烈争论的议题。

(一)现金补助与劳动供给

为了论述福利计划对工作激励所产生的影响,我们先分析只向符合条件的人们提供现金补助的福利计划。假定符合条件的人们(如失业者)每月得到 300 元的现金补助。如果这些失业者就业,政府就会假定他们不需要公共援助,立即将他们剔除福利名单(不论他们挣多少收入)。

现金补助计划对劳动激励的影响如图 4.17 所示,在没有福利计划的情况下,预算线是由 FG 给定的,该劳动者每天消费 8 小时的闲暇,劳动 8 小时。

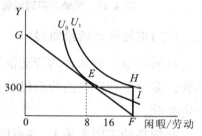

图 4.17 现金补助对工作激励的影响

为简化起见,假定该失业者并不具有任何非劳动收入,于是对不劳动者 300 元的现金补助会将点 H 引入该机会集中。在该点上,不劳动的话,他就可以购买价值 300 元的消费品。然而,一旦他进入劳动力市场,福利补助就会被取消,并且该机会集会转回到起初的预算线 FG。

位于点 H 的现金补助,会极大地减少劳动激励。如图 4.17 所示,该失业者通过选择在点 H 上的角点解(也就是福利解决方案)可以获得比选择点 E 上的内点解(也就是工作解决方案)更高的效用水平。

该类型的享受或退出现金计划会使得很多劳动者退出劳动力队伍。事实上,低工资的劳动者更有可能选择福利方案。馈赠点的改善(从点 F 到点 H)可以提高劳动者的保留工资,从而降低低工资劳动者进入劳动力市场的可能性。事实上,只要失业补助超过 FI,对于该失业者来说,选择完全闲暇是最佳选择,此时的效用比劳动任何一小时的效用都要高。

值得注意的是,高福利计划会降低低工资劳动者的劳动热情。当政府试图通过高边际税收用于失业津贴时,将会使低收入者产生严重的懒惰消极态度,人们不愿努力劳动。其结果是:劳动力资源得不到充分利用,经济得不到发展,工资下降,失业人数增加,政府增加补贴,人们不愿意劳动。这就是欧盟一些高福利国家所面临的问题——贫困陷阱和财政陷阱产生的根本原因。目前,欧盟一些国家已经认识到高福利政策的缺陷,并在进行改革。

(二)福利政策的合理化选择

考虑到图 4.17 中所示的福利计划的极端负激励效应,社会援助计划通常允许福利受益者参与劳动力队伍。为了吸引更多的人参与劳动,需要对福利计划进行改进。比如,政府可以这样考虑:规定劳动一定时间后才能享受失业补助;规定收入超过一定水平后不再享受补助;规定享受补助的时间,不是长期享受;规定劳动者按照规定参加失业保险;失业原因是否因本人意愿;已办理失业登记,并有求职要求;规定领取的失业保险金,只能用于保障失业人员的基本生活;更重要的是要研究补助数额,最好不要超过 FI;帮助失业者很快找到工作。

二、所得税与劳动供给

假定某人所有的劳动时间都能得到某种既定的工资率,并且他能够按照自己的意图调整工时。下面以劳动的比例所得税为例说明所得税对劳动供给的影响。

税收对工时的影响取决于收入效应和替代效应的相对强度。替代效应一般会减少劳动时间,即税率上升引起净工资率下降,从而闲暇的代价下降,人们用闲暇代替劳动。但是,税收对劳动时间的总效应是否为负,这要取决于抵消作用的收入效应的大小(假设闲暇为正常物品)。若替代效应大于收入效应,则劳动供给曲线斜率为正值;若收入效应大于替代效应,就会出现向后倾斜的劳动供给曲线。图 4.18(a)和图 4.18(b)反映了这两种情况。

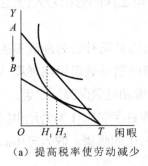
(a) 提高税率使劳动减少

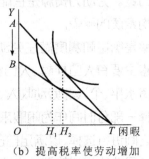
(b) 提高税率使劳动增加

图 4.18 劳动供给与比例所得税

在图 4.18(a)中,税收使工资率下降的效应表现为劳动时间减少,即替代效应大于收入效应,导致工时供给曲线斜率为正值。在图 4.18(b)中,收入效应大于替代效应,得出工资率与工时之间的负向关系。假定在期初,工资率为 OA/OT,政府没有对人们的所得征税。当政府按 BA/OA 的税率征收比例所得税后,OA/OT 的总工资率降为 OB/OT 的净工资率。如果劳动供给曲线斜率为正值,如图 4.18(a),则工时由 H_1 降到 H_2。但是,如果劳动供给曲线的斜率为负值,如图 4.18(b),则税收的作用是使工作时间由 H_1 增加到 H_2。

与提高所得税相对应的是降低所得税。所得税降低，意味着净收入增加，或者说小时工资率相对上升，这同样会产生两个效应。替代效应使人多劳动，而收入效应使人少劳动。具体情况如何，同样要看劳动者的偏好和税率的高低等因素。

即问即答：有人认为，所得税政策对穷人不利，你同意这种看法吗？

本章小结

劳动供给是指劳动者愿意并能够提供的劳动能力的总和。需要把握三个要点：个体决策、个体意愿和时间要素。

劳动供给的工资弹性表示为劳动力供给量变动对工资率变动的反映程度，表现为五种类型：供给无弹性、供给有无限弹性、单位供给弹性、供给富有弹性和供给缺乏弹性。

劳动供给量的变动是指在其他条件不变的情况下，仅由工资率变动所引起的劳动供给量的变动。劳动供给的变动是指在工资率不变的情况下，由其他因素的变化所引起的劳动供给量的变动。

劳动力是指一个人的身体即活的人体中存在的、生产某种使用价值时所运用的体力和智力的总和。对劳动力的理解可从以下几个方面进行：劳动力是人所特有的一种能力、劳动力是存在于活的人体中的能力、劳动力是人在劳动中所运用的能力、劳动力是人在劳动中运用的体力和智力的总和、劳动力是指具有劳动能力的人。

劳动力资源总数是指在劳动年龄内，具有劳动能力，在正常情况下可能或实际参加社会劳动的人口数。劳动力资源是指能够从事各类工作的劳动力人口，它是劳动力人口的数量和其平均素质的乘积。

劳动参与率是衡量和测度潜在劳动力资源人口参与社会劳动程度的指标。影响劳动参与率的因素主要有人口规模、人口结构、教育体制与教育供给规模、宏观经济状况、工资政策及工资水平、个人非劳动收入、家庭生产率和社会保障制度等。

劳动者选择一部分时间作为闲暇来享受，选择其余时间作为劳动供给。劳动者在闲暇和劳动收入之间进行选择，以满足自己效用最大化的愿望。收入与闲暇的最优消费是由预算线与无差异曲线相切的那一点决定的。

由于替代效应和收入效应的作用，个人劳动力供给曲线被称为向后弯曲的劳动力供给曲线。但市场劳动供给曲线向右上方倾斜，表现为正斜率。

政府劳动力福利计划可能会产生负激励，所以要认真研究制定合理的劳动力补贴政策。

关键概念

| 劳动供给 | 劳动供给弹性 | 劳动力 | 劳动力资源 |
| 劳动参与率 | 劳动闲暇边际替代率 | 闲暇的机会成本 | 工资替代效应 |

工资收入效应　　保留工资　　劳动供给曲线　　非劳动收入

思 考 题

一、问答题

1. 什么是劳动供给？有哪些特点？
2. 什么是劳动供给弹性？劳动供给弹性有哪几种类型？
3. 劳动供给的变化与劳动供给量的变化有何不同？
4. 什么是劳动力？什么是劳动力资源？
5. 影响劳动参与率的因素有哪些？
6. 如何理解个人劳动闲暇供给决策？
7. 个人劳动供给曲线与市场劳动供给曲线的特征是否相同？为什么？
8. 如果非劳动收入增加，保留工资会发生什么变化？为什么？
9. 为什么福利计划会产生工作负激励？
10. "想有钱就应该去挣"这句话对吗？
11. 为什么已婚妇女的劳动参与率会降低？什么情况下会提高？

二、案例分析

董明珠的困惑也是经济的挑战

格力电器总裁董明珠在一档电视节目中表示："90后不愿意去实体经济里工作，在家开网店，一个月赚一两千不用受约束，不用打考勤，这一代人对国家经济发展影响的隐患是严重的，不只是实体经济，对社会发展都有影响。"

与董明珠同场的娃哈哈董事长宗庆后也表达了类似看法，即实体经济才是创造财富的经济，互联网作为虚拟经济应当为实体经济服务。他还说，如果虚拟经济成为主业，挤压了实体经济，最后造成的结果是实体经济无法支撑整体经济发展，虚拟经济也会变成泡沫消失。

福耀玻璃董事长曹德旺也曾表示，国内基建速度太快，房地产发展过热，吸收了大量农民工短期就业，而制造业需要为员工交税、买保险，抬高了劳动力价格。他还批评，现在的学生毕业后，首选公务员，其次选择进入银行等金融机构，高素质的工人越来越少。

思考讨论：

(1) 如何看待企业家们的担忧？

(2) 如何通过吸引劳动者参与实体经济发展？

课外阅读资料

第五章

劳动供给论的拓展

学习目标

1. 一生中的劳动参与选择
2. 退休制度对劳动选择的影响
3. 弹性工作和风险偏好对劳动选择的影响
4. 家庭劳动供给决策
5. 劳动时间的不同供给

在旅游市场，为什么游客大多是小孩、年轻人和老年人？如果退休年龄可以自由选择，你将如何选择？你是否偏好弹性工作和风险工作？家庭生活对你的劳动决策会产生怎样的影响？工资和养育成本的变化对你的生育决策有什么影响？如果制度工作时间一定，你是否会选择超时和兼职工作？

在上一章，我们通过模型研究了人们如何在劳动力市场和闲暇活动之间配置他们的时间，这一章继续讨论劳动供给问题。首先，讨论人们在整个生命周期中如何利用经济机会的变化来配置自己的时间，经济要素如何影响退休时点的决策。其次，研究职业选择问题，探讨弹性工作和风险对职业选择的影响。再次，扩展劳动闲暇模型，用于解释家庭成员的劳动力供给决策。最后，对时间作进一步的分解分析。

第一节 生命周期中的劳动供给

这是一个多变的时代。为了提高生活水平，为了家庭，许多人选择尽可能地工作较长的时间，而忽略了休闲。只是劳作，没有闲暇，人会忘掉人生根本，不再是自己生命的主人。

我们在第四章论述劳动力供给模型时，是从一个劳动者的角度来分析是否劳动以及劳动多少小时的。事实上，由于消费与闲暇决策是在整个工作生命周期中作出的，以致劳动者可以用今天的部分闲暇时间去"交换"明天的额外消费。本节我们将重点讨论三个相关问题：生命周期中的劳动生产率与工时、生命周期中的劳动参与和退休年龄的选择。

一、生命周期中的生产率与工时

从生理学上看，生命周期主要是指人的出生、成长、衰老、生病和死亡的过程。生命周期理论概念的应用很广泛，特别是在政治、经济、技术、社会等诸多领域。

对于某个产品而言，生命周期就是既包括制造产品所需要的原材料的采集、加工等生产过程，也包括产品贮存、运输等流通过程，还包括产品的使用过程以及产品报废或处置等废弃回到自然过程。简单地说，产品的生命周期可分为引入期、成长期、成熟期和衰退期。

人的生命周期一般可为婴儿期、幼儿期、少儿期、青年期、中年期、老年期。有专家认为，人的生命周期大致可分为以下几个阶段：

0—35岁，为人生的最活跃期，身体的组织器官从发育至完善，其各方面功能总的趋势是积极上升的，所以这一阶段称为"健康期"。

36—45岁，人的生理功能从峰顶开始下滑，部分器官开始衰退，所以有人称这一时期为"疾病形成期"。

46—55岁,大多数疾病在此阶段爆发,为生命的高危期,故有专家称之为人生旅途中的"沼泽地"。

56—65岁,为安全过渡期。56岁以后如果没有明显器质性改变,反倒是相对安全期。

65岁以后,为危险期。这一时期的人们应对世间万物要想开些,不要再争强好胜,好好地安排自己的老年生活。

大量的证据表明,典型的劳动者的年龄收入曲线,即穿越整个生命周期的工资路径具有一种可预测的途径:当劳动者年轻时,他们的工资倾向于较低;随着年龄的增长,他们的工资也在上升,在大约50岁时达到顶峰;50岁之后,工资率倾向于保持稳定或者轻微下降。这一典型的年龄收入曲线如图5.1(a)所示,该年龄收入曲线意味着闲暇的价格对于较为年轻和年老的劳动者来说是相对较低的,而对于处于黄金工作岁月的劳动者来说则是最高的。图5.1(b)显示整个生命周期闲暇价格的变动,这意味着当工资率较高时,劳动者会将相对更多的时间奉献给劳动力市场;而当工资率较低时,则会减少劳动时数。

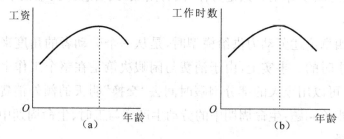

图 5.1 工资的生命周期路径与劳动者的工作时数

劳动者的市场生产率并非常量,它会随时间推移而变动,其主要原因取决于人力资本总增量以及人力资本折旧,当然还有劳动力之外的其他要素,如资本和技术等。年轻时,虽然有一定知识,但经验相对不足,人力资本含量并不高,故闲暇成本相对较低,选择摩擦性失业和旅游是很正常的现象。随着年龄增长,人力资本也随之增长,人力资本增量超过折旧量,劳动生产率上升,工资当然也会增加,闲暇成本上升,人们选择多劳动。年龄超过一定限度,人力资本增量下降,而折旧量在不断增加,当人力资本增量小于折旧量时,劳动生产率会下降,从而工资也会相应下降,闲暇成本相对下降,人们会选择闲暇。

关于人力资本增量变动问题,我们可以这样理解:一方面,一个人在其生命周期早期,因为赚钱能力较弱,所以接受教育与培训所放弃的收入较少;另一方面,个人在年龄增长过程中工资会提高,教育与培训的机会成本相应增加,且回报期会相应缩短。最后,当回报期变得很短时,教育与培训的净收益变成负值,个人不再接受进一步教育与培训,从而人力资本增加下降,直到绝对减少。

随着智能化机器的不断出现,每周的劳动时间会缩短,但由于人类寿命的增加,人一生的工作年限会拉长。我们可能会持续工作到70岁,但每周劳动时间会降到20小时。劳动是必需的,但劳动不应该是终极的目标。当然,根据自然之道,劳动也要有个限制,犹如饮食一般。

二、生命周期中的劳动参与率

生命周期理论表明,不但工资与劳动时数之间,而且工资与劳动力参与率之间都存在着一种联系。如同我们在第四章中所论述的那样,劳动参与决策取决于保留工资与市场工资之间的比较。因此,在生命周期中的每一年,劳动者都会比较保留工资与市场工资。一般来说,劳动者会在工资高的时期进入劳动力市场。对于年轻人来说,参与率较低;对于位于黄金工作岁月的劳动者来说,参与率较高;而对老年劳动者来说,参与率则又下降了。

然而,参与决策还取决于保留工资在生命周期中是如何变动的。例如,家庭中幼童的存在对于直接负责照顾幼童的人来说,增加了非市场部分的时间价值,由此也会增加保留工资。因此,某些已婚妇女间歇性地参与劳动力队伍也就不足为奇了。当孩子出生后,夫妻至少一方(主要是女方)的边际家庭生产率相对较高,随着孩子成长,这一生产率可能随之下降,这意味着主要照看孩子的一方(主要是妇女)从事市

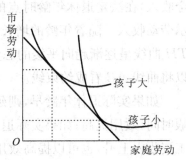

图 5.2 已婚妇女的劳动参与模式

场工作的时间较少。随着孩子成长,等效用曲线会从陡峭变得相对平坦,这意味着主要照看孩子的一方市场工作时间会增加。具体如图 5.2 所示。

即问即答: 如果现在经济不景气,你是继续留在市场找工作,还是干脆来一场说走就走的旅行?

三、退休年龄选择

很多国家都设有包括对退休年龄加以规定的法定退休制度,但人们的实际退休之日并不都由法定退休制度决定,也就是说人们的实际退休年龄不一定是法定退休年龄。有的人在提前退休优惠制度等的诱导下,未达到正式退休年龄就提前退休;有的人在正式退休后还要设法再就业。

为了简化对退休年龄决策的讨论,我们假定他们退休之后就不再进入劳动市场。假设劳动者60岁退休,依靠养老金安度余生;若推迟退休,收入会发生什么变化呢?

通过一年的工作,工资收入增加。如果推迟实际退休年龄,实际工作年限增加,

将增加养老金。

(一)退休年龄的决定因素

影响实际退休时间决策的因素除了个人或家庭的财富积累程度和工作兴趣,主要还有以下四个方面。

一是工资。工资上升会使个人收入增加,替代效应占优时,会使人们延迟退休;收入效应占优时,会使人们提前退休。

二是养老金。假定随着年龄增长,养老金是不断增长的趋势,这样可以产生抑制老年劳动力推迟退休的效应。

三是再就业机会。就业机会多,老年劳动者会推迟退休。

四是健康程度。一般来说,身体健康会使劳动者推迟退休。

(二)退休决策

从法定退休年龄(如60岁)到去世为止的预期余生收入(此处指工资收入加养老金收入)在法定退休年龄时点的现值,用曲线 AB 表示,如图5.3所示。曲线 TH 表示劳动收入。随着年龄的增长,工资率下降,未来各年工资收入现值也下降。因此,TH 曲线呈逐渐趋向平缓的态势。在工资收入之上加上养老金收入即为曲线 AB,可以将曲线 AB 看成约束线。

如果实际退休年龄早,则延长了退休后的闲暇时间,效用提高;如果实际退休年龄推后,余生工资收入上升,也可以提高效用。这里可以用无差异曲线表示实际退休年龄和余生工资收入之间效用的相互替代。在图5.3中,无差异曲线 C 与约束线 AB 的切点 E 可创造最大的效用,点 E 的垂线与横轴的交点所表示的年龄可以认为是最佳退休年龄。如果年金额增加,约束线就会向

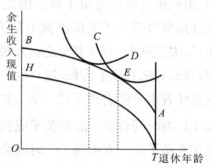

图5.3 退休年龄选择

右上方移动。由于收入效应的变化,人们将作出实际退休年龄提前的选择。如果工资收入上升,则如前述的劳动力供给分析所示,退休时间的决定会依从于收入效应造成的实际退休年龄下降和替代效应造成的实际退休年龄提高这两个正负效应冲突中作用力更强的那一方。

如果身体健康,不必在家休养,那么推迟实际退休年龄所造成的效用下降的程度不大。因此,无差异曲线的斜率将如曲线 D 那样变缓。结果,在相同的约束线上,健康人的实际退休年龄可以推迟。

即问即答:如何到了退休年龄,你身体还好,你是否完全退出职场?

第二节 职业选择

江苏南京11名年轻大学生从2011年开始扎根农村的蔬菜合作社,日复一日种菜、卖菜,当起了"职业农民"。《汉书》有云:"农,天下之大本也。"农业系国之命脉,无论人类社会发展到哪个阶段,无论工业化、信息化推进到何种程度,农业在国民经济和人民生活中的基础性地位都不可撼动。随着城镇化的推进,近年来农村劳动力大量涌向城市,背后留下了巨大的劳动力缺口,这给农业的发展带来了一定的隐忧,但也为实现农业现代化创造了机会。

渴望有一个好的职业,成就一番事业,这是每一个有进取心的劳动者梦寐以求的事情。本节首先讨论职业的概念,然后从弹性工作和工作风险两方面去分析企业和劳动者双方最佳匹配的均衡结果。

一、职业的价值观

每个人都渴望有一份好工作、好职业。人只有做了称职的工作,才能感到最大的快乐。如果一份工作既能满足从业者的安全需要,又能满足其自我价值实现的需要,则这样的工作无疑是具备吸引力的。

1. 职业的概念

职业是个人在社会中所从事的并以其为主要生活来源的工作,职是指职责,业是指业务、业绩。人们在一定就业岗位上劳动,一方面改变着自然界,另一方面改变着社会和人类自身,

> 职业:
> 职业是人们谋生的手段,是个人发挥才能和获得发展的条件。

也就是说,人们在改造自然界和社会的同时,人们自身的体力、智力、知识、技术水平也得到了提高和完善。

2. 职业的价值观

俗话说:"人各有志。"这个"志"表现在职业选择上就是职业价值观。职业价值观是指人生目标和人生态度在职业选择方面的具体表现,也就是一个人对职业的认识和态度以及他对职业目标的追求和向往,也是人们认识世界和改造世界以实现人生价值的途径之一。

根据不同的划分标准,人们对职业价值观的种类划分也不同。美国心理学家洛特克提出13种价值观:成就感、审美追求、挑战、健康、收入与财富、独立性、爱、家庭与人际关系、道德感、欢乐、权利、安全感、自我成长和社会交往。

从经济学的角度分析,假设进行职业选择的个体都是"理性的",那么他在进行职

业选择的决策时，要将与某项工作相关的收益和成本进行比较。其中，收益包括潜在的货币收入和非货币报酬，成本包括机会成本和教育培训成本等。只有当收益大于成本时，个体才会选择接受这份工作。

即问即答：你将来适合什么样的工作？这是否与你的愿望相一致？如果不一致，你会怎么办？

二、弹性工作与职业选择

韩国中央政府和地方政府从2014年起实施5小时弹性工作制，让员工灵活安排工作时间，弹性工作制员工在工资、晋升等方面与全日工作制员工享有同等待遇。

2015年8月，国务院办公厅下发文件鼓励弹性作息。弹性作息是一项鼓励性措施而不是制度性安排，不是对我国现有休假制度的调整，不是缩短每周法定的40小时的工作时间，而是一种倡导性措施，没有强制性要求。有条件的地方和单位可以结合实际采取多种方式优化调整。

随着经济的发展和现代信息技术的进步，现代社会工作方式发生了明显的变化，传统的工作时间受到了越来越严峻的考验。电子网络的存在，使人们可以通过网络随时随地完成他们的工作。在人力资源的实践领域，弹性工作制作为一种新兴的、更适应时代发展的激励方式应运而生。

（一）弹性工作制的特点

弹性工作制是20世纪60年代由德国的经济学家哈勒提出的，当时主要是为了解决职工上下班交通拥挤的问题。**弹性工作制**是指在完成规定的工作任务或固定的工作时间长度的前提下，员工可以灵活地、自由地选择工作的具体时间安排，以代替统一的、固定的上下班时间的制度。这种制度之所以能够存在，是因为基于这样一个假设，即人们不仅关心他的工资收入，还关心自己的自由权。因此，个体在职业选择之初就应该对某项工作的工作时间安排有所了解，根据自己的偏好，作出正确的选择。

弹性工作制比起传统的固定工作时间制度，有着很显著的优点。弹性工作制对企业的优点主要体现在以下几点。

（1）弹性工作制可以减少缺勤率、迟到率和员工的流失。

（2）弹性工作制可以提高员工的生产率。员工更可能将他们的工作活动调整到最具生产率的时间内进行，同时更好地将工作时间与他们工作以外的活动安排协调起来。

（3）弹性工作制增加了工作营业时限，减少了加班费的支出。

（4）弹性工作制可以吸引偏好灵活工作的劳动者，特别是年轻劳动力，而这些人正是生产经营活动的主力军。

（5）弹性工作制有利于降低人工成本，因为弹性员工在工资尤其是福利和培训方面的支出通常低于全职员工。

(6)弹性工作制可以增强企业的生产灵活性,使企业易于适应多变的需求波动。特别对于季节性生产的企业来说,客观存在可以避免过多的固定员工所带来的人工成本。

(7)弹性工作制可以有利于企业寻求更合适的全职员工。

弹性工作制对员工个人的优点有以下几点。

(1)员工对工作时间有了一定的自由选择,免除了担心迟到或缺勤所造成的紧张感,并能安排时间参与私人的重要社交活动,还便于安排家庭生活和业余爱好。

(2)员工感到个人的权益得到了尊重,满足了其社交和尊重等高层次的需要,因而产生了责任感,提高了工作满意度和士气。

(3)弹性工作在时间上更自由,具有变化性和挑战性,有助于更新技能,赚取额外收入。

(4)弹性工作制能有效提高育龄知识女性的就业率。"弹性工作制"使那些高知识女性不但敢于生育更多的孩子,而且很好地实现"工作——家庭平衡",使家庭抚育质量得到显著提高。

(5)弹性的工作安排有助于改善睡眠质量和疲劳度。被最多赋予弹性工作的员工通常是工作级别较高的人员,弹性工作是影响他们身心整体健康的重要因素。

从宏观角度看,弹性工作制还能有效缓解中国的"大城市病"。未来中国经济需要大力发展新兴服务业、高新技术产业和创新产业,这些产业的就业特点是灵活而分散。弹性工作制有利于将灵活而分散的就业统筹进正规就业系统进行统计和管理,使政府能更好地为创新创业就业者提供就业服务,加大保障,增强激励。

但是,弹性工作制也具有一定的缺陷。

(1)弹性工作制会给管理者对核心的共同工作时间以外的下属人员工作进行指导造成困难,并导致工作轮班发生混乱。

(2)当某些具有特殊技能或知识的人不在现场时,弹性工作制可能造成问题更难以解决,同时使管理人员的计划和控制工作更为麻烦,花费也更大。

(3)许多工作并不宜转为弹性工作制。例如,百货商店的营业员、办公室接待员、装配线上的操作工,这些人的工作都与组织内外的其他人有关联。

为了简化弹性工作时间对职业决策影响的讨论,我们只考察在其他因素不变的条件下,弹性工作时间这一单一因素对职业选择的影响。为了全面地理解选择的过程及结果,首先要考察雇主和雇员双方的市场行为,然后再分析两者的结合选择。

即问即答:什么样的工作适合选择弹性工作制?

(二)雇员的选择

如果雇主可以给予员工弹性工作时间的承诺,那么这可以看作对雇员的"奖赏"。这种"奖赏"有利于提高一些雇员的效用水平。假设雇员的效用满足来自于两个方面:一是货币化的工资;二是弹性工作时间安排。雇主出于成本的考虑,通常不能同时为雇员提供高水平的工资和弹性很大的工作时间安排,因此,雇员必须在这两者之间进行选择。

我们用无差异曲线来反映雇员对于工资和弹性工作时间的选择,如图 5.4 所示,任何一条无差异曲线上的各点所代表的工资和弹性工作时间的组合能够给雇员带来的效用水平是相同的。工资与弹性工作时间无差异曲线具有以下五个特点。

第一,无差异曲线向右下方倾斜。这是因为弹性工作时间是对雇员"有利的""好东西",而非"不利的""坏东西"。如果把工资和弹性工作时间都看作商品,则雇员必须通过减少一种商品的持有,来获得更多的另外一种商品,即两者之间是一种替代关系。

第二,无差异曲线凸向左下方。这与边际替代率递减这一假设相一致。随着弹性工作时间的增长,工资越来越少,劳动者就越来越不想失去太多的工资。如图 5.4 所示,从 E 到 F 到 G,劳动者增加同样的弹性工作时间,愿意放弃的工资越来越少,三点组合效用相同。

第三,不同的无差别曲线所代表的效用水平不同,位置越高,效用越大。如图 5.4 所示,H 点与 E 点相比,工资水平相同,但 H 点有更多的弹性工作时间,从而效用较大。I 点与 G 点相比,弹性工作时间相同,但工资较高,从而效用较大。

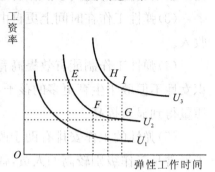

图 5.4 工资与弹性工作时间的无差异曲线

第四,同一个体的无数条无差异曲线之间互不相交。如图 5.5 所示,假设对于同一个劳动者的两条无差异曲线相交,交点为 E。按无差异曲线的第一特点,E、F 点均在无差异曲线 U_1 上,效用相同。同时,E、G 点又在无差异曲线 U_2 上,效用相同,可推断 F、G 点的效用相同,故 F、G 点应在同一条无差异曲线上。进一步推断,E、F、G 三点应在同一条无差异曲线上,这与两条无差异曲线相交的观点相矛盾。

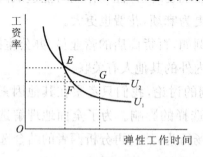
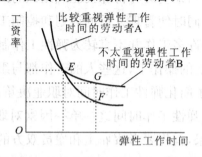

图 5.5 无差异曲线的非相交性　　图 5.6 偏好不同的无差异曲线

第五,不同劳动者对弹性劳动时间的偏好不同。比较重视工作灵活性的劳动者与不太重视工作时间灵活性的劳动者相比,为了得到相同的弹性工作时间而愿意放弃的工资较多,从而表现为他的无差异曲线更为陡峭一些,如图 5.6 所示。比如,相对于其他女性来说,哺乳期的女性更倾向于弹性工作制。

(三)雇主的选择

雇主在工资和弹性工作时间之间进行选择,目标是在控制成本的前提下保持竞争力。雇主的选择可以通过等利润线来表示,如图5.7所示。

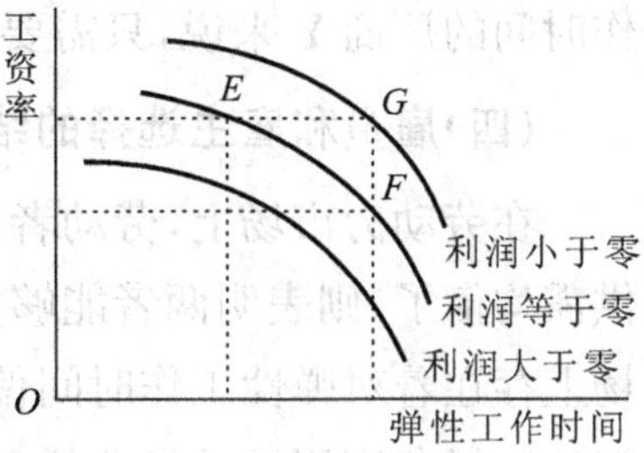

等利润线具有以下五个特点。

第一,等利润曲线向右下方倾斜,这是因为弹性劳动时间与工资率对雇主成本的影响是一致的,在其他条件不变情况下,企业要保持总成本不变,必须在延长弹性工作时间的同时降低工资,在缩短弹性工作时间的同时提高工资。

图5.7 弹性工作时间与工资率的等利润线

第二,等利润曲线凸向右上方,这与弹性工作时间边际成本递增的假设相一致。例如,在等利润曲线的 E 点,弹性工作时间很短,雇主提供一定的弹性工作时间所付出的"代价"相对较小,因而企业并不需要大幅度降低工人的工资水平。但随着弹性工作时间的增加(沿着等利润曲线向右下方移动到 F 点),企业提供弹性工作时间的"代价"将越来越大,甚至当弹性工作时间达到一定量以后,将会影响厂商的正常生产活动。因此,要保持利润,雇主必须大幅度减少工资,在 F 点,等利润曲线的陡峭程度比 E 点大得多。

第三,不同的等利润曲线代表不同的利润水平。利润曲线位置越高,利润越低。在图5.7中,有三条利润线。如果中间的等利润曲线代表利润水平为零,则这条等利润曲线的下方和上方的两条曲线分别代表利润水平大于零和利润水平小于零的情况。若 E、F 点的弹性工作时间和工资率组合利润为零,则 G 点的弹性工作时间与工资率的组合就小于零,因为 G 点与 E 点相比,虽然工资成本一样,但弹性工作时间增加而效率下降,从而 G 点利润下降。

第四,等利润曲线之间互不相交。

第五,不同厂商等利润曲线陡峭程度不同。不同企业其所能提供工作的性质不同,为员工提供弹性工作时间的程度也是不同的。对于提供弹性工作时间要付出很高代价的雇主来说,为了保持利润不变,必须大幅度地削减工人的工资。在这种情况下,等利润线比较陡峭,这主要是集体作业的厂商,如采用流水线方式进行生产的企业,难以提供弹性工作时间。如图5.8所示,以零利润为例。增加同样的弹性工作时间,厂商 X 要大幅度削减工资,如从 E 到

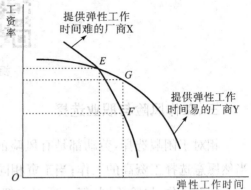

图5.8 提供弹性工作时间难易不同的厂商的零等利润线

F,如果不大幅度削减工资,厂商利润就会因成本增加而下降。而对容易提供弹性工作时间的厂商 Y 来说,只需要削减部分工资即可,如从 E 到 G。

(四)雇员和雇主选择的结合

在劳动力市场上,劳动者追求效用最大化,厂商追求利润最大化。若劳动力市场供需均衡了,则表明两者能够实现各自效用最大化。为了简化讨论,假设在劳动力市场上存在着对弹性工作时间偏好不同的两类劳动者 A、B,他们对工资和弹性工作时间的选择分别用无差异曲线 aa'、bb' 来表示。同时,劳动力市场两类企业 X、Y,他们对工资和弹性工作时间的选择分别用等利润曲线 xx'、yy' 来表示。我们将不同的无差异曲线和等利润曲线放到同一坐标系中来分析均衡状态的实现。

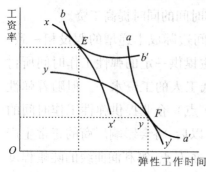

图 5.9 厂商与劳动者的结合

由图 5.9 可知,重视弹性工作时间的员工 A 与不太重视弹性工作时间的劳动者 B 的选择是不同的。前者愿意接受雇主 Y 提供的较多的弹性工作时间和相对较低的工资水平,后者愿意接受厂商 X 提供较少的弹性工作时间和相对较高的工资水平。这样选择的结果是具有不同偏好的劳动者在进行职业选择时进行了分流:那些希望得到弹性工作时间的劳动者最终会在能够提供较多弹性工作时间的厂商工作,从而得到相对较低工资(F 点);那些不太愿意接受较多弹性工作时间的劳动者最终会在工作时间安排严格的厂商工作,从而得到相对较高工资(E 点)。

视野拓展

三、工作风险与职业选择

相对于闲暇选择,劳动都是有风险的。若劳动者无差别,当风险相同时,劳动者当然愿意选择工资高的工作;当工资相同时,劳动者当然愿意选择风险小的工作。由于不同的工作,风险不同,每一项工作都得有人干。从理论上讲,要吸引劳动者从事高风险的工作,必须提高工资。

(一)雇员的选择

工作风险是一种不利的工作特征。根据补偿性工资理论,如果雇员接受一项风险概率较大的工作,则可相应得到较高的工资,反之亦然。如果将能够使工人产生同等效用水平的一系列工作风险概率与工资率的组合联结起来,就形成一条无差异曲线,如图 5.10 所示,它代表了劳动者的偏好。

工资与风险组合的无差异曲线具有以下五个特征。

第一,无差异曲线向右上方倾斜。这是因为工作风险对雇员是"不利的""坏东西"。如果风险增加,为了保持效用不变,工资就必须增如,即两者之间是一种互补关系。

第二,无差异曲线凸向右下方,这是与边际替代率递减这一假设相一致的。风险越大,劳动者得到的工资率越高。风险越小,工资越低。但当风险降低时,劳动者愿意得到的工资下降速度是递减的。如图 5.10 中 U_2 线的 F 点到 E 点到 D 点,工资下降的速度要低于风险减少的速度。

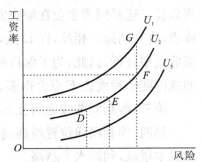

图 5.10 工资率与风险的组合

第三,不同的无差别曲线所代表的效用水平不同,位置越往左上,效用越大。如图 5.10 所示,G 点与 F 点相比,风险相同,但 G 点有更高的工资,从而 U_1 所代表的效用比 U_2 所代表的效用要高。

第四,同一个体的无数条无差异曲线之间互不相交。

第五,不同劳动者对劳动风险的偏好不同。面对同一程度的危险的增加,敏感者会要求工资大幅提高。因此,对劳动风险敏感的劳动者的无差异曲线更陡峭。如图 5.11 所示,当劳动风险概率增加时,为了维持原有的效用水平不变,特别厌恶风险的劳动者 A 比不太厌恶劳动风险的劳动者 B 所要求的工资率的增加幅度更大。

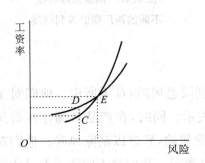

图 5.11 风险程度不同的无差异曲线

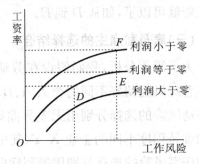

图 5.12 工作风险与工资率的等利润线

(二)雇主的选择

对于雇主来说,减少雇员工伤危险需要支付很高的费用,如必须在机器上安装昂贵的安全装置,或牺牲生产时间为工人培训安全知识等。这样,如果雇主制定一个减少工作危险的计划,为了控制成本保持竞争力,他就必须降低工资水平。雇主在工资率与所提供工作的伤害风险之间的选择,可以通过等利润曲线表示出来,如图5.12所示。

等利润曲线具有以下五个特征。

第一,等利润曲线向右上方倾斜。在其他条件相同的情况下,雇主倾向提供与低工资相联系的低危险工作和与高工资相联系的高危险工作。

第二,等利润曲线凸向左上方,这是与安全支出收益递减假设相一致的。例如,在等利润曲线的 E 点,工作危险较高,企业用于减少危险的第一笔开支将有较高的投资收益。这是因为企业在解决安全问题时,总是首先选择最明显、所需费用最低的危险点,将其消除。相反,在 D 点,由于风险程度已很低,雇主进一步增大安全程度的投资收益率较低,因此,为了保持利润不变,雇主必须大幅度降低工资。在 D 点,等利润曲线的陡峭程度比 E 点大得多。

第三,等利润曲线之间互不相交。

第四,等利润线位置越高,利润越低。因为在同一危险程度下,工资率越低,雇主的成本越低,利润水平越高。

第五,不同雇主消除风险难易程度不同。对于减少劳动风险要支付很高的费用的雇主来说,为保持利润不变,在执行安全计划时要大幅度降低工资,在这种情况下,等利润线比较陡峭;相反,等利润线比较平坦,如图5.13所示。对于厂商 Y 来说,由于风险不易消除,当风险增加时必须提高工资,如从 D 到 F;而对风险易于消除的厂商 X 来说,只要较少地提高工资就可以了,如从 D 到 E。

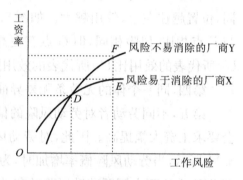

图 5.13 风险消除程度不同的两厂商的等利润线

(三)雇员和雇主的选择结合

为了简化分析,我们假设在劳动力市场上存在着对风险偏好不同的个人 A、B,其中,A 特别厌恶风险,B 无所谓。他们对工资和劳动风险的选择分别用无差异曲线 aa'、bb' 来表示。同时,在产品市场存在着风险消除难易程度不同的企业 X、Y,其中,X 易于消除风险,Y 难以消除风险。他们对工资和伤害风险的选择分别用等利润曲线 xx'、yy' 来表示。我们将不同的无差异曲线和等利润曲线放在同一坐标系中,来分析在雇主所提供的工作机会的限制下,雇员如何进行职业选择。

从图5.14可知,厌恶风险的劳动者 A 与风险易于消除的厂商 X 在较低的风险和工资下组合,可以实现各自的效用最大化;而不太厌恶风险的劳动劳动者 B 与风险难以消除的厂商 Y 在较高的工资和风险下得到组合,实现各自的效用最大化。由此

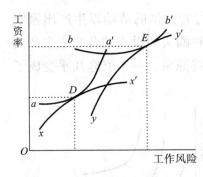

图 5.14 厂商与劳动者的选择结合

可见,工作匹配过程实际上是厂商提供工作机会和劳动者接受工作,并最大限度地实现各自效用最大化的过程。

总之,从理论上讲,所有工作都有是有负效用的;从实践上讲,所有工作都是有风险的。这就要求无论是企业还是劳动者个人都要加强风险意识。很明显,增强风险意识最有力的方法,就是让企业全体人员充分理解风险管理是他们工作中的一部分,并且他们的薪酬和奖励是与他们的表现相联系的。企业全体人员非常关注与他们的工作职责和绩效相一致的报酬,将风险考核与薪酬制度和人事制度相结合,有利于增强各级管理人员特别是高级管理人员的风险意识,防止盲目扩张、片面追求业绩、忽视风险等行为的发生。

即问即答:风险偏好者为什么愿意接受工资高的工作?厂商又为什么愿意为风险高的工作支付较高的工资?

第三节 家庭生产理论

我们从第四章论述劳动闲暇模型可知,一个人既可以把他的时间配置在闲暇活动中,也可以用于劳动力市场中。而建立在加里·贝克尔的新家庭经济学的基础之上的家庭生产理论认为,对于一个家庭来说,其可以利用的时间总和可以被花费在三个方面,即市场工作、闲暇和家务劳动。并且,家庭生产理论也将家务劳动看成一种生产性劳动。

家庭生产理论认为,通过家务劳动所生产出来的家庭产品既可以采取时间密集型的生产方式(花费较多的时间而使用较少的半成品或利用较少的辅助设备)生产出来,也可以用商品密集型的生产方式(大量使用半成品或利用辅助设备,而只投入较少的时间)生产出来。

通过研究不同的家庭成员如何在不同的领域中配置他自己的时间,我们可以提出一系列与现代经济学密切相关的问题,如为什么一些家庭成员擅长于在市场中工作,而另一些家庭成员则擅长于在家庭中劳作?

一、家庭生产与时间配置

经济学的传统看法是生产活动只是在企业进行,而消费活动在家庭进行。新家庭经济学认为,家庭起着双重作用,它既是生产者又是消费者。与认为个人直接从物品和闲暇中获得效用不同,该理论认为家庭实际上进行着大量的活动以生产出家庭产品以供家庭使用。所谓家庭品是指家庭将时间和各种购买的投入结合起来生产出来的物品。正是这种家庭生产商品才是家庭效用的最终源泉。一个家庭几乎变成了一个专业化的、生产自身效用的小企业。

(一)家庭等产量曲线

当生产的概念扩大到家庭消费的每一样东西时,我们把时间和物品都作为家庭生产的投入品来看待。家庭生产的等产量曲线就是指在生产同样家庭品产量的家庭生产时间和购买物品的不同要素组合点的轨迹,如图 5.15 所示。横轴从左向右表示为家庭生产时间,从右向左为市场工作时间。纵轴代表用收入购买的市场商品数量。

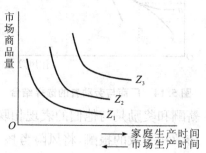

图 5.15　家庭生产的等产量曲线

(二)家庭生产效用最大化

假定只有一种家庭品 Z,它可以用不同数量的物品 G 和时间 T 生产出来。物品的市场价格为 P,时间的价格为个人的工资率 W。假定工资是已知的,并且个人在该工资下可以工作任意工作时数。如果一个人将较多时间用于工作,则意味着将减少用于家庭生产的时间,同时采取一个更为物品密集的生产技术。下面分析家庭生产效用的最大化问题。

首先,考虑增加一单位家庭生产时间对家庭效用的影响。这种影响是两个方面的:一是家庭商品将会增加;二是由于 Z 的消费增加,总效用会增加。参见下式的表述:

$$(\Delta U/\Delta T) = (\Delta Z/\Delta T) \times (\Delta U/\Delta Z) \tag{5.1}$$

进一步表示为:

$$MV_T = MP_T \times MU_Z \tag{5.2}$$

式(5.2)中,MV_T 表示**家庭生产时间的边际价值**,即每增加单位家庭生产时间而增加的效用;MP_T 表示**家庭生产时间的边际产量**,即每增加单位家庭生产时间而增加的家庭品产量;MU_Z 表示**家庭品的边际效用**,即每增加单位家庭品而增加的效用。

其次,考虑增加一单位家庭生产物品投入对家庭效用的影响。同理,其影响也是两个方面:一是家庭生产会随外购物品增加而增加 Z;二是由于 Z 的增加,总效用会增加。参见下式:

$$(\Delta U/\Delta G) = (\Delta Z/\Delta G) \times (\Delta U/\Delta Z) \tag{5.3}$$

进一步表示为:

$$MV_G = MP_G \times MU_Z \tag{5.4}$$

式(5.4)中,MV_G 表示**外购物品的边际价值**,即每增加单位外购物品而增加的效用；MP_G 表示**外购物品的边际产量**，即每增加单位外购物品而增加的家庭品产量；MU_Z 表示**家庭品 Z 的边际效用**，即每增加单位家庭品而增加的效用。

由于在家庭生产中花更多的时间意味着在劳动市场上工作较少，因而在家庭生产中使用的物品就较少，故效用最大化条件涉及 MV_T 和 MV_G 的比较。在完全竞争的条件下，时间的边际价值 MV_T 等于工资率 W，物品的边际价值 MV_G 应等于其在商品市场上的价格 P。因公式(5.2)和公式(5.4)中的 MU_Z 是相等的，故可以推出下式：

$$\frac{MP_T}{W} = \frac{MP_G}{P} \tag{5.5}$$

从公式(5.5)可知，除了改变对问题的生产方面的解释，这个条件与劳动闲暇模型推出的式子是相同的。在这个模型中，对时间和物品的选择都应使边际产量与其价格成比例。

上述分析包括怎样组合时间和物品以生产 Z 和生产多少 Z 这两个效应。家庭生产方法的独特性在于，它使人们认识到不同家庭在如何选择生产家庭品上有着重大的区别。简而言之，高工资的人一般选择更为物品密集的方式生产家庭品，因为物品的相对价格对他们来说较低；而低工资的则通常使用时间密集的技术生产家庭品。

如图 5.16 所示，高工资的人选择 A 点生产，使用较少的时间和较多的物品；低工资的人选择 B 点生产，使用较多的时间和较少的物品。虽然高工资的人将用较少的时间和较多的物品生产任何给定数量的家庭品，但这并不意味着他们用于家庭生产的总时间较少。高工资能使人们接受更多的时间和物品，因而高工资的人们会进入一条更高的等产量曲线，但仍使用更为物品密集的生产技术，如在 C 点生产，从而取得更大的家庭品产量 Z_2。

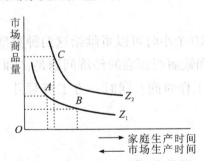
图 5.16 工资对家庭生产时间和物品的影响

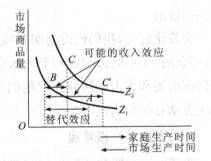
图 5.17 工资对家庭生产时间的影响

(三)家庭生产的劳动供给

为了推出家庭生产条件下的劳动供给曲线，我们需要考虑当时间价格变化时，用于家庭生产的时间如何变化。一般认为，企业很少使用价格上升的生产要素，而家庭生产却不同，因为当家庭生产的时间价值增加时增加了家庭这个"企业"的财富。如

图 5.17 所示，假设某个人的起始位置在 A 点，我们来考察当工资增加时的效应。

工资变动对家庭生产时间会产生两大效应，我们以工资上升为例加以说明。

首先，工资变动产生替代效应。当工资增加时，时间的价格上升，这样即使生产同样数量的产出，消费者也会移向 B 点，增加市场工作时间，减少家庭生产时间，即发生替代效应。

其次，工资变动产生收入效应。工资的增加会增加个人收入，使消费者有可能购买更多的市场商品（如 C 点）和更多的家庭生产时间（如 C 点），因而增加了家庭的生产和消费，这是收入效应。同劳动闲暇选择模型相比较，这里的收入效应和替代效应要复杂得多。故在家庭生产情况下，收入效应会使家庭增加物品和时间的数量，因而减少劳动市场工作时间，最终结果是 C 还是 C'，取决于收入效应的相对强度。

正如劳动与闲暇模型一样，由于收入效应和替代效应相反，家庭生产模型也没有预言工资率上升时劳动供给是增加了还是减少了。

二、家庭联合劳动供给决策

家庭生产理论实际上是把劳动者放在家庭的背景下去分析他们的劳动力供给决策的一种方法，它倾向于将夫妻双方之间的劳动力供给决策看成一种联合决策，而不是彼此独立的两种决策。在这种情况下，一个家庭中的全体成员就要作出这样一个决定，即如何在市场工作、家庭物品的生产以及闲暇之间进行分配。而分配的原则采取比较优势的原理，即每位家庭成员都应当选择他们个人的相对效率最高的那种时间利用方式。

考虑一个由两位成员赵明和钱丽组成的家庭。这对夫妇想使他们的效用达到最大化，该效用取决于他们在市场上能够购买的商品的价值，以及他们在家庭中生产的物品的价值。

为简化起见，我们假设赵明和钱丽每天有 10 个小时可以贡献给这两种类型的工作（剩余的 14 小时被配置到个人休息）。赵明和钱丽所面临的经济问题是：他们应当如何在市场和非市场领域分配他们的 10 小时工作时间？同时一方工资对另一方的市场劳动有何影响？

（一）家庭生产预算线

为了展示赵明和钱丽如何配置他们的时间，假设赵明用于家庭领域中的每小时能够生产价值 10 元的产出，钱丽贡献给家庭领域中的每小时能够生产价值 25 元的产出。

假设赵明的工资率为每小时 20 元。如图 5.18 所示的 AB 是赵明作为单身男人所面临的预算线。如果赵明把他可获得的 10 小时全部贡献给劳动力市场，他就能够购买价值 200 元的市场商品。因为赵明在家庭领域中的边际产品每小时只有 10 元，如果他把自己的所有时间都贡献给家庭领域,他就能够生产出价值100元的家庭商品。显然,赵明可以把他的时间在劳动力市场与家庭领域之间进行划分,这将可以得出两个角点A到B之间的各个点。

同理,假设钱丽的工资率为每小时15元。图5.18所示的CD为钱丽单身时的预算线。

如果赵明和钱丽打算结婚,他们就不再受这些预算线的约束。该家庭的机会集将得到扩展,因为他们每个人都会在他们自己生产率相对较高的领域中进行专业化分工。

假设赵明和钱丽两人决定把他们自己的所有时间都配置到家庭领域中,由于赵明和钱丽分别能够生产出价值100元和250元的家庭商品,因而两人合计可以生产出价值350元的家庭商品。这一联合决策如图5.18中的点E所示。

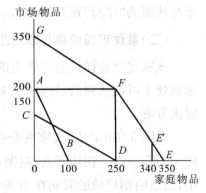

图5.18 已婚夫妇的预算线和机会边界

假设赵明和钱丽希望在市场上购买一些商品,那么他们将不得不向劳动力市场配置部分时间以获得购买商品所需的现金。谁应当把第1个小时配置到劳动力市场中?如果赵明配置第1个小时,该家庭就放弃了价值10元的家庭品,获得价值20元的市场商品。如果钱丽配置第1个小时,该家庭就放弃了价值25元的家庭品,获得价值15元的市场商品。赵明和钱丽共同决定赵明应当进入劳动力市场,并且工作第1个小时,这颇具经济意义。

这一决策产生了在该家庭的机会边界上的点E,即赵明和钱丽家庭可获得的选择集的边界。现在我们考虑如果赵明和钱丽想拥有更多的市场商品并且决定把第2个小时配置到劳动力市场中会发生什么变化。同样的算法依然适用:如果赵明把第2个小时配置到劳动力市场中,他们每放弃价值1元的家庭品,就能获得更多的市场商品。事实上,很显然赵明总是会选择把每一额外的小时配置到劳动力市场中,直到他不再剩下一点时间。赵明在图5.18中的点F耗尽了他能够支配的10个小时,也就是将其所有的10个小时都贡献给了劳动力市场,而钱丽则将其所有的10个小时都贡献给了家庭领域的生产(使得他们能够购买价值200元的市场商品和价值250元的家庭品)。

同理,假设赵明只从事市场工作,如果该家庭此时希望购买更多的市场商品,钱丽就不得不把她配置到家庭领域中的部分时间重新配置到劳动力市场中,他们最多就能够购买价值350元的市场商品,如点G所示,最少能获得F点所示的市场产品。

因此,家庭的机会集是由边界GFE所限定的,它由两个线段构成:一个是相对陡峭的线段(FE),在此线段上钱丽把她所有的时间都配置到家庭领域,而赵明则在市场领域与非市场领域之间分摊他的时间;另一个是较为平坦的线段(GF),在此线段上赵明把他所有的时间都配置到市场领域,而钱丽则在市场与家庭之间分摊她的时间。陡峭的线段 FE 的斜率与赵明的"单身"预算线的斜率相同,而平坦的线段的斜率与钱丽的"单身"预算线的斜率相同。

(二)最优市场劳动与家庭生产选择

该家庭会选择机会边界上的哪一点?一个追求效用最大化的家庭会选择使得该家庭处于可能达到的最高的无差异曲线的那一点。图 5.19 展示了三个截然不同的解决方案。

在图 5.19(a)中,该家庭会选择沿着机会边界(并且获得 U 单位效用)上陡峭线段上的那一点。在均衡点,赵明和钱丽决定:钱丽把她所有的时间都配置到家庭生产中,而赵明则把他的时间在市场领域与非市场领域之间分摊。

在图 5.19(b)中,该家庭会选择沿着该边界平坦的线段上的一点。赵明现在把他所有的时间都配置到市场领域中,而钱丽则把她的时间在市场领域与非市场领域之间分摊。

在图 5.19(c)中,均衡点位于拐点处,表明赵明和钱丽完全是专业化分工配置的,即赵明把他所有的时间都配置到劳动力市场中,钱丽则把她的所有时间都配置到家庭领域中。

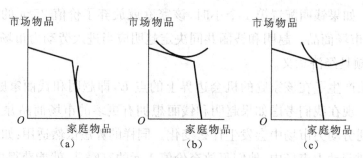

图 5.19 家庭中的劳动分工

假设赵明的工资会明显地增加,机会边界的陡峭线段现在也变得更加陡峭了,如图 5.20(a)所示。如果工资增加得足够多,该家庭将会从点 P_1 移动到点 P_2,点 P_2 位于更高机会集的拐点上。工资增加将鼓励赵明完全从家庭领域中撤离,并将所有时间都配置到市场领域中。

家庭中的劳动分工也取决于赵明和钱丽在家庭领域生产产出方面的相对能力。在图 5.20(b)中,初始均衡点 P_1,赵明会将所有的时间都配置到市场领域中,而钱丽则会将她的时间在这两个领域中分摊。假设钱丽在家庭领域中的生产率显著提高,则机会边界会向外移动,该家庭就会从点 P_1 移动到更高的机会边界上的新的拐点 P_2,因此,家庭领域中相对高的边际产品会对钱丽产生激励,促使她把所有的时间都贡献到家庭领域中。

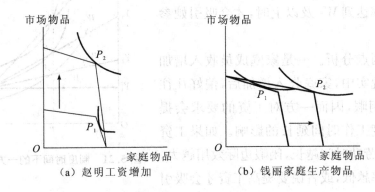

图 5.20 工资提高和家庭生产率提高对分工的影响

即问即答：夫妻双方，哪一方的市场工资高，哪一方就倾向于市场工作；哪一方的家庭生产率高，就倾向于家庭生产，这种说法对吗？

三、不同条件下的家庭劳动供给

传统的劳动闲暇模型还存在一个问题，即该模型没有考虑家庭对个人劳动供给决策的影响。从家庭联合作出劳动供给决策的角度分析，家庭是劳动供给的决策单位，它是由丈夫、妻子和孩子构成的。家庭的目的是配置每个家庭成员的时间以获得整个家庭的效用最大化。所获得的市场商品、非市场或家庭品（如家里做的饭菜、清洁的住房、抚养孩子等）以及闲暇的数量组合受到每个家庭成员的工资率、家庭的非劳动收入和家庭的时间量三个方面的约束。

（一）非劳动收入变化对家庭时间配置的影响

如同以前一样，闲暇被假定是正常商品。家庭非劳动收入的增加将会导致负的收入效应，使所有的或者部分家庭成员的工作时数下降。例如，家庭获得较大的遗产或者资本收入，可能导致丈夫减少加班工作时间或者妻子和孩子一起退出劳动市场。在家庭联合劳动供给模型中，并不必然意味着市场工作时间需求的同等下降，通过减少家庭工作时间而不是市场工作时间可以获得更多的闲暇时间。

（二）一方有劳动收入，另一方在制度工作时间下的劳动供给决策

假设一个家庭中的男性已经就业，他的收入保持不变而妻子的就业决策是在先生的已有工作收入基础之上作出的，且工作时间为制度工作时间。此时妻子的市场工资率必须达到一定标准才会吸引她工作，如图 5.21 所示。

在图 5.21 中，H 表示劳动时间，T 表示制度工作时间，EH 表示非劳动收入或者说是先生的收入，W_1、W_2、W_3 表示妻子三个不同的工资率，U_1、U_2、U_3 表示工作时与三个工资率相对应的效用曲线。因为要工作就必须达到制度工作时间，对于妻子来

说,由于有非劳动收入,她的保留工资就提高了。只有当工资率达到 W_2 及以上时,才会吸引她参与市场劳动。

这里有两点分析。一是家庭成员收入增加后的影响。现实中,家庭收入增加后,偏好往往倾向于增加闲暇,因而一方对工资的要求会提高。二是制度工作时间延长的影响。如果工资率不变,制度劳动时间越长,闲暇边际效用越大,则劳动参与率越低,或者说要提高工资才会吸引劳动。

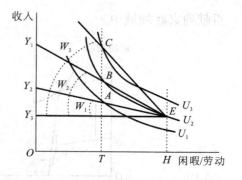

图 5.21 制度时间下的一方工作决策

(三)工资变化的交叉替代效应

我们考察每个成员的工资率变化如何影响每个家庭成员的时间配置。家庭成员 i 的工资率变化既影响当事人自己的劳动供给决策,也影响其他家庭成员 j 的劳动供给决策。影响的渠道有三个:

其一,成员 i 的工资率变化将导致当事人自己劳动时数的正的替代效应;

其二,工资率的变化也将通过负的收入效应部分抵消了替代效应从而影响劳动时间,具体的影响要看收入效应和替代效应的相对强弱;

其三,还有一个影响途径是在劳动闲暇模型中无法看到的交叉替代效应,该效应衡量家庭成员 i 的工资率变化对家庭成员 j 的影响大小;

假定一个家庭只由丈夫和妻子构成。最初丈夫在市场上全日制地工作,而妻子在家里做家务。现在妻子在市场上工作的工资率上升,这对家庭的时间配置有以下几个方面的影响。

第一,就妻子自己的劳动供给决策来说,工资的上升提高了在家庭工作和闲暇的机会成本。然而,只有当市场工资上升到超过妻子的保留工资时,她才有可能离开家庭寻找就业机会。

第二,妻子的市场工资率的上升同时导致正的替代效应和负的收入效应。这种双重效应对其工作时数的净影响是不确定的,它依赖于收入效应和替代效应的相对强弱。

第三,妻子工资的提高也导致第二个收入效应。当妻子决定工作时,妻子的收入增加,会对丈夫的劳动供给产生负的收入效应,导致丈夫增加对闲暇的需求,从而提供更少的市场劳动时间和家庭劳动时间。这一结论反过来对于妻子也成立。

第四,妻子工资的增加也导致对其丈夫劳动供给的交叉替代效应。交叉替代效应是指在保持家庭收入不变的条件下,家庭成员 i 的工资率变化所引起的家庭成员 j 的工作时数的变化。参见下式:

$$\text{交叉替代效应} = \frac{\Delta H_j / H_j}{\Delta W_i / W_i} \tag{5.6}$$

交叉替代效应的符号可能为正也可能为负。

有些现实研究发现,对于没有孩子的家庭而言,交叉替代效应为零;而对于有孩子的家庭而言,交叉替代效应为负,即在保持家庭收入不变的条件下,丈夫(或者妻子)的工资和劳动供给增加将会导致妻子(或者丈夫)的市场工作时间减少。

与男性的劳动力供给相比,女性的劳动力供给对工资变化的反应或许更强烈。此外,许多节省劳动力的设施被家庭广泛采用,有助于减少花费在家庭中的时间并提高了生产率。结论是,致力于家庭生产中的个人对工资增长的反应会更加强烈。

四、生育率

国家统计局公布的数据显示,2015 年全面放开二孩政策后,2016 年和 2017 年出生人口均超过 1700 万。随后人口出生数量下滑,2019 年下滑跌至 1500 万以下。2020 年继续下滑至 1200 万人,这一人口出生数量创下了 1961 年以来的新低。参考消息网报道,自 1972 年起德国的人口死亡率就持续超过出生率。为避免经济增长潜力下降,德国历届政府一方面维系经济增长动能,另一方面不断调整社会福利政策以减轻父母育儿负担。

人口的规模是影响劳动力供给的一个重要因素。人口的增加,为经济发展提供了大量的劳动力,从而提高了劳动者的收入。收入的增加会不会促进家庭人口膨胀呢?托马斯·马尔萨斯认为,收入与生育率之间存在着正相关关系。但现实问题不是这样。当人均收入上升时,生育率并没有上升,而是在下降。随着国家变得较为富裕,家庭不是变得更大,实际上变得更小了。我国历年生育率如表 5.1 所示。

表 5.1 我国历年生育率(单位:‰)

年份	1950	1960	1970	1980	1990	2 000	2010	2015	2020
生育率	4.52	3.31	3.89	2.57	1.87	1.35	1.59	1.05	1.04

(根据相关资料整理)

(一)家庭孩子数量的选择

对生育决策的现代经济分析强调,一个家庭的生育决策不但取决于收入,而且取决于价格。假设家庭既关注它所拥有的孩子的数量 N,又关注它所消费的商品数量 X。N 和 X 都是"商品",在此意义上,家庭偏好于拥有更多的孩子和更多的商品。于是,N 和 X 之间的无差异曲线具有通常的形状,如图 5.22 所示。

然而,家庭的消费活动是受其收入 I 约束的。假设 P_N 为新增一个孩子的价格;P_x 为其他商品的价格。生育孩子的每个人很快会发现,孩子是极其昂贵的商品。提供诸如衣服、住所、食品和教育等生活必需品的费用是相当可观的。除了这些直接的成本,孩子的价格还包括父母中的一方从劳动力市场中撤离(或者减少配置到劳动力市场中的时数)以致力于抚养孩子所产生的机会成本,也就是放弃的收入。此外,还有之前父母中撤离的一方重新进入职场时,由于职业中断而导致的收入的可能降低和机会的错失,而且有些损失甚至是永远无法弥补的。

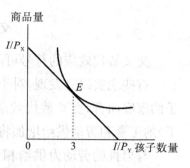

图 5.22 家庭生育决策

图 5.22 展示了预算约束。显然,该家庭可以把它的收入花费在商品和孩子的某种组合上,并且这些不同的选择都分布在预算线上。该家庭通过选择点 E 可以达到效用最大化。

(二)收入和价格对家庭的生育影响

这一标准模型现在可以用来分析家庭的生育决策如何随着收入和价格的变化而改变。图 5.23(a)显示了在价格不变的情况下,收入增加对人口生产的影响。

家庭收入的增加会使得预算线向右移动,并且把该家庭的最优消费束从点 E 移动到点 F。假定孩子是一种正常商品,家庭收入的增加会使得该家庭对孩子的需求从 3 个提高到 4 个。然而,所欲求的孩子数量毕竟也取决于他们的价格。拥有孩子的成本的增加(如婴儿食品的成本、大学教育的成本、父母中主要负责抚养孩子的一方的工资率)会使得该预算线向内旋转,如图 5.23(b)所示。起初该家庭位于点 E 并且希望生育 3 个孩子,当抚养孩子的价格上升后,该家庭会移动到点 F,并且只希望生育 1 个孩子。

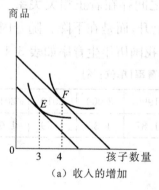
(a) 收入的增加

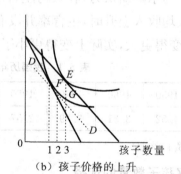
(b) 孩子价格的上升

图 5.23 收入与价格对家庭生育的影响

通过把从点 E 到点 F 的这一移动分解成相应的收入效应和替代效应,我们现在画一条新的补偿预算线 DD,与新的无差异曲线相切(切点 G)。从点 E 到点 G 的移动获得了收入效应。随着抚养孩子的直接成本的上升,该家庭的真实收入下降了,对孩子的需求也会从 3 个孩子减少到 2 个孩子。从点 G 到点 F 的移动是替代效应。抚养孩子价格的上升鼓励该家庭将昂贵的商品(孩子)替换为便宜的商品(其他商品)。替代效应进一步减少了该家庭对孩子的需求。

即问即答：女性的工资率与她愿意生育的孩子数量之间一般存在着一种怎样的相关关系？

第四节　劳动时间的进一步分析

在前面的分析中，我们有时并没有严格区分劳动者人数和劳动时间。经济学理论所指的劳动投入量，并不是指雇佣了多少劳动者，即不是指以人员为单位的劳动量，而是指劳动者人数乘以劳动时间，也就是以"人员·时间"为单位的劳动服务量。为了简化分析，我们特别假定，为生产同一产量，一天只工作4个小时的劳动者人数需要2倍于一天工作8个小时的劳动者人数。本节通过劳动时间的计量说明，分析不同的劳动时间对劳动供给的影响，最后分析缩短劳动时间的意义。

一、劳动时间的计量

劳动时间又称为"工作时间"，是指劳动者从事有酬性社会劳动所花费的时间。在劳动时间内，劳动者支出劳动力，生产物质和精神产品；在劳动时间以外（非劳动时间内），劳动者恢复和再生产出自己的劳动力。

在考虑劳动时间问题时，另一个重要因素是计量劳动时间的单位时间长度，即是以一天为单位时间长度，还是以一星期、一个月为单位时间长度，以及从劳动力供给者角度，以一生为单位时间长度。随着单位时间长度的不同，其研究结果也有很大不同。每周休息两天的制度普及后，缩短了以周为单位的劳动时间，带薪休假则缩短了以年为单位的劳动时间。退休年龄的提前与推后在条件相同时也会影响一生劳动时间的缩短与延长。

劳动时间的计量单位一般为工日或工时。工日不仅包括实际从事本职工作的时间，还包括未从事本职工作的时间（如停工待料、停电等停工时间等非生产时间）和非全日缺勤的时间。因此，以工时计算的劳动时间要比以工日计算的劳动时间更加精确。

一线作业者的劳动时间构成如图5.24所示。

日历劳动时间					
公休时间	制度劳动时间				
休息时间	出勤时间				缺勤时间
	加班加点时间	制度内实际工作时间	停工时间	非生产时间	
	全部实际劳动时间				

图5.24　生产工人劳动时间构成

二、不同的劳动时间供给

即使人的时间资源总量一定,法定劳动时间一致,但有的人乐于超时工作,有的人乐于兼职工作,有的人乐于从事零星的工作。即使人们的劳动时间供给量一定,但由于人们在劳动时间内努力、勤奋的程度不同,事实上每个人在劳动时间内所提供的有效劳动时间也是不相同的。

(一)准固定成本下的劳动供给时间

按照经济学传统的思考方式,决定劳动时间的是劳动的供给者。供给者根据既定的工资率,选择对自己效用最大的最佳劳动时间。

用这种观点观察现实生活中的劳动时间,很难看到在很长的一段职业生涯时间中每天平均只工作短短一两个小时的劳动者。如果人们受雇于某企业,他们就必须支付与劳动时间长度无关的准固定成本,如上下班费用。

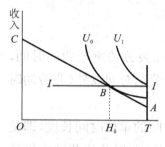

图 5.25 劳动者准固定成本存在时的最低劳动时间

由于存在这种准固定成本,人们选择的劳动时间就会超出一定的范围。如图 5.25 所示,假设某人未参加有酬性市场劳动,有一定的非劳动收入 TI;当他出去工作时,假设他需要承担包括机会成本的准固定成本 IA,则他的收入约束线就是 $TABC$。AB 在横线 II 之下,这说明他虽然在工作,却因准固定成本使收入下降,同时闲暇时间减少,效用也在下降。因此,劳动者不会选择比 H_0 更短的劳动时间。

以上是从劳动供给者的立场说明劳动时间的下限的存在,而关于它的上限则可以从劳动供给者的生理要求进行解释。人们在工作一定时间后会感到疲劳,对闲暇时间的需求就会急速上升,没有什么人的工作时间会超过某种长度。

(二)制度劳动时间

制度工作时间是指应该出勤的工作天数或时数的时间总和,即应该出勤的工作时间。

企业的许多工作需要共同协作完成,因而企业是不可能任由每个劳动者根据自己的情况调整劳动时间的。由于企业存在招聘费用、人才培养费用等与劳动时间的长度没有关系的准固定成本,企业会尽量不录用只愿意工作极短时间的劳动者。

图 5.26 显示了制度劳动时间和愿意劳动时间时的效用差别。点 A 表示无职业状态,点 C 表示接受企业所规定的劳动时间为 H_0 和工资率为 W_0。

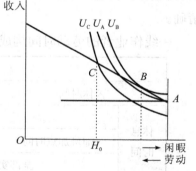

图 5.26 制度劳动时间下的劳动选择

时的雇佣条件状态。图中通过点 A 的无差异曲线 U_A 在通过点 C 的无差异曲线 U_C 的上方,劳动者选择不就业;通过点 B 的无差异曲线在无职业时的无差异曲线的上方,如果存在这种职业,劳动者就会选择就业,但这是建立在劳动者可以自由选择劳动时间的前提下。

由此可见,制度劳动时间的存在,可能会降低劳动者的效用。如果劳动时间由企业规定,即使工资率相同,随着劳动时间的不同,劳动力参与率也会变化。缩短制度劳动时间会使劳动力参与率上升的可能性大大增强。

(三)超时工作

这里所说的**超时工作**是指在法定劳动时间以外继续劳动,通俗地说就是"加班加点"。超时工作与制度劳动时间内的工作相比,要给付较高的劳动报酬。我国《劳动法》第 41 条明确规定,延长工作时间每日不得超过 3 小时,每月不得超过 36 小时。

图 5.27 包含两点假定:超时工资率是定时工资率的 N 倍,$N>1$;人们对是否接受超时劳动具有自由选择权。假设定时工资率为 W,由此得到收入约束线 AB。在不存在超时工作的条件下,人们可在收入约束线 AB 与无差异曲线 U_2 的切点 E 实现个人效用最大化;在点 E 上人们每周的工作时间是 40 小时。当每周的工作时间超过 40 小时,则超时工资率便是定时工资率的 N 倍,这使得收入约束线在点 E 发生扭转,从而形成新的收入约束线 AEC。

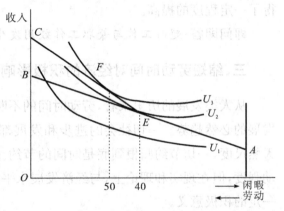

图 5.27 超时下的劳动选择

图 5.27 中点 F 是收入约束线 AEC 与无差异曲线 U_3 的切点。无差异曲线 U_3 位于无差异曲线 U_2 的右上方,代表的效用水平高于无差异曲线 U_2。点 F 所对应的工作时间是 50 小时,较之原来的均衡点 E 增加了 10 小时。据此分析可见,人们对超时工作往往是欣然接受的。

(四)兼职工作

兼职工作实际上也是一种超时工作。但从狭义的角度分析,二者还是一定的区别。超时工作是指在第一职业的制度工作时间之外,在同一地点为同一雇主提供额外的劳动;而**兼职工作**则是指在第一职业之外寻找的其他工作。超时工作具有季节性和随机性的特征,而且在各行业和各企业的分布很不均衡。乐于从事兼职工作的人对闲暇的主观价值较低,因而乐于提供更多劳动时间以取代闲暇。

在图 5.28 中,无差异曲线 U_3 上的点 E 代表着劳动者为实现最大效用,每周乐于工作 60 小时。但是,如果雇主每周需求的劳动时间限定为 40 小时,则该劳动者在本单位别无选择，每周只能工作 40 小时。这样，他的收入约束线 AC 与无差异曲线 U_1 相交于点 F。因此，该劳动者为了提高自己的效用，一定乐于放弃更多的余暇而从事更多的工作。

假定除第一职业之外，该劳动者可以获得第二职业，不过工资率低于原来的水平，即其收入约束线以点 F 为扭转点变成 $TAFB$。线段 FB 的斜率小于收入约束线 AC 的斜率。据图 5.28 可知，与线段 FB 相切的无差异曲线是 U_2，该劳动者乐于提供的工作时间是每周 50 小时。从效用的满足程度来看，以兼职方式实现超时工作所实现的效用虽不如在本单位加班加点高，但不管怎么说，与不从事兼职活动相比，毕竟是获得了一定程度的提高。

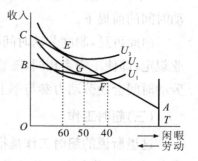

图 5.28 兼职下的劳动选择

即问即答：超时工作与兼职工作效用发生的变化是否相同？

三、缩短劳动时间对经济的积极影响

从人类发展的历史来看，劳动时间的不断缩短、非劳动时间的不断延长是生产力发展的必然趋势。一切社会的进步和发展都取决于劳动的节约，由于时间是劳动的天然尺度，一切节约归根到底是时间的节约。尽管劳动时间缩短，厂商可能会加大劳动强度，但在现实和理论上，与经济发展水平相适应的一定范围内劳动时间的缩短有一定的积极意义。

（一）劳动时间的缩短可增加劳动力需求

劳动时间缩短，若劳动条件、技术水平、产品价格等因素没有变化，厂商会增加劳动力需求，则在其他条件不变的情况下，可提高劳动力工资，从而提高劳动力的消费水平，进而促进社会经济发展。

（二）劳动时间的缩短可提高劳动生产率

在社会经济活动中，劳动时间的缩短有利于增加劳动者的自由时间，从而有利于促进劳动生产率的提高。一般来说，劳动生产率是决定工时水平的首要因素。在一定条件下，劳动时间缩短后，制度工时虽减少了，但有效工时却提高了。当然，缩短工时后，企业还要加强管理，这样才能提高劳动生产率。

（三）劳动时间的缩短使劳动收益增多

在一定社会生产方式条件下，总劳动时间通常是既定的，只是相对缩短了单个劳动产品所耗费的劳动时间。这必将使人们能在既定的社会总劳动时间内创造出更多的产品。同时，劳动时间的缩短有利于节约能源，这将进一步促进企业生产效益的提

升,从而相应提高劳动者的收益。

(四)劳动时间的缩短有利于扩大就业

缩短单个劳动者的劳动时间可以空出一些就业岗位。这些岗位不仅可以解决企业内部冗员问题,还可以安置一批社会上的失业人员。当然,缩短劳动时间对于解决就业问题的成效在不同行业和企业是不同的。在那些冗员比较严重的企业,缩短劳动时间所产生的新的就业岗位将首先消化企业内部的富余人员。

(五)劳动时间的缩短有利于提高劳动者素质

由于生产日益自动化,生产劳动过程的节奏加快,劳动过程中劳动者的身体和精神处于高度紧张状态,造成脑力和体力的透支。为了劳动者的身体健康,缩短劳动时间是很有必要的。科学技术的进步对劳动者的知识水平提出了越来越高的要求。缩短劳动时间可以为劳动者创造更多的学习、进修机会,使其获得全面的发展。

(六)劳动时间的缩短有利于促进第三产业的发展

劳动时间缩短后,因休息时间增加,劳动者的生活方式趋于多样化,他们将有更多的时间进行家庭活动、文化活动、体育活动、娱乐活动及其他社会活动。这种由余暇时间增多而引起的生活方式的改变会大大促进消费,从而刺激第三产业的发展,促进社会经济的良性运行与发展。

即问即答:缩短劳动时间会降低劳动效率吗?

本章小结

生命周期理论表明,不但工资与工作时数之间,而且工资与劳动力参与率之间都存在着一种联系。在生命周期中的每一年,劳动者都会比较保留工资与市场工资。当工资较高时,劳动者会将相对更多的时间奉献给劳动力市场;反之,则会减少工作时数。

影响实际退休时间决策的因素除了个人或家庭的财富积累程度和工作兴趣,主要还有工资、养老金制度、社会经济环境、个人生理条件等方面。

弹性工作制是指在完成规定的工作任务或固定的工作时间长度的前提下,员工可以灵活地、自由地选择工作的具体时间安排,以代替统一的、固定的上下班时间的制度。从雇主的角度来说,实行工作时间弹性制需要付出一定的代价。

相对于闲暇选择,劳动都是有风险的。若劳动者无差别,则风险相同时,劳动者愿意选择工资高的工作;工资相同时,劳动者愿意选择风险小的工作。

简单的新古典劳动闲暇模型认为,一个人既可以把他的时间配置在闲暇活动中,也可以配置到劳动力市场中。

工资变动对家庭生产时间会产生两大效应,由于收入效应和替代效应相反,家庭生产模型也没有预言工资率上升时劳动供给是增加了还是减少了。

家庭是劳动供给的决策单位,它是由丈夫、妻子和孩子构成的。他们以三种方式配置各自的时间资源:市场工作、非市场工作(做家务或者上学)和闲暇。家庭的目的是配置每个家庭成员的时间以使整个家庭的效用最大化。交叉替代效应是指在保持家庭收入不变的条件下,某一家庭成员的工资率变化所引起的另一家庭成员的工作时数的变化。

由于存在准固定成本,人们选择的劳动时间就会超出一定的范围,有的人会乐于超时工作或兼职工作。社会经济的发展,劳动时间的缩短是一个趋势,这对劳动生产率的提高、劳动者素质的提升和第三产业的发展等有一定意义。

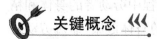

关键概念

弹性工作制　　　　　家庭生产等产量曲线　　家庭生产时间边际效用
家庭生产时间边际产量　家庭物品边际效用　　　外购物品边际价值
外购物品边际产量　　　制度工作时间　　　　　超时工作　　兼职工作

思　考　题

一、问答题

1. 为什么有的人愿意选择风险大的工作?
2. 弹性工作制有何价值?
3. 劳动的个体决策与家庭决策有何不同?
4. 为什么家庭成员中有的成员应将所有的时间配置于劳动市场,另一些成员将所有的时间配置于家庭中,也许是一种最优的选择?
5. 劳动时间缩短对社会正常生活有何影响?
6. 美国不动产税允许家庭可以把一部分财产转移给他们的继承人。废除这一规定对继承人的工作时数和退休年龄会产生什么影响?
7. 为什么某一劳动者在工资最高时会工作最多的时间,而此时没有收入效应?
8. 试分析为什么城市里又脏又累又有风险的工作都是农民工来做的?
9. 当商场有打折商品时,为什么排队的主要是老年人,特别是老年妇女?
10. 随着高考不断扩招,人口出生率不断下降,上大学的比例也会越来越高。试分析这个趋势对缓解就业压力的影响。

二、案例分析题

世界知名企业宣布,将实行弹性工作制,员工在家工作将不再是梦

说起职场工作,我们脑海里浮起的一定是 CBD 办公写字楼里行色匆匆的职场达人们,以及他们在早高峰挤电梯的场景。但现在不用每天早起上班了,2020 年 11 月 5 日,著名的渣打银行公开宣布,明年起永久性实行弹性工作制。公司计划在英国、美国以及新加坡等分公司,为 50% 的员工提供混合工作模式。

目前,该公司员工可以选择完全在家工作、完全在办公室工作,或两者混合的方式。而据渣打银行内部调查得知,该公司有近 60% 的受访员工表示,愿意调整为弹性工作制。

实行弹性工作制不是渣打银行的首创,在这之前不久,Facebook 就已经发布公告,允许员工永久在家工作。

各大公司轮番实施弹性工作制,让很多人明白,弹性工作制将会成为未来的一种趋势,工作模式已经不再单一。很多网友表示非常喜欢这种弹性工作制,因为终于可以穿着居家服坐在沙发上,边喝咖啡边工作了,而也有一部分的网友表示适应不了。

不管你适应还是不适应,工作模式的改变已经成为一种趋势。在职场上没有什么是一成不变的,唯有变化才是职场永恒不变的。想要在职场上走得更远,只有适应变化、拥抱变化。

思考讨论:

(1)员工喜欢弹性工作制吗?为什么

(2)对企业来说,弹性工作制有什么优点和缺点?

(3)劳动时间缩短是好事还是坏事?

课外阅读材料

第六章

人力资本论

学习目标

1. 人力资本及其相关概念
2. 人力资本投资的概念
3. 人力资本投资模型与风险
4. 教育的投资分析
5. 一般培训与特殊培训投资分析

在现代企业制度中,货币资本的出资人对企业的直接控制越来越弱。在董事会成员中,非出资人代表已经越来越多。一项调查表明,国外企业有38%的产权掌控在人力资本手中。企业正是在人力资本和货币资本的相互博弈、共同推动下向前发展的,而人力资本在其中所起的作用甚至要大于货币资本。因此,人力资本对企业的发展越来越具有战略意义。

前面几章在研究劳动力供求时,基本上都是假定劳动力是同质的,实际上并非如此。这里既有先天的原因,也有后天的原因。从后天原因来看,医疗卫生保健、教育培训、劳动力流动等都会影响到劳动力的质量。在相同的劳动力数量下,劳动力素质越高,生产率水平也越高。

本章主要研究劳动力素质的提高问题,也就是人力资本投资问题,重点分析教育和培训两个方面。

第一节 人力资本的基本概念

随着传统经济向知识经济演变步伐的加快,知识正在成为主要的生产要素,知识型劳动者的生产力正在成为主导生产力,人力资本的经济社会地位也日益提高。

人力资本理论开辟了关于人的生产能力分析的新思路。劳动不再单纯是生产发展的外生变量,而是经济增长重要的内生变量。因此,人的能力的形成与发展为人们所格外关注,也越来越重要。人力资本理论的产生,为确立人力资源在现代经济发展中的地位以及现代人力资源的开发与管理提供了理论基础。

一、人力资本理论的主要内容

1960年,在美国经济学年会上的演说中,西奥多·W·舒尔茨第一次系统地阐述了人力资本理论。舒尔茨还进一步研究了人力资本形成方式与途径,并对教育投资的收益率以及教育对经济增长的贡献做了定量研究。因此,舒尔茨被称为"人力资本之父",他于1979年获得诺贝尔经济学奖。

贝克尔弥补了舒尔茨只分析教育对经济增长的宏观作用的缺陷,系统研究了人力资本与个人收入分配的关系,把表面上与经济学无关的现象与经济学联系起来,并运用经济数学方法进行分析。

人力资本理论将资本划分为人力资本和物质资本,把人的生产能力的形成机制与物质资本等同。人力资本理论认为,物质资本是指物质产品上的资本,包括厂房、机器、设备、原材料、土地等;而人力资本则是体现在人身上的资本,即对生产者进行教育、职业培训等支出及其在接受教育时的机会成本等的总和,表现为蕴含于人身上的各种生产知识、劳动与管理技能以及健康素质的存量总和。根据企业发展战略的要求,通过有计划地对人力资源进行优化配置,激发员工的积极性和创造性,提高生产率和经济效益,推动企业发展,是人力资本管理的主要任务。

人力资本理论主要内容包括以下几方面。

其一,人力资源是一切资源中最主要的资源,人力资本理论是经济学的核心理论。

其二,在经济增长中,人力资本的作用大于物质资本的作用。人力资本投资与国民收入成正比,比物质资源增长速度快。

其三,人力资本的核心是提高人口质量。我们不应当把人力资本的再生产仅仅视为一种消费,而应视同为一种投资,这种投资的经济效益远大于物质投资的经济效益。教育是提高人力资本最基本的手段。

其四,教育投资应以市场供求关系为依据,以人力价格的浮动为衡量符号。

人力资本理论揭示了劳动在经济增长过程中所起的巨大作用。该理论主张通过在市场经济条件下,配合政府的适当干预,扩大以国民教育为主的人力资本投资,以提高个人和社会的生产力水平和收入水平,实现国民收入分配的平等化和合理化。

人力资本理论对社会实践和现实变革有以下深刻的影响。

其一,从经济增长来看,人力资本投资是经济持续增长的决定因素。

其二,从经济结构来看,人力资本的智能含量提高,专业化加快,市场配置日趋合理是产业结构合理化演进的主要推动力量。

其三,从经济制度来看,人力资本的激励使用是制度创新和变革的关键因素。

其四,从经济福利来看,积累和发展人力资本意味着人们改善自身福利的途径和机会增大。

其五,人力资本理论提升了教育在现代社会中的地位和作用。

其六,人力资本理论将人力资本投资作为获得个人"全面发展"的前提和手段,使教育价值观和人本价值观更加充实和完善。

二、人力资本的概念和特征

传统的观念认为,"谁出资谁拥有产权"。但随着国外以期权制度为代表的新的激励制度的建立,人力资本的所有者参与了企业剩余价值的分配,打破了这一传统提法。人力资本参与分配,使具有企业家素质的经营者和掌握核心技术的技术人员与企业形成紧密的利益共同体,充分发挥其能动性,进而为企业创造更多的利益。

什么是人力资本?全国科学技术名词审定委员会的解释是:**人力资本**是指通过教育、培训、保健、劳动力迁移、就业信息等获得的凝结在劳动者身上的技能、学识和健康状况等的总和。人力资本具有不同的分类方法,$T·W·$舒尔茨区分了五种具有经济价值的人类能力,分别为学习能力、完成有意义工作的能力、进行各项文娱体育活动的能力、创造力和应付非均衡的能力。

人力资本具有一般资本的特征,但与物质资本相比,它呈现出一定的自有特征。

第一,人力资本是活的资本。人力资本的实质是劳动者的智能。人力资本存在于人体之中,它与人体不可分离。这一不可剥离性决定了人力资本不可能如物质资本那样可以直接转让、买卖和继承。

第二,人力资本内含一定的经济关系。因为人力资本是一种资本,由实际的投资行为而形成,故不可避免地存在着产权归属关系,即存在人力资本产权关系。它包含着人力资本投资、使用及收益分配等过程中的一系列经济关系。

第三,人力资本具有客观性。人力资本以一种无形的形式存在,必须通过生产劳动才能体现出来。劳动者若未从事生产劳动,则其体内的人力资本就无法发挥作用,只能说其具有潜在的人力资本。

第四,人力资本具有时效性。人力资本非与生俱来,其形成有一个过程。人力资本直接由投资费用转化而来,没有费用投入于劳动者,就没有人力资本的形成。这种投资在货币形态上可以表现为保健费用支出、教育费用支出和迁移费用支出等。

第五,人力资本具有收益性,其对经济增长的作用大于物质资本。经济增长的事实说明,人力资本能比物质资本更有效地推动经济发展。

第六,人力资本具有无限的潜在创造性。人力资本是经济资本中的核心资本,是一切资本中最宝贵的资本,其原因在于人力资本的无限的创造性。

第七,人力资本具有累积性。一方面表现为人力资本的形成是多年教育投资、逐步积累的结果;另一方面表现在人力资本使用上。在生产活动中,人力资本的使用也会产生损耗,但可以通过消费生活资料、进行闲暇休息,以及不断地再教育和培训予以补充。

第八,人力资本具有个体差异性。人力资本是蕴藏于人体内的智能、体能,必会受人的个人特质等诸多因素的影响。不同个体有各自不同的成长环境、背景和历程,形成了各自稳定的心理、意识等品质特征,从而使个人之间人力资本存量有别。

第九,人力资本具有很强的社会性。人力资本和物质资本一样,在具有生产功能的同时,体现着一定的社会关系,即人与物的关系及人与人的关系。但有所不同的是,人力资本的社会性更加鲜明和复杂,它不仅是一定社会关系的体现者,某种程度上还是这种关系的主动再生产者、维护者或变更者,这是因为人力资本不仅用于生产,还广泛用于政治统治、文化建设等领域。它的载体作为具体的人,是有思想、有意志、有情感的,因此,在从以物质资本雇佣劳动为主向以人力资本雇佣劳动为主转变的背景下,人力资本所有者的价值观不仅会影响个体,还会对相应的社会关系产生深刻影响。

即问即答：人力资本能长期存在吗？

三、与人力资本相关的几个概念

对人力资本与相关概念进行辨析，是进一步认识人力资本的内涵、厘清人力资本的概念的必要环节。

（一）人力资本与人

人力资本是一种资本，不是人本身，但它是人的一部分，是人的一种素养。人并不是资本，也不能把人看作商品或者资本，但人的某些素养、技能可以作为资本。资本的出现，尤其是人力资本的出现，是从"以物为中心"到"物、人并重"再到"以人为中心"的过程，是人类经济由农业经济走向工业经济再走向知识经济的必然结果和要求，为人类进入未来美好社会提供了巨大的推动力。

（二）人力资本与非人力资本

非人力资本是除人力资本之外的物质资本与无形资本的统称。两者的共同之处在于，同属于经济学意义上的"资本"，都具有价值和生产要素的功能，都有"按资"分享生产成果的权利和要求。两者的典型区别在于人力资本"人"的特性与非人力资本"物"的特性之间的不同。同时，两者的联系又是极其紧密的。在资本的形成上两者相互推动，人力资本的出现以非人力资本的相当发达为条件，正是相当发达的非人力资本推动了社会经济及科学教育的发展；而人力资本价值的重视也进一步促进了经济的发展。经济的发展越来越表现为人力资本与非人力资本的"强强联合"，这样才能在日益激烈的经济竞争中取得优势。

（三）人力资本与人力资源

人力资本与人力资源的共性在于，两者都与生产劳动密切相关，都以人为核心因素，都离不开人。两者的区别主要体现在四个方面。

一是理论角度不同。人力资本主要是指存在于人身上的能力和知识的资本形式，强调投资于人所获得的能力、技能等价值，可以在促进生产过程中带来更大回报。人力资源理论则将人力视为财富源泉，从人的潜能与财富之间关系的角度强调人力作为生产要素在生产中的重要性。

二是内容侧重点不同。人力资源的侧重点在以人为主体的社会资源形式，其理论以人力的形成、开发、使用管理等为研究重点。人力资本则是体现在人身上的知识、能力、健康等价值形式，其理论的落脚点在于这种资本的产权关系、投资收益等，关注的是这种资本作为价值形式的循环规律和回报能力。

三是概念外延不同。人力资源在外延上大于人力资本，是一个比较宽泛的范畴。人力资本是一个反映价值量的概念，主要限于凝结于人、能够投入生产活动并带来新价值的资本。

四是社会意义不同。人力资本和人力资源都兼具社会性和自然属性,但人力资本的社会性更多地体现为企业收益的占有关系、人们在生产中的相互关系。而人力资源的社会性则主要体现为人力作为资源,由于其自身的社会化而具有的思维、情感、意志等社会特征。

在企业中,客户关系管理是一项重要内容。这里的客户并不单指外部客户,企业内部员工也是企业的客户,而且是最重要的客户。以人为本的管理理念就是,当企业满足了员工的各种需求时,员工的工作效率将会有极大的提升,可以为企业发展作出更多的贡献。

人力资本管理不是一个全新的系统,而是建立在人力资源管理的基础之上,将企业中的人作为资本来进行投资与管理,并根据不断变化的人力资本市场情况和投资收益率等信息,及时调整管理措施,从而获得长期的价值回报。

视野拓展

第二节 人力资本投资模型

尽管现在已取消了许多职业资格证考试,劳动市场准入门槛已大大降低,但人们还是热衷于取得各种证书,以增加求职的砝码。问题是任何一项项考试都要消耗大量的人力和物力,真的值得吗?

撇开精神层面的收益不说,每一项投资都要讲究物质收益,也就是要比较投资成本与投资收益,人力资本投资也不例外。随着年龄的增长,人力资本投资的边际成本是一个不断增加的趋势,而边际收益却是下降的。本节我们先解释人力资本投资的概念,然后从净现值、内含收益率和边际收益与成本三个角度来对人力资本投资进行决策分析。

一、人力资本投资的概念

自改革开放以来,我国经济取得了飞速发展,这一方面是实体的投资所驱动的,另一方面是我国基于1978年前就出生的大量中等技术水平的劳动力所驱动的。这种劳动力的形成是我国平等教育政策的结果。目前,我国致力于培养高质量的劳动力,用劳动力素质的提高去缓解人口的老龄化。通过投资高质量人力资本还可以带动产业结构升级,从而促进经济高质量发展。

(一)人力资本投资的含义

人力资本投资是指投资者通过对人进行一定的资本投入(货币资本或实物),增加或提高人的智能和体能,这种劳动能力的提高最终反映在劳动产出增加上的一种投资行为。人力资本投资包含如下基本含义。

其一,人力资本投资首先需要确定投资者,即投资主体。投资者可以是国家(中央、地方政府)、事业单位、企业、社会团体,也可以是家庭和个人等。

其二,人力资本投资的对象是人,一般为投资主体所辖范围之内的人。

其三,人力资本投资直接改善或提高人的劳动生产能力,即人进行劳动所必需的智力、知识、技能和体能。

其四,人力资本投资旨在通过对人的资本投入,投资者未来获取价值增值的劳动产出及由此带来的收入的增加,或者其他收益。

从上述含义来看,人力资本投资具有投资的一般性质。它同物质资本投资一样,是能够带来新的价值增值的一种真正的投资行为或活动,是一种生产性的投资。

(二)人力资本投资的内容

对于人力资本投资的内容,一般包含以下五类:正规教育,即各级学校教育;在职人员培训;医疗和保健,包括影响一个人的寿命、力量强度、耐久力、精力和生命力的所有费用;工作搜寻;个人和家庭的迁移。

(三)人力资本投资的特征

1. 人力资本投资的连续性

人力资本投资的连续性体现为在生命历程的各阶段上都要进行人力资本的投资。一个人在完成一定的正规教育之后进入社会从事生产劳动,要接受各种在职培训。不同时期人力资本投资的形式、内容、目的是不同的,它是一个不断发展、不断升华的动态过程。

2. 人力资本投资主体与客体具有同一性

就个人而言,当个人为实际的人力资本投资者时,他是在进行自我投资,表现为投资主体与客体的高度同一性。当他人(如国家、社会、企业)进行人力资本投资时,投资客体本人实际上也是投资者,因为他至少需要投入自己的时间、精力和劳动。

3. 人力资本投资的投资者与收益者具有不完全一致性

人力资本投资的获益者往往是个体之人,即投资对象,而投资者只有通过投资对象的活动才能受益。人力资本投资可以由社会、企业和个人三方中的任何一方承担,但收益却三方均可获得。当然,若一个接受了较多培训的员工离职,则收益者是新的工作单位和他本人,而原投资单位不会受益。

4. 人力资本投资收益形式的多样性

物质资本投资收益形式一般表现为物质产品产出,而人力资本的投资收益,除此之外,还表现为人的教育水平、思想素质水平、健康水平的提高,人的生活质量、社会经济地位、社会精神文明的提高和人类社会的进步等多种形式。

(四)人力资本投资的成本

人力资本投资支出分为以下三类。

1. 直接支出

直接支出是指进行人力资本投资所实际发生的支出,包括学杂费、流动支出、培训支出以及国家用于教育、社会保障方面的支出等。其中,属于个人支出的部分被称为"个人直接支出",属于国家或社会支出的部分被称为"社会直接支出"。

2. 机会成本

接受教育、寻找工作期间不可能工作,至少不能从事全日制工作,必然会放弃相应的收入。因为这部分支出并没有实际的任何投资发生,仅仅是可能的收入损失,所以被称为机会成本。

3. 心理损失

因为学习是一个艰苦、孤独的过程,寻找职业令人乏味、费神,工作迁移需要离别家人、朋友,这种心理损失被称为人力资本投资者的"心理成本"。

即问即答:"学霸"与"学渣"的学习的心理成本是否相同?若不同,哪个大?

二、人力资本投资之净现值法

一般来说,与所有投资一样,人力资本投资是投资在前、收益在后,且未来收益有不确定性。由于成本与收益发生的时间不同,不能直接进行比较,必须利用时间价值法进行分析。

一年后赚得的 1 元价值小于今天得到的 1 元。如果利率是 10%,某人贷出 1 元,则在一年之后可以得到 1.10 元。这 1.10 元等于本金 1 元加上 0.10 元,可以由下述代数式来表示:

$$FV = PV(1+i) \tag{6.1}$$

式(6.1)中,PV 表示现值或当前值,如今天的 1 元;FV 表示从现在起一年以后的价值(如 1.10 元);i 表示利率。

我们可以将公式(6.1)变形,即有:

$$PV = \frac{FV}{(1+i)} \tag{6.2}$$

这个过程称为"贴现"。投资的成本和收益都是在一定年限内发生的,我们可以

将贴现公式(6.2)扩展如下:

$$PV = \frac{FV_1}{(1+i)} + \frac{FV_2}{(1+i)^2} + \ldots + \frac{FV_n}{(1+i)^n} \qquad (6.3)$$

式(6.3)中,FV代表收入流(FV_1是第一年末的新增收入,以此类推);n是收入流的年限,或者说是工作生命周期;i是利息率。如果该年没有收益,则FV等于零。

现在我们回过头来再次讨论 18 岁的高中毕业生要不要上大学的决策问题。假定他可以在 18 岁工作,也可以大学毕业后 22 岁开始工作,60 岁退休,那么一个高中毕业生的终生收益现值为可表示为:

$$PV = \frac{FV_1}{(1+i)} + \frac{FV_2}{(1+i)^2} + \ldots + \frac{FV_{60}}{(1+i)^{60}} = \sum_{t=18}^{60} \frac{FV_t}{(1+i)^{t-18}} \qquad (6.4)$$

该公式表明,可以用个人的工作期间贴现的新增收入之和来计算现值。

大学教育投资的决策将带来成本和收益(增加的收入)。我们可以利用净现值的一般公式进行计算:

净现值 = 收益现值 − 成本现值

$$NPV = \sum_{t}^{n} \frac{FV_t}{(1+i)^t} - \sum_{t}^{m} \frac{C_t}{(1+i)^t} \qquad (6.5)$$

式(6.5)中,C表示成本;m表示成本计算期;FV表示收益,n表示收益计算期。

人力资本投资决策原则是 $NPV>0$。如果投资的净现值远远大于零,个人就应该进行投资。如果净现值为正,就说明收益的贴现值大于成本的贴现值,投资决策在经济上是合理的;如果净现值为负,那么说明成本大于收益,投资决策在经济上就是不合理的。

三、人力资本投资之内部收益率法

另一种关于投资决策的评价方法,首先是计算投资的内部收益率i,与利率j,再进行比较。这里所说的内部收益率是一种贴现率,使用这一贴现率对实际投资进行贴现,其净现值恰好为零。内含收益率计算公式为

$$NPV = \sum_{t}^{n} \frac{FV_t}{(1+i)^t} - \sum_{t}^{m} \frac{C_t}{(1+i)^t} = 0 \qquad (6.6)$$

这里不是使用等式(6.6)中的利率i来计算净现值是正还是负,而是选择一定的贴现率,使未来成本和收益的现值相等,从而使净现值为零。显然,i是指投资者能够接受的最大利率,在此利率下,个人能够偿还为人力资本投资所借的贷款,收支相抵。

投资决策原则涉及对内部收益率i和利率j进行比较。如果$i>j$,则说明投资是赢利的,该项投资是可行的。例如,如果某人能以 10% 的利率贷款并且进行回报率为 15% 的投资,则进行该项投资是赢利的。

根据人力资本投资所示的基本模型,作以下补充说明。

(一)收入流的期限

其他条件不变,投资之后的新增收入流期限越长,人力资本投资的净现值将越有可能为正。换句话说,收入流期限越长,内部收益率就越高。人力资本投资在一生中进行得越晚,其净收益现值越低(同时也意味着较低的 i)。这有助于解释为什么上大学的主要是年轻人,以及为什么年轻人比老年人更愿意迁移,它同样解释了传统上存在于男性和女性之间的一部分收入差距。在许多情况下,女性的劳动参与一直是间断的,许多女性往往工作几年后就结婚,不得不退出劳动市场以抚养孩子,直到最小的孩子开始上学后,她们才能重新返回劳动市场工作。此外,由于妇女不能连续地工作,抑制了雇主们对她们进行在职培训的投资。

(二)成本

其他条件不变,人力资本投资的成本越低,发现这项有利投资机会的人就会越多。例如,如果上大学的直接或间接成本下降,或降低了上大学贷款所收取的利息,大学的入学人数将会增加。类似地,上大学的间接成本或机会成本的变化也将会影响大学入学人数。例如,如果经济衰退使高中毕业生所能赚得的收入减少,上大学的机会成本就会降低,大学入学人数就会增加。较低的成本增加了大学教育的净现值,使得原来认为教育投资不划算的人转变了看法。

(三)收入差别

在作人力资本投资决策时,不但获得收入流的期限很关键,而且收入差别的大小也是很重要的一个因素。在其他条件不变时,大学毕业生和高中毕业生之间的收入差距越大,愿意投资于大学教育的人就会越多。

即问即答:随着年龄增长,年长者对大学教育投资的可能性小,主要原因是什么?

四、人力资本投资之边际分析法

边际分析法的含义就是当人力资本投资的边际收益大于投资成本的边际成本时,就增加投资,这样做有益于效用的增加;反之,就减少人力资本的投资。最终达到人力资本投资的边际收益等于边际成本,这个时候效用达到最大化。

我们用图形更直观地描述人力资本投资的边际分析法。图 6.1 假定,追加每一单位人力资本投资的边际成本是不变的,而边际收益 MR 的现值是下降的。这是因为,多增加一年的人力资本投资就意味着要少获得一年的收入,对于任何人来说,能够达到效用最大化的人力资本投资数量都是在 $MC=MR$ 的点上取得的。当投资的边际成本增加时,人力资本投资会减少;当投资的边际收益增加时,人力资本投资会增加。反之,亦然。

一般来说,人们是根据不同的投资能力以及在未来期望的前提下进行投资决策的。对于那些学习感到特别费力的投资者来说,他们进行人力资本投资必然会有更高的成本,从而减少投资。那些预计在追加的人力资本投资中获得的未来收益较少的人,则会减少人力资本投资。

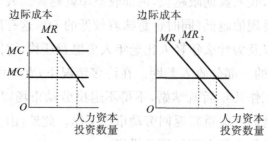

图 6.1 人力资本投资最佳数量决策

五、人力资本投资风险

投资是为了将来某种不确定的收益而牺牲目前一定的收益。现在的牺牲与将来的报酬之间的时间差距,已经预示出或潜伏着风险或危机,因为其间所经历的各种条件和因素可能因时间的推移会发生变化。人力资本投资同样存在着目前的投资与未来收益之间的时间差距和能否收回投资成本的风险问题。

一是能岗匹配风险。能岗匹配是企业人力资源开发与管理的基本要求。不同岗位,其工作内容、职责要求、劳动环境、风险大小、能力要求等都不一样。一旦企业所培训的人才与岗位需要不一致,不仅会对人才的自身发展产生不利影响,还不利于企业的发展。

二是道德风险。这种风险是由投资主体的多元性和投资者与收益者的不一致性引发的。当人力资本外流时,作为凝结在劳动者体内的知识、技能及其表现出来的能力的人力资本与其具有不可剥离的特性,从而使投资者遭受损失。

三是投资中断风险。这种风险是由投资的不连续性引发的,中断即是人力资本的贬值。一旦投资不能继续进行,对人力资源的使用就会受到限制。

四是产出风险。这种风险是由投资的长期性引发的。在人力资本投资行为中,经常出现报考当时热门的专业等到毕业时却无人问津的现象。除去一般性的市场风险,还有来自投资客体的风险。如果在投资回收期内,人力资本承载者发生了地区或国家间的迁移,将使人力资本投资全部或部分地丧失,从而加大投资风险。

五是折旧风险。这种风险是由投资效益的滞后性引发的。随着科技的发展,商品价值中来自直接劳动的部分成为从属要素,相反,商品价值的高低主要取决于科学技术的进步及其在生产中的运用。

六是不可抗拒风险。它包括国家政治倾向的变化、产业结构政策调整、委托培训机构倒闭等,以及由于突发事故造成的人力资本所有者死亡或丧失劳动能力。

面对人力资本投资风险,企业要做的是在培训前做好以下工作:一是要进行培训需求调查,根据企业需要开展培训;二是要做好工作分析,针对不同岗位开展不同内容的培训;三是要做人员素质测评,针对不同对象选择不同的培训内容;四是要开展有针对性的激励,防止员工的道德风险。

视野拓展

第三节 教育投资

教育是国之大计。教育是有目的、有计划、有组织地对受教育者的心智发展进行教化培育,为其解释各种现象、问题或行为,以提高实践能力。

"教育"一词来源于孟子的"得天下英才而教育之"(《孟子·尽心上》)。西方"教育"一词,意思是"引出"。许多名人对教育也有崇高的评价。孔子非常重视教育,他把教育和人口、财富作为立国的三大要素。陶行知认为,教育是培养有行动能力、思考能力和创造力的人。社会根据受教育程度选拔人才,教育伴随着人类社会的产生而产生,随着社会的发展而发展,与人类社会共始终。

一、教育的投资成本收益分析

在现代社会,人们在结束普通义务教育之后一般会进入劳动年龄。此时,人们面临着两种选择,要么继续接受教育,要么进入劳动市场。在就业和就学之间进行选择,人们会受到多种因素的影响,其中最重要的是经济因素,即对各种形式的成本和收益的比较。

(一)教育投资的成本支出

教育投资是人力资本投资的最典型形式之一,国家、企业和个人人力资本的来源主要来自教育。人们在投资决策中必须考虑教育投资收益与支出的不对称现象。一般来说,决策者总是从投资的直接成本和间接成本、私人成本和社会成本方面来加以对比。

1. 教育投资的私人成本支出

教育投资的私人成本包括三个部分。

(1)直接成本,包括学费、书籍费等直接教育费用,以及因受教育而产生的额外支出。学生的日常生活费用则不应计入人力资本投资,因为进不进学校,这部分生活费用都会发生。但在个人(家庭)支出的教育费用中,奖学金或助学金必须从私人成本中扣除,因为它代表了一种转移支付。

(2)心理成本。部分学生可能并不喜欢学校和考试,从而增加学生对人力资本投资的心理成本评价,其成本计量上比较困难。

(3)机会成本。教育投资的机会成本是指一个人因就学而放弃的劳动收入。假定一个人不就学的话,他会受雇去生产有经济价值的产品和劳务,并在劳动力市场取得相应报酬,这一报酬就是入学的机会成本。

2. 教育投资的社会成本

教育的社会成本应包括目前因提供教育所使用的物品和服务的总价值,即包括教师、图书管理员和行政人员的工资、福利费用,教育设施的使用、维修费,以及教育设施所包含的资本利息和折旧费用等。

(二)教育投资的收益率

由于教育资本总是具有正的外部效果,投资者并不能完全享受到投资带来的全部收益,其中有很大数量的收益流出投资主体收益范围之外,为不同层次的社会成员所共享。教育资本投资与收益主体不对称、不一致的现象,促使我们在进行教育资本成本收益分析时,往往分开来考察,即考察人力资本的私人收益和社会收益。

1. 私人收益

追求私人收益最大化是投资支出者的基本动机。影响私人投资收益率的因素主要包括五个方面。

(1)个体偏好及资本化能力。能力低的人接受教育比能力高的人接受教育的边际收益率低。

(2)资本市场平均报酬率。把同一笔资金用于人力资本投资与其他投资时,投资者选择的条件是,人力资本收益至少不低于资本市场的投资收益。

(3)收益期限。收益期越长,人力资本投资越多。

(4)劳动力市场的工资水平。投资者受时间资源约束,而时间机会成本是以放弃的收入来衡量的,因而人力资本投资的私人收益直接受个人生产率和劳动力市场影响。

(5)国家政策。国家政策从宏观与微观上影响着人力资本投资的实际收益率。例如,通货膨胀将导致名义利率和实际利率的不一致,从而影响到投资的成本与收益。

2. 社会收益

社会收益是指人力资本投资收益中外溢出投资主体并且为社会所分享的部分。

通常,外部收益可以分为以下几类。

(1)近邻效应或地域关联收益。收入再分配过程将会使人力资本投资收益在不同收入者之间发生收入流动。一个普通人和诺贝尔奖获得者出生在同一城市、同一街道,就读于同一学校,可能会发生无形资产共享,如旅游者增加导致的旅游业收入增加。安徽三河古镇,因有杨振宁故居而成旅游胜地。同时,良好的示范作用将会使孩子更勤奋努力等。

(2)收益的职业关联。生产过程是团体努力的结果,劳动者的人力资本投资对其他人的生产率、经济机会产生正面影响。电商引发的产业革命给微小企业创造了丰厚的回报,同时创造了大量的就业机会,经济效益的提高使社会收益大大增加。

(3)福利贡献。教育投资直接导致国民收入水平的提高和社会财富的增长,从而提高整个国家和社会的福利水平;教育投资有助于降低失业率,从而减少福利支出,同时起到预防犯罪作用(教育水平的高低会影响个人犯罪被捕之后的机会成本),减少执行法律的支出。

(4)其他。较高的教育水平有助于提高政策决策过程的质量和决策效率;父母的受教育水平在很大程度上会影响下一代的健康以及受教育状况;教育水平的提高还有助于提高整个社会的道德水平,减少社会以及经济中的交易费用,提高市场效率。

即问即答:我国国民参政议政能力不强的主要原因是什么?

(三)模型分析

图 6.2 显示的是两类人的年龄收入差异曲线。其中,收入流 EF 代表未受过大学教育的终生收入流,这部分人 18 岁开始工作,60 岁退休;收入流 BCDGH 代表受过大学教育的人的终生收入流,这部分人 22 岁工作,60 岁退休。受过大学教育者前四年的收入流是负的,也就是要承担教育投资成本。这个包括两部分:一部分是 ABCD 面积表示的直接成本;另一部分是 ADGE 面

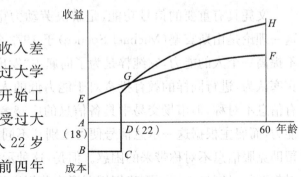

图 6.2 受过大学教育和未受过大学教育的年龄收入曲线

积表示的间接成本,即大学期间放弃的收入。不规则图形 GFH 的面积表示是接受大学教育后增加的收入,若无增加,不会有人投资。当然,增加多少也是影响投资的一个重要因素,这要利用第二节的现值分析法进行分析。

从以上分析中,我们可以提出以下几点与大学教育决策有关的结论。

一是成本。在其他条件不变时,上大学的总成本降低,对上大学的需求将增加。例如,政府对大学生进行贷款贴息,或进行困难补助,会增加上大学人数。经济衰退会使高中毕业生找到工作的可能性降低,同时收入减少,这会使得接受大学教育的机

会成本下降,也会刺激大学人数增加。

二是收入流规模。其他条件不变时,若大学毕业生与无大学学历劳动者的收入差别扩大,则要求上大学的人数就会增加。

三是收入流的长度。其他条件不变时,投资后的新增收益期越长,人力资本投资的净现值将越高。换句话说,收益期越长,内含收益率越高。由于年轻人未来工作时间长,因而其总收益的现值要大于老年人。因此,接受教育者、多数大学生是年轻人。

二、文凭的信号功能

关于高等教育的作用,人们一般认为有两种功能:第一种功能是接受高等教育能提高人们的生产效率,而生产效率的提高会促使工资水平提高,因而高学历的人能获得高报酬;第二种功能是信号功能。接受高等教育不是提高员工生产效率的手段,高等教育并不一定能保证提高受教育者的生产率,或者说接受高等教育能提高生产效率并不是高学历与高报酬之间存在正向关系的唯一解释,学历只是一种发现哪些员工具有高生产效率的手段。

在招聘员工时,雇主并不完全知道求职人员的实际生产效率。雇主所能观察的只是与雇员的生产率相联系的一些特征,如年龄、性别、工作经验和受教育水平等。按照教育信号功能假说,员工的受教育水平对企业决定雇佣哪些劳动者有重要影响。

文凭具有重要的信号功能,是解决劳动力市场上信息不对称的一个重要机制。这一理论是由斯宾塞(Michael Spence)于1972年首先提出的。他提出,教育本身并不提高一个人的能力,它纯粹是为了向雇主"发出信号",表明自己是能力高的人。斯宾塞认为,进行同样的教育投资对于能力低的人其边际成本更高,在劳动力市场,虽有信息不对称,但市场交易中具备信息的应聘者可通过教育投资程度来显示自己的能力,而雇主根据这一示意信号便可区别开不同能力的人。显然,这种示意方法可以帮助克服信息不对称带来的困惑。但是,这种示意方法是有成本的,这里的成本就是对教育的过度投入。下面我们用图形来分析文凭的信号功能。

如图6.3所示,假设有A、B两类求职者,A类人目光短浅、年龄较大和学习能力较低;B类人有远见卓识、年龄较轻和学习能力较强,具有较高的劳动生产率。雇主倾向于认为那些在高中毕业后至少接受E年教育的人是B类人。如果报酬结构按终身工资报酬现值表示,那么A类人的终身工资报酬率贴现总值为PV_A,B类人的终身工资报酬率贴现总值为PV_B。假定C是

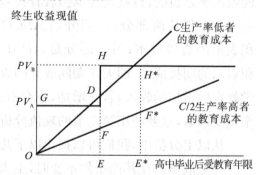

图6.3 A、B两类人的教育成本与收益

A 类人的年均教育成本，$C/2$ 是 B 类人的年均教育成本。无论 A、B 哪类人所选择的正规教育水平，都将能够使他们的终生工资报酬现值和教育成本现值之间的差额达到最大的一点，即以最小的代价获得最大的收益。

对于 A 类人来说，他的终身贴现工资报酬与教育成本之间的差额将会在高中毕业后不继续增加教育的情况下达到。这是因为，如果他们高中毕业后增加 E 年教育所带来的净收益 HD 比高中毕业后不增加教育所带来的净收益 GO 还要小，那么 A 类人在高中毕业后如果继续 E 年的教育，其获得的收益不足以弥补额外增加的成本。而对于 B 类人来说，增加 E 年教育所带来的净收益 HF 比高中毕业后不增加教育所带来的净收益 GO 要大得多，所以这类人在高中毕业后继续 E 年的教育投资是有利可图的。

如果雇主将 E 年的标准延长至 E^* 年，A 类人就会发现，高中毕业后不继续进行学习是最好的选择；对于 B 类人来说，是否继续投资教育，要看 H^*F^* 大小。若 $H^*F^* > GO$，则投资可行。需要指出的是，除了对特殊工作或特殊人才的需求，为了避免人力资本投资的成本过大，雇主会使 E^* 限制在一定的范围内。

教育使投资者的生产率大大提高，也就是说，一个受过教育的、有文凭的劳动者与没有受过教育或是受教育较少的劳动者相比，前者生产率更高，因而雇主愿意支付其较高的工资。教育是一种过滤器，是一种信号，能够区别出生产率不同的劳动者。

第四节 在职培训

劳动者拥有的许多技能并不是通过正规教育获得的，而是通过在职培训得到的。有些在职培训要正规一点，如劳动者可能参加有组织的员工培训或师傅带徒弟的计划。但很多时候，在职培训常常是非常不正规的，因而很难去衡量甚至去觉察，比如缺乏经验的劳动者经常"边干边学"，他们观察技术熟练的劳动者的操作，在这些劳动者生病或休假时补缺，或者在休息时间通过闲谈获得新技能。

任何国家都注重职业培训并承担相应的培训费用，但也存在着一定的国家差异。在美国，由于外部劳动力市场较发达，培训费用大都由个人承担，企业主要是通过外部市场来代替公司内部培训的。在日本，培训在公司内有组织、有计划地进行，这主要是受长期雇佣制度的影响，当雇主不愿意解雇员工时，只好培训。

一、在职培训理论概述

(一)早期研究和贝克尔的一般培训理论

早期的经济学家认识到,在市场经济条件下通过培训可取得适当的技能水平,但也指出了企业实施在职培训可能面临的问题。由于员工可以利用培训技能为其他雇主服务,企业就没有足够的动力为员工的技能培训进行投资了。有专家认为,政府要对企业在职培训进行直接补贴。

贝克尔(1964)认为,在竞争的劳动力市场上,任何一个企业所支付的工资率都是由其边际生产力所决定的,完成一般性培训将对许多企业有用,理智的企业只有要求员工支付全部培训成本,才可能提供一般培训,而企业愿意做的更多是特殊培训。

(二)信息不对称假设下的培训理论

贝克尔理论中隐含的一个假设前提就是,员工经培训能够快速胜任相应的工作并发挥其最大作用。也就是说,潜在的雇主拥有员工培训的全部信息。但这一假设是不现实的,培训信息不对称性会影响企业进行培训的行为。

一般培训可以作为员工今后进一步培训的基础,使员工具备多种工作能力,在其他岗位人员变动时发挥替代作用。更重要的是,培训能够提高员工接受新技术和适应组织变化的能力。这种潜在的价值可能对企业非常重要。相对来说,获取有关培训期价值的信息比获取净现值的信息更难。而对于企业外部的员工培训来说,更不可能获取员工的全部信息。

(三)产品市场与企业培训理论

企业培训行为不但与劳动力市场有关,而且会受到产品市场因素的影响。在产品市场不完全竞争的情况下,企业必须考虑培训决策对产品市场竞争的影响。

在只有一家企业选择培训的情况下,企业为争夺培训后的员工,竞相提高工资水平,最终的工资等于培训后员工的全部收益。对双方而言,不培训是一种较优的均衡策略。如果两家企业都参与培训,相对于选择不培训来说则是更优的均衡策略。因为企业失去培训员工所产生的直接后果是利润水平下降,而竞争企业获得培训后的员工可使其利润上升。

对企业培训行为的分析有十分重要的现实意义。企业培训不但能提高企业的市场竞争力,而且可以维持高素质、高技能的员工队伍。我国经济正处在转型过程中,为提高我国企业的竞争力,可以借鉴先进国家的以下经验。

第一,政府和行业组织要出台措施大力鼓励企业投资于员工培训。比如:对投资培训的企业提供税收减免优惠,或将企业培训费用纳入税前支出项目;推进企业与职业学校、大专院校的培训合作,提高他们学习技能的积极性和实践能力。此时,政府要推出针对企业培训的考核制度和职业认证制度等。

第二，将培训行为与员工职业发展紧密结合，推动企业和员工合作契约的长期化。企业要提倡将培训行为写入员工劳动合同的做法，实行员工长期职业技能发展计划，并由外部独立组织对企业培训行为进行量化考核。

第三，发挥工会组组的核心作用。目前，工会职能应从单纯考虑员工福利转向代表员工并为员工争取合理的权益。为了使职工获得更高的技能和长期职业发展，工会有义务代表员工要求企业组织技能培训，要对企业培训的内容和效果进行内部监督。

二、培训与教育支出的差别

培训和教育投资一样，有着类似的成本，只是因影响因素不同而与教育支出有所差别。

(一)时间因素

人们只在某些年龄段接受某类教育，正规教育大都发生在职业生涯前期；而培训则可以发生在人的生命周期中的任何时期，集中发生在职业期间。培训支出一般是短期的，且无固定时间限制；而教育支出则不同，它有特定的时间限制，如九年制义务教育等。

(二)收益分布

教育投资成本支出的收益分布在未来整个生命周期内，但主要集中于职业期间。培训支出收益目标导向性很强，它针对某一需要，追求快速得到回报。企业今天的培训不会等到10年后再看效果，它只关注投资的短期回报。这是因为法人生命续存时间是不确定的，它可能会中途破产或进行人力资本结构性调整，接受培训者可能会离开企业。

(三)费用分担

国家公务人员的入职培训、晋级培训及专业培训方面的费用，直接由国家负担；企业管理、技术及日常培训方面的费用，主要由企业负担；个人的入职培训的费用，一般由个人负担。

三、在职培训成本和收益

为了理解相关的成本和收益是如何在工人和雇主之间分配的，我们必须区分两种不同情况的在职培训。一种是**一般培训**，它是指对所有厂商和行业都有用的技能培训，且这种培训能提高所有厂商的劳动者的生产率。另一种培训是**特殊培训**，它是指只适用于特定工种的培训，这种培训仅能提高提供该项培训的厂商的劳动者的生产率。如果该劳动者离开企业,特殊培训价值就会消失,如练习开航天飞机。实际上,大多数在职培训包含了一般培训和特殊培训这两方面的内容,因而很难将二者进行区分。不过,大致可以说,培训员工使其具有在合理的时间内完成某项任务的能力、阅读能力、简单的数学统计能力、遵守指令的能力等都属于一般培训;而特殊培训包括教授员工操作本企业产品专有装配线的技能等。

简单区分一般培训和特殊培训很重要,因为这有助于解释是劳动者还是雇主更有可能支付在职培训的成本,也有助于理解为什么雇主可能会更愿意留住那些受过培训的劳动者。

与正规教育一样,在职培训需要牺牲现在的收入以换取将来的收益,因而也是一种人力资本投资,也能用净现值和内部收益率的框架来分析。

对于雇主来说,提供培训可能涉及教师的讲课费和增加对劳动者的管理等直接成本,还有在培训期间劳动者的产出减少等间接成本;劳动者则可能不得不接受培训期间的低工资。厂商潜在的收益在于,得到培训的雇员的劳动生产率提高,因而将对厂商作出更大的贡献;同时,得到培训的劳动者由于其劳动生产率提高,可以预期获得更高的工资。

四、培训成本的分配

分析由劳动者还是雇主支付在职培训的成本有一些复杂。为了便于说明,特提出若干假设:市场是竞争性的,劳动者可以完全流动,劳动者通过获得较低工资的方式来支付一般培训成本,厂商承担特殊培训的成本。

(一)一般培训的成本分配

一般培训给予劳动者的技能和知识是可以转移的,他们能够以较高的工资率到其他企业去谋职。如果由雇主承担该成本,劳动者可能在结束培训之后离职,这样,雇主不可能获得在培训投资上的任何收益。因此,如果进行一般培训,通常需要由劳动者以降低工资率的形式支付培训成本。

图 6.4 描述了一个一般培训的例子。这里 W 和 MRP,分别表示一个未经过培训的劳动者的工资率和边际收益产品。培训期间的工资率和边际收益产品分别由 W_1 和 MRP_1 来表示,而 W_2 和 MRP_2 分别表示培训后的工资率和边际收益产品。MRP_1 低于未经过培训的劳动者的 MRP,因为在培训期间劳动者把时间从生产转移到学习上。由于是一般培训,培训后的边际收益产品与

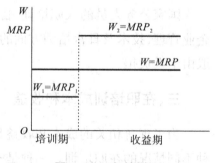

图 6.4 一般培训

所有厂商都有关,因此,与之竞争的公司将提高接受培训劳动者的工资率直到等于

MRP_2。因为如果支付低于劳动者边际收益产品的工资率,雇主就不可能有获得培训投资收益的机会。既然培训只是以较高工资的形式使接受培训的劳动者的收益增加,那为什么雇主要承担一般培训的成本呢?在培训期间,劳动者通过接受低于未接受培训劳动者的工资的形式,支付一般培训的成本。竞争将使劳动者的工资率上升到等于培训后的边际收益产品(MRP_2)这一事实,以及雇主无法得到收益的事实,解释了为什么一般培训主要是在学校里进行,而不是在工作中进行。

如果一个企业准备为一般培训付费,那么该企业肯定就能够吸引大量的工作申请者。因为企业不能合法控制完成一般培训的劳动者的流动,这些劳动者将利用这个免费的培训机会,然后到另外一个愿为他们提供与他们新近学得的技能相当的工资的企业工作。所以,为一般培训付费但不提高培训后工资的企业可以得到数目过多的被培训者,但会在培训后失去这些劳动者。这个企业就会面临最坏的可能结果:它为培训支付了成本但没有得到任何利益。

(二)特殊培训成本分配

一旦劳动者离开企业,来自特殊培训的生产收益就会消失。那么,谁为特殊培训付费?谁将获得收益回报?

考虑如果企业为特殊培训付费将会发生什么。即使企业中劳动者的边际产品价值增加,企业也可以通过不改变培训期后工资的方式承担培训成本并获取利益。但是,如果劳动者在培训后离开企业,企业将遭受资本损失。因此,企业不愿意为特殊培训支付成本,除非它拥有劳动者不会离职的保证。

再假设特殊培训的费用由劳动者承担。于是,劳动者在培训期内获得的工资较低,而在培训后得到的工资较高。但是,他们无法确信自己在培训后仍然会被雇佣。如果劳动者被解雇,他将无法得到培训投资的回报,因为由特殊培训得来的技能在别的地方无用武之地。因此,劳动者不愿意投资于特殊培训,除非他们自信不会被解雇。

因此,企业和劳动者都不愿意投资于特殊培训,问题源于缺乏一种有法律约束力的合约将劳动者和企业终身捆绑在一起,没有哪一方愿意采取主动而支付培训费用。

走出这一困境的途径是,对培训后的工资进行微调,以降低离职和解雇的可能性。图 6.5 详述了这一概况。W 和 MRP 分别表示未接受过培训的劳动的工资率和边际收益产品,MRP_1 和 MRP_2 分别表示劳动受训中和受训后的边际收益产品。考虑一种劳务合同,培训后的工资如下式所示:

$$MRP < W_2 < MRP_2 \qquad (6.7)$$

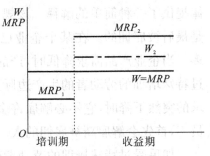

图 6.5 特殊培训

这个合约表明，劳动者和企业分享了来自特殊培训的收益。劳动者培训后的工资高于他在其他情况下的生产率，但低于他在该企业的生产率。如果劳动者在该企业比在其他企业获得的收入更多，他就没有动力离职。同样的，企业雇佣该劳动者比解雇他更有利（即支付给劳动者的工资低于其边际产品价值），于是企业就不会解雇该劳动者。如果企业和劳动者分享了来自特殊培训的收益，培训期满以后劳动者与工作分离的可能性也就消除了。

与图6.5相反，受训后的边际收益产品仅适用于该厂商，劳动获得的特殊培训将提高该企业的劳动生产率。因为特殊培训不能转移，即这种培训不能通过劳动市场的竞争，使劳动者得到较高的工资率，所以劳动者将拒绝支付这种培训的成本，并且不接受培训期间的低工资。这意味着雇主必须通过支付超过劳动边际收益产品（MRP_1）的工资率来承担培训成本。然而，因为这种培训不可能给其他企业带来好处，所以在培训期之后，雇主不需要将工资率提高到高于W的水平。这样，从雇主的角度看，培训导致了在培训期间的成本W超过了MRP_1，但随之而来的是培训后的收益MRP_2超过了W。如果这些资金流的净现值为正，厂商就会发现给劳动者提供一定的特殊培训将是有利可图的。

一般来说，特殊培训是不能转售给其他厂商的，因而厂商必须承担这种培训的成本。在培训期间，雇主支付给劳动者的工资高于其边际收益产品，培训后，雇主可以收回其在特殊培训上的投资，因为劳动者的边际收益产品将会超过他的工资（$MRP_2 > W$）。由于雇主在特殊培训上的收益与培训后的时间长度有关，雇主通常会自愿地支付高于竞争性的工资以减少劳动者的离职。

（三）特殊培训的启示

值得注意的是，特殊培训割断了在劳动者生命周期中工资与其边际产品价值的关系。相应的特殊培训契约表明，培训期内，劳动者只能够得到少于培训前边际产品价值的工资，因为他们必须为特殊培训支付部分费用。培训期后，劳动者在提供培训的企业中得到的是少于培训后边际产品价值的工资。

特殊培训的概念对于劳动力市场还有其他的启示。它给"后雇佣，先解雇"的规律提供了一种简单的解释。该规律是指当经济萧条时，通常最先被解雇的劳动者总是最后被雇佣的。在某个企业已经待了很久的老员工比新员工受过的特殊培训更多。当企业产品需求降低时，产品价格和劳动者的边际产品价值也会下降。由于受过特殊培训的劳动者的生产边际产品价值多于他们所得的工资，当企业遭受产品需求的突然下降时，它不必解雇许多这样的员工。因此，利润最大化的雇主如果想缩减员工，首先会解雇新被雇佣的人。

如果受过特殊培训的劳动者确实被解雇了，那他几乎没有动力去寻找另外一份工作。如果他转行的话，将遭受一种资本的损失。因此，受过特殊培训的劳动者将偏好于在失业期内一直等待,直到被以前的雇主重新雇佣。在美国,至少60%的失业会因为原来的雇主重新雇佣失业的劳动者而结束。

即问即答:企业应该为参加人力资源管理培训的员工报销培训费吗?

五、培训理论的补充说明

(一)关于一般培训

企业不得不提供一般培训,目的是确保自己有足够的合格工人,某些企业可能不得不自己来支付一部分培训成本。那么,这些企业怎样才能收回一般培训的费用呢?培训期结束后,如果工资低于边际收益产品,这些雇员会不会到其他企业工作呢?答案是,劳动者并不是完全流动的。改变工作和迁移到其他地区的成本很高,劳动者因改变工作而得到的额外报酬可能不足以弥补其寻找工作和重新安置的成本。

(二)关于特殊培训

图6.5中的讨论也需要修正。培训之后,企业通过支付低于劳动边际收益产品(MRP_2)的工资W_2来实现特殊培训的收益。简言之,雇主以经济激励来降低受过特殊培训的劳动者的流动率或辞职率,雇主可能愿意通过支付高于劳动在其他企业得到的工资来达到上述目的。培训后的工资可能设定在这样一个水平上,在此工资水平上,雇主和雇员分享特殊培训的收益。

(三)得到正规教育时间最多的人一般会得到更多的在职特殊培训

与一个只有高中文凭的人相比,一个取得大学学位的人更可能被雇主选择来参加特殊的在职培训,因为企业对大学生培训的成本较低。当劳动者在短期内就可以掌握培训技能时,雇主就能够获得较高的收益率,而大学学位恰恰是有能力很快接受所培训技能的证明。受过更多正规教育的人平均得到更多在职培训的事实,解释了为什么受过较多教育的劳动者,其年龄收入剖面曲线(见图6.2)比那些缺乏教育的劳动者上升得要快一些。

(四)大企业提供的培训机会比小企业要多

可能是因为大企业分工更细,或者企业更有实力,更有长远规划来提高劳动者的技能。当然还一个重要的理由,大企业对劳动者的吸引会更高,从而有效地阻止了劳动力流动。

(五)培训使工资得到了增长

不管是什么培训,都会改善以绩效等级分数衡量的工作绩效,从而提高劳动生产率,这为企业提高工资创造了条件,也进一步促进劳动效率的提高,激发厂商培训的积极性。一般来说,在工作的最初几年中,劳动者工资增长得特别快,这段时间正是可能进行培训的时期。此外,在培训数量和收益上的性别差异,部分地说明了工资收入的性别差异。

视野拓展

本章小结

人力资本是指通过教育、培训、保健、劳动力迁移、就业信息等获得的凝结在劳动者身上的技能、学识、健康状况和水平的总和。人力资本具有以下特征：存在于人体之中，具有客观性、时效性、收益性、潜在创造性、累积性、个体差异性和社会性。

人力资本投资是指投资者通过对人进行一定的资本投入，增加或提高人的智能和体能，这种劳动能力的提高最终反映在劳动产出增加上的一种投资行为。人力资本投资具有以下特征：连续性和动态性、投资主体与客体的同一性、投资者与收益者的不完全一致性、投资收益形式多样性。

人力资本投资支出分为三类：实际支出或直接支出、放弃的收入或时间支出和心理损失。常用的人力资本投资分析方法主要有净现值、内含收益率和边际分析三种。

一般认为教育有两种功能。第一种功能是接受高等教育能提高人们的生产效率，而生产效率的提高会促使工资水平提高，因而高学历的人能获得高报酬。第二种功能是信号功能。高等教育并不一定能保证提高受教育者的生产率，学历只是一种发现哪些员工具有高生产效率的手段。

要区分两种不同情况的在职培训。一种是一般培训，是指对所有厂商和行业都有用的技能培训。这种培训能提高所有厂商的工人的劳动生产率。另一种培训是特殊培训，是指只适用于特定工种的培训，这种培训仅能提高提供该项培训的厂商的工人的劳动生产率。

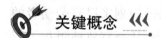 关键概念

人力资本	人力资本投资	人力资本投资成本
人力资本投资净现值	人力资本投资内含收益率	教育投资私人成本
教育投资社会成本	教育投资私人收益	教育投资社会收益
一般培训	特殊培训	

思 考 题

一、简答题

1. 人力资本理论的基本内容是什么？
2. 什么是人力资本投资？有什么特点？
3. 如何理解人力资本投资的净现值分析法？
4. 如何理解人力资本投资的内含收益率分析法？
5. 如何理解人力资本投资的边际分析法？
6. 如何进行一般培训的成本与收益分配？
7. 如何进行特殊培训的成本与收益分配？
8. 就个人而言，获得大学教育所带来的成本和收益是什么？从全社会角度来看呢？
9. 当经济持续衰退时，你认为大学入学人数是增加还是减少？为什么？
10. "员工是流动的，所以没有必要对员工进行培训。"这种观点对吗？
11. "以文凭论英雄"的观点是否正确？
12. 有人提议设置一个高考最低录取分数线，比如总分的60%。你怎么看？

二、案例分析题

人社局：四定两促 精准开展农民工技能培训

为进一步提升农村转移就业劳动者专业技术能力，坚决打赢脱贫攻坚战，近日三台县人社局组织精准开展农民工技能培训，通过定任务、定学校、定工种、定区域的方法，促进农民工职业技能提升和农民工就业。

在奔腾电脑职业培训学校的一堂茶艺理论课上，任课教师正耐心地向学员们讲授不同茶的冲泡方法以及茶艺礼仪。

这里的培训由县人社局组织开展，农民工只要符合条件不花一分钱就可以学习到职业技能。

"培训之后，我们有第三方机构对学生进行职业技能鉴定，鉴定合格后，政府会给予学生培训补贴。所以，我们每天认真踏实教学，尽量让学生能多学点东西。考核合格还可以拿到国家认可的职业资格证书，对以后就业或者创业都是很有帮助的。"奔腾电脑职业培训学校校长李康明这样告诉记者。

学员王春梅说："老师对我们挺好，学习氛围也很好。学习了几天茶艺，觉得对自己形象气质方面都有所提升。感觉学完以后，在生活工作中都会有益处。"

在花园镇枣河村，30多名学员正在接受西式面点师培训，负责培训的教师将面点制作的步骤逐一分解，手把手教授学员面点制作的方法。

"以前我们都在家，不会这些，现在学了，以后拿到证，想跟朋友开个小餐馆，做点小生意,或者是在家带小孩儿的时候,给孩子做些蛋糕之类的。"学员窦春秀说。

"我们开展职业技能培训的目的是提升劳动者的职业技能水平,帮助他们更好地就业创业,更好地转移就业,更好地增收。"县人社局就业培训与职业能力建设股股长江波说道。

目前,我县主要开展有焊工、中式烹调、面点、美发、茶艺等技能培训,完成培训的学员在就业方面也将有更清晰的选择。

江波说:"我们通过各类招聘活动,比如'春风行动''就业扶贫专业招聘会',组织企业提供就业岗位,引导这些接受培训的学员去积极参加,去应聘,为他们提供就业岗位。"

据了解,今年的培训工作目前正处于收尾阶段,共计 8000 余人参加,预计投入培训资金 1700 多万元。

思考讨论:

(1)政府为什么要进行农民工培训?

(2)如何做到农民工精准培训?

课外阅读资料

第七章

工资论

学习目标

1. 工资概念与种类
2. 工资战略与影响因素
3. 激励工资理论与委托代理理论
4. 效率工资理论与差异工资理论

自改革开放以来，中国各城市薪酬水平总体呈现东部领先的趋势。某招聘网在 2020 年 10 月发布了 2021 年春季人才供需报告。数据显示，上海以月薪 7214 元高居全国薪酬排行榜榜首，超出第二位北京 6947 元约 300 元，深圳以月薪 6819 元位居第三位。前三位之后均为东部沿海城市，如宁波、杭州、苏州等，均位于长三角经济圈辐射范围内。广州以 5694 元仅居第六位，低于深圳 1000 余元。

你所在城市的薪酬在什么水平？哪个行业待遇最好？技术工人有多"吃香"？无论是劳动者还是企业都关心工资问题。为什么有些企业对某些员工愿意支付高达百万的年薪，而对某些人哪怕是支付 3000 元还不愿意？为什么有些职业工资较高，而有些职业工资较低？为什么有些地区工资较高，而有些地区工资较低？

有一个合理的工资制度，它既要能体现企业价值，又要能保证员工利益。对劳动者个人来说，工资是其劳动贡献所得，它的高低会影响劳动力的生产与再生产；对企业来说，合理的工资制度既可以保证企业合理利润，又可能促进企业发展。科学的工资制度是吸引、激励和发展人才的有力工具。

本章从企业角度，首先明确工资的制定原则、战略目标和影响因素，然后从激励工资、效率工资和差别工资等方面讨论工资理论。

第一节　工资概述

人们谈到工资一词时，往往有着不同的理解。

企业经营管理者视工资薪酬为企业生产成本的重要组成部分，是他们参与市场竞争的重要武器。同时，企业管理者迫于市场竞争又不得不从自己的支付能力出发，谨慎地作出工资决策，并根据企业内外条件的变化对工资决策作出必要的调整。企业管理者不仅应把员工的工资当作一种费用，还要当作影响员工工作态度、工作方式和工作绩效的重要因素。

企业的员工对工资的理解则完全不同，大部分劳动者会把工资看作自己安身立命、成家立业的唯一手段和基本保障。员工得到的工资高低和方式不同，不仅会影响他们的工作质量和对顾客需求的关注程度，会影响他们灵活处理工作中遇到的困难的自主性，还会影响他们不断地学习掌握新技能，提出创新建议的积极性和主动性，甚至会影响他们与企业长期合作的关系。

一、工资的类型

工资是用人单位依据法律规定，或行业规定，或根据与员工之间的约定，以货币形式对员工的劳动所支付的报酬。工资是劳务报酬中的一种主要形式，但并非任何劳务报酬都是工资。

在我国，下列费用不属于工资：单位支付给劳动者个人的社会保险福利费用，如丧葬抚恤救济费、困难补助费等；劳动保护方面的费用，如用人单位支付给劳动者的工作服、清凉饮料费用等；福利费；解除劳动关系时支付的一次性补偿费；按规定未列入工资总额的各种劳动报酬及其他劳动收入，如根据国家规定发放的创造发明奖、国家星火奖、自然科学奖、科学技术进步奖、合理化建议和技术改进奖、中华技能大奖等，以及稿费、讲课费、翻译费等。

> **工资：**
> 工资本质上是劳动力的价值或价格，工资是生产成本的重要部分。

企业设计员工的工资分配方案，主要有以下六种形式。

计时工资，是指按计时工资标准和工作时间支付给个人的劳动报酬。它包括：对已做工作按计时工资标准支付的工资；实行结构工资制的单位支付给职工的基础工资和职务（岗位）工资；新参加工作职工的见习工资等。

计件工资，是指对已做工作按计件单价支付的劳动报酬。它包括：按劳动部门或主管部门批准的定额和计件单价支付给个人的工资；按任务包干方法支付给个人的工资；按营业额提成或利润提成办法支付给个人的工资等。

奖金，是指支付给职工的超额劳动报酬和增收节支的劳动报酬。它包括：生产奖、节约奖、劳动竞赛奖、机关和事业单位的奖励工资等。

津贴和补贴，是指为了补偿职工特殊或额外的劳动消耗和因其他特殊原因支付给职工的津贴，以及为了保证职工工资水平不受物价影响支付给职工的物价补贴。包括：补偿职工特殊或额外劳动消耗的津贴、保健津贴、技术性津贴等。物价补贴包括：为保证职工工资水平不受物价上涨或变动影响而支付的各种补贴。

加班加点工资，是指职工在法定节假日、公休日加班加点，或在规定的制度工作时间以外工作时发给的劳动报酬。

特殊情况下支付的工资，包括：根据国家法律、法规和政策规定，因病、工伤、产假、婚丧假、事假、探亲假、定期休假、停工学习、执行国家或社会义务等原因按计时工资标准或计时工资标准的一定比例支付的工资。

即问即答：企业支付低工资能增加企业利润吗？

二、工资战略及其目标

企业战略是基于企业内外部环境和条件，为了实现自己的历史使命，造福社会和消费者，对未来发展的基本方向和目标所作出的选择和规划。在企业众多战略中，工资战略是最重要的战略之一。**工资战略**，也称为"薪酬战略"，是指公司为达到组织战略目标而奖励作出贡献的个人或团队的系统。它关注的对象主要是那些帮助组织达到组织目标的行动、态度和成就,它不仅包括传统的薪酬项目,还包括对员工有激励作用的能力培养方案、非物质的奖励方案等。

任何企业对工资战略都存在一个基本要求:将工资体系与企业战略、企业文化和价值观紧密地联系起来,对外部环境和内部员工的需求作出灵敏的反应,最大限度地调动员工的积极性,不断增强企业核心竞争力。因此,工资战略应当强调三大基本目标:效率、公平、合法。

(一)效率目标

效率是企业制定整体性工资战略优先考虑的目标。效率等于企业工作产出与员工劳动投入的比值。企业员工同等的劳动投入带来的工作产出越多,说明企业的效率越高;反之,亦然。在确立企业工资战略时,工资的效率目标主要可以分解为:劳动生产率提高的程度;产品数量和质量的提高;工作绩效的提高;客户满意度的提高。

(二)公平目标

实现公平是工资制度的基础,也是企业制定整体性工资战略必须确定的目标。公平应当体现在两个方面,即对外的公平和对内的公平。

对外的公平是指体现在员工工资总水平上的公平性,企业工资战略应确保员工在一段较长的时期内,获得等于或者高于劳动力市场价格的工资水平。对内的公平即对员工公平,是指体现在员工绩效工资与激励工资上的公平性,企业应当确保员工"多劳多得,少劳少得,不劳不得",即员工的绩效工资与激励工资能充分体现员工的贡献率。

(三)合法目标

合法作为企业工资战略决策的目标之一,包括遵守各种全国性和地方性的法律法规。一旦这些法律法规发生变化,薪酬制度也应作出相应调整,以保持其合理合法性。

一般来说,工资目标的确立应当服从于企业人力资源总体战略的方向和目的。例如,当企业采取人力资源投资策略的模式时,与之相适应的薪酬目标就应当将重点放在如何提高吸纳和维系各类专业人才,以及不断提高专业人才的核心竞争能力上。

三、影响企业工资水平的外在宏观因素

工资既是劳动者劳动支付的衡量,又是影响企业利润的一个重要因素。工资水平的高低不仅影响员工的积极性,也影响企业的发展。因此,科学合理地制定工资水平,要从企业内外因素出发,通盘考虑。影响企业工资水平的外在因素主要有以下几个方面。

(一)国民经济发展水平

一个国家或地区的人均国内生产总值越高,即使在工资所占份额不变的情况下,

工资总额的绝对量也会不断增大,从而为工资水平的提高提供根本保证。正确处理工资水平和社会生产力发展水平的关系,就必须安排好平均工资增长与社会劳动生产率增长的比例关系,使两者的增长速度相适应。

(二)人口增长状况

社会生产过程中劳动力的总投入必须与生产资料的总量保持适当的平衡,这实际上也是要求社会劳动力总供给要与社会劳动力总需求保持大体上的平衡。要做到这一点,一方面要不断扩大生产规模,开拓新的生产领域,创造更多的就业机会;另一个更重要的方面,就是使人口增长与生产资料的增长相适应,提高社会劳动生产率水平和人均国民收入水平,从而使劳动者工资水平得到真正的提高。

(三)市场劳动力供求状况

当市场上对企业产品的需求增加时,企业会扩大生产规模,使劳动力需求增加,此时企业将提高工资水平;当产品需求下降时,会使劳动力需求下降,若其他条件不变,企业会以降低工资的办法停止雇佣新职工。

(四)政府对企业工资水平的调控决策

在市场经济条件下,政府对企业工资水平的干预,主要表现为以发展、完善劳动力市场为中心。政府将用立法来规范企业的分配行为,从而直接影响企业的工资水平,如最低工资制度等。此外,政府可以利用税收这一经济手段直接调控企业的工资水平。

(五)物价水平的变化

当货币工资水平不变,或其上升幅度小于物价上升幅度时,物价上升将导致劳动者实际工资水平的下降。为了保证劳动者实际生活水平不受或少受物价影响,企业会采取必要措施给予补偿,这将导致企业货币工资水平的上升。

(六)行业工资水平的变化

行业工资水平的变化主要取决于行业产品的市场需求和行业劳动生产率两大因素。当产品需求上升时,工资水平可以提高;当行业劳动生产率上升时,工资水平也可在企业收益上升的幅度之内按一定比例提高。

四、影响企业工资水平的内部微观因素

企业内部因素对工资水平的影响,主要表现为企业文化、劳动差别、分配形式和企业经济效益等方面。

(一)企业文化与价值观

企业文化是其在长期的社会实践活动中逐步形成的行为方式、经营理念、价值

观。因此，企业在构建工资战略过程中，应当使工资政策和策略充分展现出企业文化的内涵和价值观。企业应通过工作（岗位）结构的建立，认可员工个人的价值，使员工在完成工作时有自我满足感、安全感，给员工提供晋升的机会，与员工共享企业发展的成果。

(二) 劳动差别因素

1. 岗职劳动差别

岗职劳动差别主要表现为各岗位及职务在工作繁简、难易、责任轻重、危险性以及劳动环境等方面的差异。从事难度大、责任重、环境艰苦的工作的员工，工资应高一些；反之，工资应低一些。

2. 个体劳动差别

个体劳动差别主要表现在以下几个方面。

(1) 个人劳动贡献大小。工作劳动质量高、成果多或劳动时间长，其工资水平就高一些。

(2) 工作经验。经验丰富者工资应适当高一些。

(3) 学历。文化知识水平是员工潜在劳动能力的识别标志之一。学历高者，智力投资相对多，工作潜力大，工资相应高一些是合理的。

(4) 工作时间性。一般来说，短期工和临时工的小时工资比长期工和固定工的工资要高，原因有三：短期工和临时工过了合同期就有可能失业，可能没有劳动保险，可能没有福利。

(5) 年龄与工龄。理论上讲，工龄不能体现员工的劳动能力，更不能体现劳动者的劳动成果，但实际上工龄在工资中起着一定的作用，原因有三：一是补偿过去的贡献；二是避免因年龄增长而引起的生产效率下降所导致的过快的工资下降；三是减少劳动力流动，保持劳动力队伍的稳定性。

(6) 职务的高低。职务既包含权力，也包含相应的责任。

(7) 技术和训练水平。员工技术水平越高，所受训练层次越深，则公司应给予的工资越高。这份较高的工资不仅有报酬的含义，还有积极的激励作用。

(三) 分配形式

当企业工资形式发生改变时，工资水平会随之变化，如从计时工资改为计件工资，会在一定时期导致工资水平上升。又如，从无限计件改为有限计件，又会导致工资水平下降。

员工福利及各种优惠待遇水平，如企业为员工提供免费午餐、住宿、带薪休假、旅游等，将会影响到工资支付结构及水平。

(四) 企业经济效益

能够影响企业经济效益的诸因素同时也是决定工资水平高低的重要因素，主要有以下几点。

(1)企业劳动生产率的变动。当其他因素不变时，企业劳动生产率提高，意味着员工在单位时间内创造财富的增加，这是企业工资水平提高的基础。

(2)企业拥有人才的数量与质量。高素质的人才是企业提高经济效益的关键，是工资水平得以增长的重要因素。

(3)产品的销售状况。产品适销对路，质量上乘，供不应求，会促进企业发展，为工资增长提供必要的资金来源。

(4)企业分配政策。在效益好时，企业应适当控制工资水平的增幅，留有一定的储备，以保证在效益不好时员工工资仍能有所增加，以利于保持员工的生产积极性。

(5)企业劳动管理水平对工资水平的影响。企业经济效益不仅取决于生产经营状况，还取决于管理水平。

(五)员工对工资制度的期望

由于员工个人态度、偏好和需求的多样性，企业在薪酬结构形式的决策上面临诸多的困难和问题。例如，年老的高薪员工可能希望享受应得的福利保险，以此来减轻个人所得税的支付；而青年员工则需要大量现金来购房、购车；中年员工也许更愿意把钱用于抚养小孩、汽车和保险等。

工资问题是企业人力资源管理中最具战略性和挑战性的问题。它不仅涉及全员的切身利益，也关系到企业产品和服务的成本与竞争能力。人是企业运营中最核心的要素，任何企业只有合理配置人力资源，才能充分发挥自然资源和财政资源的作用，从而使企业得以运转，进而产生效益。薪酬管理作为现代企业制度中的重要工具，从职位间人力资源配置的角度看，薪酬管理依职位为核心设计工资体系，依个人能力为核心支付工资，通过价值体现将职位与个人能力有效结合，实现人尽其才，促进人力资源与职位的合理匹配。

总之，如果工资问题解决得好，就有利于增强员工积极性、主动性和创造性，挖掘各种生产的潜力，提高劳动生产率；如果解决得不好，就会影响企业员工队伍的稳定性，难以吸引并留住优秀人才，丧失企业人力资源的竞争优势。

第二节 激励工资理论

经过30多年发展，华为已经成为我国有很大影响的民族企业。华为采取的是典型的股权激励制，至今没有上市，而是把大部分股份以分红的形式奖励员工，鼓励员工为共同的理想和目标努力奋斗。从某种程度上来说，正因为华为重视人才激励，华为才能高速发展，始终处于行业领先地位。

在劳动力供求理论中，企业存在对个人时间的需求，劳动者供给的劳动也是由时间单位来加以衡量的。然而，厂商想要的是劳动服务，即劳动者所提供的实际体力和脑力劳动。尽管雇主想要的是劳动服务，但是通常的做法是根据劳动者供给的劳动时间支付工资。一般的雇佣合同在这一关键问题上是不完整的，因而劳动者在他们供给什么、供给多少这一问题上保有一定的控制权。尽管薪酬不是激励员工的唯一手段，但却是一个非常重要、最易被人运用的方法。

一、委托代理模型

（一）委托代理理论的产生

委托代理理论产生于20世纪60年代末70年代初。

委托代理理论主要研究的是委托代理关系。委托代理关系是指在市场交易中，由于信息不对称，处于信息劣势的委托方与处于信息优势的代理方相互博弈达成的合同法律关系。

有学者认为，委托代理关系是指这样鲜明或隐含的契约，根据这个契约，一个或多个行为主体雇佣另一些行为主体为其提供服务，并根据其提供的数量和质量支付相应的报酬。还有学者对委托代理关系表达得更为简单，认为只要一个人依赖于另一个人的活动，那么委托代理关系就产生了。这里，授权者就是委托人，被授权者就是代理人。

> **委托代理理论：**
> 委托人与代理人分享共同的利益，并不意味着他们的利益是一致的。委托代理理论的中心任务是研究在利益相冲突和信息不对称的环境下，委托人如何设计最优契约激励代理人。

委托代理关系是随着生产力大发展和规模化大生产的出现而产生的。其原因一方面是生产力发展使得分工进一步细化，权利的所有者由于知识、能力和精力的原因不能行使所拥有的权利了；另一方面，专业化分工产生了一大批具有专业知识的代理人，他们有精力、有能力代理行使好被委托的权利。但在委托代理的关系当中，由于委托人与代理人的效用函数不一样，委托人追求的是自己的财富更大，而代理人追求的是自己的工资津贴收入、奢侈消费和闲暇时间最大化，这必然导致两者的利益冲突。在没有有效的制度安排下，代理人的行为很可能最终损害委托人的利益。

（二）委托代理模型

自20世纪末以来，委托代理理论发展迅速，主要模型有以下几个。

1. 代理模型

代理模型认为，如果委托人和代理人保持长期的关系，最优风险分担和激励是可以实现的。也就是说，在长期的关系中：其一，外生不确定性可以剔除，委托人可以相对准确地从观测到的变量中推断代理人的努力水平，代理人不可能用偷懒的办法提高自己的福利；其二，长期合同部分上向代理人提供了"个人保险"，即使合同不具备法律上的可执行性,出于声誉的考虑,合同双方都会各尽义务。

2. 棘轮效应模型

在计划体制下,企业的年度生产指标根据上年的实际生产不断调整,好的表现反而因此受到惩罚,这种现象被称为"鞭打快牛"。委托人将同一代理人过去的业绩作为标准,因为过去的业绩包含着有用的信息。问题是,当代理人意识到努力带来的结果是"标准"的提高,他努力的积极性就会降低。这种标准业绩上升的倾向被称为"棘轮效应"。因此,在长期的发展过程中,棘轮效应会弱化激励机制。

3. 任务模型

在简单的委托代理模型中,我们仅考虑了代理人只从事单项工作的情况。在现实生活中,许多情况下代理人被委托的工作不止一项,即使是一项工作,也有多个维度。因此,同一代理人在不同工作之间分配精力是有冲突的。而委托人对不同工作的监督能力是不同的,有些工作是不容易被监督的。例如,生产线上工人的产品数量是容易监督的,而产品的质量监督有难度。

4. 多个模型

在简单的委托代理模型当中,我们仅考虑了单个代理人的情况。但是在现实中,代理人一般有多个。所谓"团队"是指一组代理人,他们独立地选择努力水平,但创造一个共同的产出,每个代理人对产出的边际贡献依赖于其他代理人的努力,不可独立观测。团队工作将导致个人的偷懒行为,为了使监督者有积极性去监督,监督者应该成为剩余的索取者。

5. 合作模型

从团队工作的"优势"看,委托人要考虑的问题是,是否应该诱使每个代理人除了在自己的工作上努力,还花一定的精力来帮助同伴。如果代理人自己工作的努力和帮助同伴付出的努力在成本函数上是独立的,但在工作上是互补的,用激励机制诱使"团队工作"是最优的。

6. 监督模型

在非对称信息的情况下,委托人对代理人信息的了解程度可以由委托人自己选择。比如说,通过雇佣监工或花更多的时间和精力,委托人可以在一定程度上更多地了解代理人的信息。但信息的获取又是有成本的,于是,委托人面临着选择最优监督力度的问题。

古典经济学家认为,工资取决于劳动者的边际生产率。但发展经济学家发现,二者的关系似乎正相反,即边际生产率取决于工资。较高的工资解释成企业为防止劳动者偷懒而采取的激励方法。当企业不能完全监督劳动者的行为时,工资就成为劳动者偷懒被发现后被解雇的机会成本。工资越高,机会成本越大。因此,较高的工资有利于减少劳动者偷懒的倾向性。

由于委托代理关系在社会中普遍存在,委托代理理论被用于解决各种问题。如国家与国企经理、国企经理与雇员、公司股东与经理、选民与官员、医生与病人、债权人与债务人都是委托代理关系。因此,寻求激励的影响因素,设计最优的激励机制,将会越来越广泛地被应用于社会生活的方方面面。

二、激励工资的内涵

在现实世界中,影响工资合同选择的因素表现为多样性,也是变化多端的。有时候,产量完全处于个人的控制之下,而有时候,努力和产量之间的关系还受到其他许多因素的影响。同样的,在不同的情况下,努力的可观测性、监督费用和监督信息价值也是不同的。因此,整个社会存在大量各式各样的工资。

(一)激励工资的概念

激励在心理学中是指激发人的行为动机,在人力资源管理中是指通过某种有效方法,激发、调动员工的积极性。激励是一个完整的、良性的系统过程,这个过程依赖于管理制度的体系化、制度化。激励的工作模型如图7.1所示。

图7.1　激励工作模型

激励工资,也称为"浮动工资",是指根据雇员是否达到某种事先建立的标准、个人或团队目标或公司收入标准而浮动的报酬。传统的公司加薪主要依据绩效和资历来加薪,根据不同的工作岗位,有的是激励工资代替全部或大部分基本工资,如销售部门,有的则是利用基本工资加部分激励工资。例如,华为每年对于考核排名前三名的优秀产品经理、客户经理,要拿出20%的收入对他们进行增量激励。

(二)激励工资的主要内容

下面我们主要从个人激励、团体激励、利润分享、股票期权与期股等方面对激励工资理论作简单分析。效率工资也是一种激励工资,留待下一节再作专门分析。

1. 个人激励

计件工资是一种最古老、最普遍的以个人的业绩为基础的工资。计件工资的应用在制造行业最为普遍,因为这一行业具有更多适合采用计件工资的条件:产量易于计量,而且能够把产量分给具体的个人,同时劳动者控制能力之外的因素对产量没有什么大的影响。

计件工资体制在促进工作速度方面可能是非常有效的,但对细心程度和精确程度起不到激励作用,而这两个因素恰恰决定了产品和服务的质量。另外,一心追求高工资可能导致非劳动投入的过量使用，如原料浪费、缺乏对固定资产的维护。

另外一种以个人的工作业绩为基础的较为普遍的工资形式是以销售额为基础的佣金。对于那些作为销售人员而独立工作的个人来说，佣金是相当普遍的，但对于那些零售环节的销售助理人员来说，这种佣金形式不是普遍的。原因并不难理解。对于前者，销售额主要取决于个人的工作成绩，监督是不可能的；而对于后者，销售助理人员只是销售群体中的一部分，而且对其监督也是相对容易的。

即问即答：计件工资比计时工资更有激励作用吗？

2. 团体激励

许多企业已经开始从个人计件工资方式向团体绩效工资方式转移。尽管团体绩效工资方案越来越受到人们的欢迎，但是，由于存在免费搭车问题，它的激励作用被削弱。免费搭车意味那些逃避责任的劳动者依靠更加勤勉的团队成员的支撑。免费搭车的个人可以从逃避责任中获得所有效用，而所发生的费用作为一个整体由团队全体成员承担。从个人最优化角度来看，这种情况对逃避责任者是非常有利的。很显然，免费搭车问题会随着团队规模的扩大而增加。

理论上，对免费搭车问题的解决方法是使用一个高压合同。在团队中，高压合同是根据团队产量来定的。它规定如果团队产量超出了某一水平，那么就会支付给团队成员一定的工资；如果产量低于这一水平，那么团队成员将一无所得（或非常少的工资），即一个成员逃避责任将导致他和所有其他成员一无所得。这种理论上的解决办法当然是很难付诸实践的。如果我们引入不确定性因素，那么就会进一步出现问题，劳动者要承担大部分风险，而这有悖于高效的风险分担条件。

对于免费搭车问题的讨论，我们还可以从以下几个方面考虑：如何培养团队精神，如何促成团队成员的相互监督，如何提高社会约束力（也就是同群体的压力）等。另外，积极的外部环境、融洽氛围和对合作行为的激励都是非常重要的，可能足以削减免费搭车所产生的不利影响。

即问即答：对于免费搭车现象，你还有什么可以监管的方法？

3. 利润分享

利润分享制产生于20世纪80年代。这一理论的发起人是马丁·韦兹曼（Martin Weitzman），他于1986年在其著作《分享经济》（The Share Economy）中提出分享利润的观点。分享利润是指对企业的利润分享，因而也可以称为"分红工资"。利润分享制是工人的工资与某些经济效益指标挂钩、随经济效益水平而同比例增减的劳动报酬制度。分享经济增长的红利、分享企业发展的好处，已经成为劳动者的基本共识。

魏茨曼首先将雇员的报酬制度划分为工资制度和分享制度两种模式。工资制度是指劳动者报酬与企业经营收入或利润没有直接的联系；而分享制度则是指劳动者的工资与企业经营的收入或利润直接相联系。这样,工人和雇主在劳动市场上达成的就不再是规定每小时多少工资的合同,而是工人与雇主在企业收入中各占多少分享比例的协议。

利润分享制度可能是"单纯"的,即雇员的工资完全取决于企业的业绩;也可能是"混合"的,即雇员的工资由有保障的工资和利润(或收入)分享基金两部分构成。大多数实际运行的分享制度,都是把以时间为基础的保障工资和某些形式的利润分享结合起来。

利润分享实际上是一种团体激励制度。因此,利润分享更多的是影响了劳资关系,削弱了资方和劳方的对立态度,并且促进了员工的参与意识和承担义务的意识。

为了进一步说明问题,我们把实行利润分享制的竞争性公司的利润表示为:

$$\pi = pq(L) - s[pq(L)] - C = (1-s)pq(L) - C \quad (7.1)$$

式(7.1)中,p 表示产品价格;L 表示劳动者数量;q 表示产量;s 表示公司收入中分配给劳动者的份额;C 表示其他成本。使公司利润最大化的 L 的条件是:

$$(1-s)pq'(L) = 0 \quad (7.2)$$

或用传统方法表示为:

$$(1-s)VMP = 0 \quad (7.3)$$

这表明雇佣水平应该达到使劳动的边际产品价值等于零这一点。

实行利润分享制度的公司虽然希望雇佣更多的劳动力,但并不意味着它真的就能这么做。为了吸引和留住劳动力,就长期来看,公司必须提供具有竞争力的工资,因此,公司不能任意决定 L,而不考虑 s。实际上,就长期而言,s 是公司设定的,是能够使公司达到利润最大化就业水平的决策变量。

4. 股票期权与期股

期权是在一定的时期内,按照买卖双方事先约定的价格,取得买进或卖出一定数量的某种金融资产或商品的一种权利。

股票期权又称为"购股权计划"或"购股选择权",是指买卖双方按事先约定的价格,在特定的时间买进或卖出一定数量的某种股票的权利。其基本内容是公司赠予被授予人在未来规定时间内以约定价格(行权价格)购买本公司股票的选择权。行权前,被授予人没有任何现金收益,行权后市场价格与行权价格之间的差价是被授予人获得的期权收益。

期股是指企业出资者同经营者协商确定股票价格,在任期内由经营者以各种方式(如个人出资、贷款、奖金转化等)获取适当比例的本企业股份,在兑现之前,只有分红等部分权利,股票将在中长期兑现的一种激励方式。例如,阿里巴巴对第一次是进入公司的员工分配的期权是1万股,不能马上兑现,但是每年兑现25%,也就是四分之一。在管理中,这种期权叫"金手铐",因为还有很多钱拿不出来。越是高层的人越不敢离开,从而这种期权方式锁定了核心的人才。

股票期权与期股的区别在于以下三点。

一是购买时间不同。期股是当期(签约时或任期初始)的购买行为,股票权益在未来兑现;而期权则是未来的购买行为,购买之时即是权益兑现之日,可以"即买即卖"。

二是获取方式不同。期股既可以出资购买得到,也可以通过赠予、奖励等方式获得;而期权在行权时必须通过出资购买才能获得。

三是约束机制不同。经营者在被授予期股后,个人已支付了一定数量的资金,但在到期前只有分红权,没有转让权和变现权;而期权则是获得了一种购买股票的权利,如果行权时股价下跌,经营者可以放弃行权,个人利益不受任何损失。

视野拓展

三、激励工资体系的设计策略

工资结构设计的目标是让员工所获得工资与其贡献成正比,使员工的精力集中到努力工作、提高工作业绩上来。企业采用何种工资体系和怎样的工资结构必然存在差异,只有根据公司特点建立合理的工资结构,才能较好地发挥工资的激励作用。

(一)工资战略明确化

工资战略与公司的经营战略、企业文化要保持高度的一致。工资战略目标的明确化有利于企业为员工制定长期的激励计划,有利于增强员工对企业的认同,并能够给员工长期的职业安全感。

(二)工资政策透明化

很多企业在工资政策上不让员工知道工资到底是依据什么制定的,这样对员工的激励作用就会大大减弱。因此,企业不应该对工资政策进行保密,相反更应该宣传,让工资政策透明化。工资政策的透明化不仅可以正确地引导员工的行为,还有利于劳动者和用人单位双方建立互信的机制。

(三)工资激励长期化

一些企业热衷于制定短期激励计划,但是短期激励计划虽然有助于提升企业的吸引力,但是不利于长期地稳定优秀员工。一些优秀的企业有一个共性,就是公司的所有者或者公司的创业者把股权大量地开放给员工,甚至有的老板在公司的股权不到 5%。这种长期激励方式有助于实现企业与员工的共赢。

(四)福利待遇货币化、社会化

从世界一流企业的福利政策来看,福利应逐渐走向社会化和货币化,从而使企业把主要的激励政策和组织绩效结合起来,提升企业的持续竞争优势。

第三节 效率工资理论

如何判断一家企业是不是有前途,不是看它是否有深厚的基础和背景实力,而是看这家企业的员工是在为老板打工还是在为自己打工?员工只有把企业的事当作自己的事,工作才会有效率,企业才会有效益,才能保持源源不断的青春活力,业绩才会蒸蒸日上。

就很多工作而言,对个人产出的衡量极其困难,一种可能的解决办法就是直接观察代理人在工作中的行为。为避免偷懒现象的发生,企业可设法监视工人工作的努力程度,如企业可以雇佣监督人员完成这项工作。由于害怕失去工作,那些处于监督之下的劳动者将不会消极怠工或偷懒,生产效率也会得到提高。

但是,监视的做法有时会带来极高的成本。例如,雇人对一个警卫或一个经理的工作进行监督,根本就是得不偿失;要想雇佣足够的监督者来监督装配线上每一个劳动者的工作质量,就更加不可能。因此,在个人产出难以衡量、监督成本又很高的情况下,企业到底应该怎么办?一种可能的方法就是:给予劳动者超出市场出清水平的工资。

一、效率工资的基本思想

效率工资指的是企业支付给员工比市场平均水平高得多的工资,促使员工努力工作的这样一种激励与薪酬制度,也就是企业付给员工的高于市场出清水平的工资。这样的高工资能够起到有效激励专业人员的作用,可以提高生产率与企业经营绩效,因此,这样的高工资就是效率工资,也就是在这样的工资水平支付下,劳动力成本的相对收益是最高的。

> **效率工资:**
> 企业的效率工资是用来交换员工加倍工作的,而员工的加倍工作也是用来获取企业的高工资。社会关系中的互惠原则是效率工资起作用的基本条件。

效率工资理论认为,员工的生产力与其所获得的报酬呈正向关系。效率工资理论的基本思想是:如果企业支付给劳动者的工资多于他们应该支付的,企业可能从中受益。与传统的边际生产率的工资理论不同,效率工资理论认为,员工的生产率取决于工作效率,工资提高将会导致员工工作效率的提高,故有效劳动单位成本(工资、福利、培训费用)反而可能下降,生产率会得到提升。

效率工资理论是一种有关失业的劳动理论,是为了解释非自愿性失业现象所发展出来的相关模型的理论。在现实经济中,为什么企业面对超额劳动供给而不降低工资呢?

我们先来考虑劳动力市场中的竞争模型实际上是如何运行的。企业和劳动者以市场出清价格签订合同,然后,雇佣双方都必须密切注视对方以确保合同的各项条款得以履行。对劳动者来说,这是容易的,只要企业支付了劳动者合同工资,企业就履行了合同。但是对企业来说,就没那么简单了。企业必须监督劳动者的行为,以确保他们提供了合同规定的劳动数量。如果发现一个劳动者并没有这么做,在缺乏对违约行为进行惩罚的条件下,企业唯一能实施的惩罚方式是解雇这个逃避义务的劳动者。

这种惩罚方式可能发挥作用。但是,在竞争均衡的条件下,由于市场出清,被解雇的劳动者总能够找到另一份相同工资的工作。这样,由于逃避而受到的惩罚是微不足道的,企业必须密切注视劳动者的一举一动。当然,这种做法的成本是极高的,还可能产生负面影响。劳动者自然对这种严密监视非常反感,可能会让他们士气低落,然后企业会更严密地监视,最后形成恶性循环。

聪明的企业家会想,是否能够通过增加工资来削减高昂的监督费用,给劳动者高于其他企业的工资,这样一来,如果他们被解雇,他们将遭受损失。如果一切顺利,那么劳动者的士气也可能提高。更高的工资,更少的监视,这样员工会感到他们的状况改善了。因此,在某些情况下,工资率的上升将会对劳动生产率产生积极的影响,可能实际上增加了利润。

视野拓展

二、效率工资模型

事实证明,效率工资已经成为企业吸引人才的利器,它可以相对提高员工努力工作、对企业忠诚的个人效用,增加员工偷懒的成本,具有激励和约束双重功效,采用效率工资制度有助于解决企业的监控困难。效率工资模型有不同形式,主要可分成下列几种。

(一)偷懒模型

该模型认为,雇主因为信息的劣势无法正确观察到员工真正的努力程度,所以利用给付高于员工机会成本的工资的正面策略,配合开除被抓到偷懒的员工的负面措施,来引导员工努力工作。

(二)反淘汰模型

该模型也认为,因为信息不对称,企业无法正确观察到员工的真实素质,仅知高工资可雇佣到高素质的员工,减薪则会使高素质的员工离职,所以为维持优秀的员工素质,工资不会因有非自愿性失业就持续下跌。

(三)互惠或投桃报李模型

该模型强调,人性的本质是有恩报恩。高工资可使员工产生投桃报李的心态而提高生产力,减薪则会引发员工报复的心理而降低生产力,因此,为避免减薪带来的负面影响,工资不会因劳动市场有超额供给就持续下跌。

(四)离职成本模型

该模型强调,高工资有降低劳动成本的好处,其原因是高工资降低员工离职率,从而节省招募与训练等人事费用。

(五)社会风俗模型

如果社会中存在一种信念认为市场工资必须高于员工的机会成本,那么给付相当于员工机会成本的工资水平的雇主,将会受到认同此理念的社会大众的责难。当此社会压力足够大时,雇主为尊严或面子会愿意放弃压低工资所能带来的利润诱因,而支付员工高于其机会成本的工资,非自愿性失业因此无法幸免。

即问即答:效率工资会造成非自愿性失业吗?为什么?

三、索洛条件

效率工资理论是由索洛首先提出的(1979)。他提出,在成本最小化工资水平,努力的工资弹性是1,这就是著名的"索洛条件"。

为了推导出索洛条件,我们先看公司的利润函数:

$$\pi = pq(eL) - wL \tag{7.4}$$

式(7.4)中,p 为产品价格;q 为产量;e 为努力程度,$e=e(w)$ 是工资的函数;w 为工资;L 为劳动。在这里,生产函数是努力和工人数量的乘积函数。其含义是,如果努力增加一倍,那么只需要原来工人数量的一半就可以获得相同的产量水平(然而事情并不这么简单,例如,很难使一个工人付出双倍的努力来同时操作两台机器)。

分别对 L 和 w 求偏微分,我们可得到:

$$\frac{\Delta e}{\Delta w} \times \frac{w}{e} = 1 \tag{7.5}$$

即努力的工资弹性应该是1个单位。弹性为1表明：在最优工资水平，工资的一定百分比变化引起努力的相同百分比变化，这是非常有意义的。

即问即答：有人认为"最优工资取决于工作努力"，你同意这种说法吗？

四、非出清的劳动市场

效率工资理论为商业周期中的实际工资刚性提供了一种解释，如果效率工资水平高于劳动力市场出清的工资水平，企业就不会为了利用超额劳动力供给而降低工资水平，同时表明很可能存在一个失业均衡。而且如果劳动者不愿到工资低的企业去就业的话，这种失业就永久存在。我们通过图7.2来简单说明这种可能性。

在某些情况下，工资的增加将会提高劳动者的效率和劳动需求。假定工资水平从 W_1 提高到 W_2，这使得劳动效率提高，从而劳动需求曲线由原来的 D_1 右移到 D_2，同时企业实现了单位有效劳动的工资成本的最小化。虽然 W_2 也是一种均衡工资，但它不是市场出清的工资，此时产生了 BC 的劳动供给过剩，从而造成非自愿失业。并且，劳动的供求曲线弹性越大，这种失业就越多。

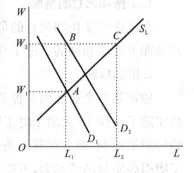

图7.2 非出清劳动市场

即问即答：若非出清的工资上升同样的比例，你认为是技术工人容易失业，还是非技术工人容易失业？

第四节 工资差异理论

为什么人们在"好"工作和"坏"工作中会发现技能完全相同的劳动力？在不同企业，为什么做同样工作的劳动者薪酬却不同？同样的专业学历，为什么在发达地区的工资是落后地区的两倍以上？为什么有的人开一场演唱会门票可达万元？

以前我们假定，无论是劳动的供方还是劳动的求方，它们都是完全同质的。因此，当劳动者选择要从事的工作时，只要考虑工资率就可以了。但在现实生活中，工作并不是同质的，劳动者也不是同质的。因此，劳动者面对不同的厂商，厂商面对不同的劳动者，劳动者面对不同的工作，厂商支付和劳动者得到的工资报酬都是不同的。总的来说，这种工资差异可分为两个类型：一个是工作差别式工资差异；一个是劳动者差别式工资差异。

一、工作差别式工资差异

在现实生活中,工作并不是同质的,多样化的工作具有不同的特性,需要不同类型和不同熟练程度的技能。同时考虑同地区差别、地位差别、厂商态度等差别,工资表现为一定的差异性。工作差别式工资差异主要表现为以下几种。

(一)补偿性工资差异

补偿性工资差异是指由于某些工作可能具有一些令人讨厌的特征,雇主通常需要向工人支付一个工资补偿。补偿性工资差异起到了资源配置的作用,它使那些虽不令人喜欢但却对社会有益的工种能够得到足够的劳动力配置。造成这种工资差异的不同工种的非工资特征,主要表现在以下几个方面。

1. 工伤和死亡的危险

在工作中受伤和死亡的危险越大,这种职业的劳动力供给就越少。因此,与在劳动技能上要求相同的其他工作相比,事故发生率较高的工种就要求有补偿性工资。

2. 附加福利

假定某些企业雇佣某种劳动力只支付10元的小时工资,而其他雇佣同种劳动的雇主除了支付10元的小时工资,还提供诸如交通补贴、生活补贴、带薪假期及医疗保险等附加福利,那么在其他条件相同的情况下,劳动者会选择后一种雇主。因此,为了吸引高质量的劳动力,不提供附加福利的企业就必须支付补偿性工资,使两种情况下劳动者的总报酬趋于均等。这一原则在那些有小费收入的工种同样适用,即其他条件相同,有小费收入的工作,其工资要相对低一些。例如,导游的基本工资很低,甚至为零。

3. 工作的社会声誉

有些工作具有较高的社会地位和声誉,吸引了大量的劳动者到这些行业就业;但是,有些职业则为世俗所轻视,如殡仪人员、清洁工等的社会评价明显低一些。劳动供给在一定程度上会受到不同职业社会评价的影响,因此,在声望高低不同的工作中也会产生补偿性工资差异。

当然,社会地位是从文化的角度来定义的,社会对不同工作的尊重程度是不断变化的。例如,在改革开放初期,没有几个人愿意去民营企业,而今天这种状况已大大改善。

4. 工作地点

工作地点的差异也会影响劳动者的福利和生活成本。那些以"适于居住性"著称的城市要比那些环境污染的城市更能吸引劳动力来这里就业。因此,在环境恶劣的地区就会要求有补偿性工资。

不同地区价格水平的差异也会导致补偿性货币支付。例如,由于生活费用高昂,等量货币工资在上海的购买力要远小于在贵州的购买力。相对于劳动需求而言,若是采用同一工资率,上海的某种类型劳动的供给就会少于贵州的。因此,正如我们所看到的,上海的均衡工资要比贵州的高。

5. 工作保障性

有些工作为劳动者提供长期的就业保障,但是有些工种,诸如建筑业、咨询业及代理销售、外卖等职业,其工作和收入都具有多变性,因而无法向劳动者提供长期就业的保证。自然,这些行业中的劳动者就要求得到一个补偿性工资。西方经验证据支持这样的结论:失业可能性较大的工作存在补偿性工资差异。

6. 增加工资的前景

假定人们对收入的偏好相同,则人们将选择收入提高希望较大的工作,因而这些工作的劳动供给自然就比较大。而那些终生收入变化不大的工作,其劳动力供给可能很少。要想获得足够的劳动力供给,这类职业就有必要给劳动者的初始工资以提供一个补偿。例如,公务员的初始工资可能要比驾驶员的初始工资低,但公务员的工资会随着工作年限的增加有规律地上升。

7. 工作节奏的控制程度

与其他工作相比,有些工作在工作时间上缺乏弹性,个人也很难控制工作节奏。许多人不太喜欢这种类型的工作,均衡工资差异由此产生。有关研究表明,美国工会和非工会工资差异的2/5是由不变的工作环境、工作时间缺乏弹性、雇主规定的加班以及较快的工作节奏导致的。

即问即答:中国公务员的工资如果像西方有些国家一样,比环卫工人的工资还要低,你认为还有更多的人考公务员吗?如果报考者减少了,是好事还是坏事?

(二)技能性工资差异

不同的工作有不同的技能要求,从而表现为一定的工资差异性。

假定X、Y两种工作具有同样的非工资特征,而且所有劳动者对现期收入与未来收入的选择有相同的偏好。但是,X职业要求应聘者在高中毕业后继续接受4年的教育,而Y职业只要求应聘者具有高中毕业证即可。如果两个职业的工资率相等,人们就没有动机选择X职业。为了吸引足量的劳动力从事X职业,雇主就必须支付比Y职业更高的工资。

总之,当其他条件相同时,那些要求大量教育和技能培训的工种必须支付较高的工资率。不同工种在技能要求上的差别是存在工资差异的主要原因。由此,技术型劳动力和非技术型劳动力之间的工资差异通常也被称为"技能差异"。

(三)效率工资差异

上一节我们发现,在某些情况下,雇主支付高于市场出清水平的工资更能促进利润的增加。因此,效率工资也有助于解释为什么在同等素质的劳动力之间会存在工资差异。根据效率工资理论,即使既定素质的劳动力愿意接受稍低的工资,企业也没有动机降低工资。因此,由效率工资导致的工资差异属于均衡差异。

(四)工会地位

西方国家的工会运动经验证据表明,工会能够为其会员带来更高的工资。工资差异的一部分可能是对工会化企业特有的结构性工作设置、缺乏弹性的工作时间以及雇主要求的加班给予的工资补偿,另一部分则可以被认为是对工会化劳动者的较高生产效率的反应。但是大部分经济学家认为,工会与非工会的工资差异也应包括由工会对市场的影响能力导致的。工会要求厂商雇佣工会会员,并支付高于市场出清的工资,否则就以罢工相威胁。如图7.3所示,若不考虑其他因素,工会要求厂商将工资从W_0提高到W_1,可能会造成劳动者非自愿失业L_1L_2。

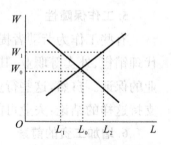

图7.3 工会要求提高工资造成的失业

(五)歧视倾向

在第九章我们将讨论,雇主有各种可能导致歧视的倾向。有些雇主往往会对某些人群(如宗教信仰、肤色、性别、民族、地域等)持有偏见,而这种偏见最终会导致相应的劳动力市场出现工资差异。雇主对于他所偏爱的工人和歧视的工人会产生强弱不同的需求,从而导致在不同肤色之间、女性和男性之间以及其他群体之间出现明显的工资差异。

(六)企业的规模

那些规模或市场份额较大的企业一般比小企业支付的工资要高,其原因主要表现在以下几个方面:

大企业比小企业更可能被工会化;

大企业劳动者的生产率比小企业同类劳动者的生产率可能更高。

大企业的高工资很可能表现为一种补偿性工资福利,与小企业相比较,大企业的工作环境可能更官僚;

大企业一般坐落在大城市的郊区,包括上下班、泊车等在内的各种生活费用都比较高;

大企业一般来说效益都不错,否则它也不会发展到那么大。

(七)地区工资差别

形成地区间工资差别的根本原因在于地区间经济发展的不平衡。从形成地区工资差别的原因方面看,地区间经济发展的不平衡主要反映在:地区劳动力市场劳动力供求差异;人均物质资本差异;人均人力资本差异;市场竞争程度差异。

1. 地区间贸易

为了分析简便,我们假设两个地区其他条件相同。两个地区的唯一差别在于同质劳动力的工资不同,因而两地区同类产品的生产成本中人工成本也不同。进一步假设,在初始时期两地区不进行商品贸易,产品的运输成本为零。那么,通过市场的竞争和地区间商品的流通,使地区间的工资差别趋于消失。现结合图7.4加以说明。

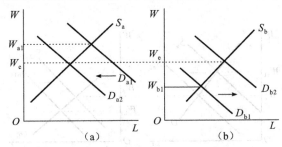

图 7.4 地区贸易对地区工资的影响

在图 7.4 中,(a)为高工资地区 A,(b)为低工资地区 B。在初始时期,A 地区和 B 地区的均衡工资分别为 W_{a1} 和 W_{b1},且 $W_{a1} > W_{b1}$。B 地区较低的工资造成较低的生产成本,两地区商品的竞争必然导致 A 地区商品需求的下降和 B 地区商品需求的上升,从而导致 A 地区产品价格下降,B 地区产品价格上升。两地区商品需求和价格的变化改变了两个地区的劳动力需求曲线:A 地区的劳动力需求曲线左移,B 地区的劳动力需求曲线右移,竞争的结果使商品的价格均等,地区间的工资差别趋于消失,两地区的工资均等于 W_e。

但问题是商品流通是有成本的,获得商品价格方面的信息也需要一定的时间和成本,从而有些商品的流通成为不可能,某些产品和服务不能进行地区间的流通,只能在产地消费。因此,地区商品竞争不能完全消除地区间工资差别。

2. 资本流动

资本流动对地区工资水平的决定具有直接的效果。如果地区的工资差别如图 7.4 所示,那么这种工资差别就会刺激 A 地区的企业向 B 地区迁移,或者向 B 地区扩大投资,从而使得 A 地区的劳动力需求曲线左移,B 地区的劳动力需求曲线右移,这两个地区劳动力需求的变化使两地区的工资差别趋于消失,最后统一到 W_e 的水平上。

然而,在现实经济中,任何一个经济地区的发展都要充分利用本地区的资源,发展相应的行业和产业。低工资地区仅依赖于工资的优势,仅依靠资本的流动来消除工资差别是不现实的。例如,因为 B 地区的低工资,A 地区把某些产业建立在 B 地区,但企业所需要的某些资源必须从 A 地区运进来,生产的产品再运输出去,这样是不符合资源配置的一般规律的。因此,资本流动有利于缩小地区工资差别,但不能从根本上消除工资差别。

3. 劳动力流动

劳动力流动是弱化地区工资差别最有力的杠杆。如图 7.5 所示,假设劳动力流动成本为零,劳动力有从 B 地区向 A 地区流动的趋势。在劳动力地区间流动的作用下,A 地区劳动力供给曲线将向右移,B 地区劳动力供给曲线间左移。作为劳动力供给转移的结果,地区间的工资趋向于 W_e,并且只要存在地区工资差别,这种流动就不会停止。

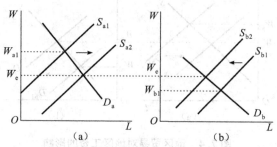

图 7.5 劳动力流动对地区工资的影响

即问即答:劳动力流动真的会使工薪趋向均衡吗?为什么?

二、劳动者差别式工资差异

在现实生活中,高工资的工作并不都是劳动环境差、社会地位低的工作,有些是劳动环境好、社会地位高的工作。为什么会如此?原因是除了前面所分析的工资差异的一个主要原因外,还有一个重要原因是劳动者之间是有差异的。劳动者差别式工资差异主要表现为以下几种。

(一)人力资本差异

不同的人往往有不同的人力资本存量。在任何时候,劳动力大军都是由大量的非竞争性群体构成的,其中,每一群体的成员都可能胜任一个或几个职业。

在市场经济条件下,劳动者可以自由流动。首先,每一个劳动者都想选择劳动环境好、社会地位高、工资待遇优厚的工作单位,但只有那些素质高的劳动力才有可能如愿,素质差的人只好从事工资低的工作。其次,两个劳动者所处的环境与个人机会完全一致,而这两个人的劳动成果却不一样,一个劳动效率高,一个效率低,由此前者工资高后者工资低,产生了工资差别。

(二)垄断性工资差别

垄断性工资差别是指因某种制度性因素,或劳动力的某些自然特征导致劳动力供求的特殊矛盾,从而使某些职业的劳动者处于垄断地位所形成的工资差别,这是非补偿、非竞争性的工资差别。一方面,垄断性工资差别表现为某个劳动者在某一方面有超常的天赋,能从事别人很难胜任的工作;或者有些工作需要高素质劳动力,而这种劳动力不是短时期内可以培养出来的。这些劳动者在某些工作上处于垄断地位，获得了垄断性的高工资。另一方面，垄断性工资差别表现在由于受到经济能力和社会地位所限，或是由于工会、行政权力及经济体制的影响，某些工资相对较高的工作只限于少数人能够进入这一层次，其他人无法转入，从而使这少数人处于垄断地位。

学习和表演能力等天赋方面的差异是造成人力资本差异的一个原因。只有少数人拥有使其能够在以后成为核物理学家、歌剧演员以及职业模特等所必需的智力和身体的先天优势。这些职业群体与大量的熟练和非熟练劳动力之间不存在有效的竞争关系，如在物理学家和专业运动员之间也不存在替代关系。事实上，即使在同一职业群体内，它们之间也并不总是可以完全替代。

垄断性工资收入是因为劳动力供给几乎无弹性，使工资中含有很高的"租金"部分，所以又称"租金性工资收入"。如图7.6所示，与横轴垂直的曲线为具有特殊能力结构特征的劳动力供给曲线，其供给没有弹性。显然，这类劳动者的工资收入不是由其自身的价值决定的，而是由需求决定的。对他们的需求越是增长，其垄断性的工资差别就越大。

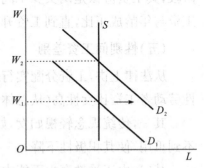

图7.6　垄断性工资差别

理论上讲，劳动者可以通过人力资本投资从一个非竞争性群体流动到其他非竞争性群体中。例如，加油站工人可以选择进入大学学习以获得会计专业的学位，但要想实现这一目标，他就必须有足够的资金和必要的先天智力条件。由于收入、信誉状况以及先天学习能力的分布是不均匀的，非竞争性群体间的工资差异将会持续地存在下去。另外需要注意的一点是，教育质量也是有差异的。例如，与一个名不见经传的大学的会计学位相比，一个声望很高的大学的会计学位更能给拥有者带来较多的收益。

（三）个人偏好的差异

除了人力资本存量的差异，人们对收入的时间偏好、对工作的各种非工资特征的偏好也有很大不同。这些不同也是导致工资差异的重要原因。

1. 收入的时间偏好

就对收入的态度而言，有些人重视现在而不太愿意考虑将来；有些人则相反，他们愿意牺牲眼前的收益以争取将来更大的回报。根据人力资本投资理论，我们假定人们具有不同的贴现率。那些重视现在的人，其贴现率也较高。但那些更加看重将来的人则愿意放弃现在的消费，以换取将来哪怕一个相对较小的收入增加。这些人的贴现率较低，结果，他们比那些重视现在的人更愿意进行人力资本投资。

2. 对工作的非工资特征的偏好

不同工种在工伤的可能性、附加福利、社会评价、工作地点、收入的规律性、增加工资的可能性等各种非工资特征上表现出很大的不同。人们对这些非工资特征的偏好也是不同的。例如，有些劳动者喜欢安全一点的工作，而另外一些人则可能不那么讨厌风险；有些劳动者人对带薪假期比较喜欢，而有些人则可能不太喜欢度假，愿意放弃度假以得到更高的小时工资；有些人很在乎工作的社会声望，而有些人则不关心别人对其职业的评价。因此，无论是劳动者还是工作本身，在这里都表现出极大的差异性。

（四）年龄间工资差别

从理论上讲，一个人从出生到死亡，经过从能力低到能力高，再到体力弱的各个阶段，其工资应该是两头少中间多。但事实上，很多国家往往是年龄越大，工资越高，工资与年龄成正比，直到工资升到顶点后再逐步下降。

（五）性别间工资差别

从法律上讲，工资分配实行同工同酬，不应该存在男女工资差别。但事实上，男性劳动者工资比女性高（从总体上讲）。造成差别的原因包括以下三点：

其一，传统观念轻视妇女，妇女升职与受培养的机会少于男性，致使有的妇女得不到重用，使其积极性下降；

其二，由于受教育少而能力低，女性平均工资低于男性；

其三，由于生理、心理等自然原因，女性进入高收入劳动者行列的机会受到限制。

视野拓展

本章小结

工资是员工从用人单位所得到的各种回报。工资是劳动者付出自己的体力和脑力劳动之后，从用人单位获得的货币收入，以及各种具体的服务与福利之和。工资主要有计时工资、计件工资、奖金、津贴和补贴及加班工资等形式。

企业工资战略应当强调效率、公平和合法三大基本目标。影响工资制定的外在宏观因素主要有：国民经济发展水平、人口增长状况、市场劳动力供求状况、政府对企业工资水平调控决策、物价和行业工资水平等。影响企业工资水平的内部微观因素主要有企业文化与价值观、劳动差别因素、分配形式、企业经济效益、员工对工资制度的期望和薪酬在整个人力资源管理中的地位和作用等。

大部分关于激励问题的经济分析是在委托人代理人模型中进行的。激励工资指根据雇员是否达到某种事先建立的标准、个人或团队目标或公司收入标准而浮动的报酬，主要有个人激励、团体激励和利润分享等三个方面。

效率工资理论的基本思想是：如果公司支付给工人的工资多于他们应该支付的，公司可能从中受益。

工资差异可分为两个类型：一个是工作差别式工资差异；一个是劳动者差别式工资差异。前者主要表现在补偿性工资差异、技能性工资差异、效率工资差异、工会地位、歧视倾向、企业的规模和地区工资差别等。后者主要表现在人力资本差异、垄断性工资差别、个人偏好的差异、年龄间工资差别和性别间工资差别等。

关键概念

工资　　　计时工资　　计件工资　　委托代理关系　　个人激励
团队激励　　利润分享　　股票期权　　效率工资差异　　补偿性工资差异
人力资本工资差异　垄断工资差异

思 考 题

一、思考题

1. 企业制定工资的目标是什么？
2. 影响企业工资制定的内外因素有哪些？
3. 激励工资产生的原因是什么？
4. 个人激励与团队激励有何不同？如何防止团队激励中的"搭便车"现象？
5. 效率工资产生的原因是什么？
6. 工资差别产生的原因有哪些？
7. 地区工资差别能消失吗？为什么？
8. 什么是补偿性工资差别？其中的"补偿"是什么意思？
9. 为什么大学教授通常比受聘于企业的同等学历的人的工资要低？
10. 公务员工资水平并不比许多企业高，可为什么还有很多人愿意考公务员？
11. 既然效率工资的作用是十分明显，为什么有的企业在招聘时对要求工资高的员工说"不"？
12. 在美国，环卫工人的平均工资比一般公务员的工资还要高，而我国恰恰相反，大部分环卫工的工资仅比最低工资高一点，这是为什么？

二、案例分析题

福特的效率工资

1914年,福特汽车公司开始向其工人支付每天5美元的工资。因为当时流行的工资在每天2~3美元之间,所以福特的工资远远高于均衡水平。求职者在福特汽车工厂外排起了长队,希望获得这样的工作机会。

福特的动机是什么呢？亨利福特后来写道:"我们想支付这些工资,以便公司有一个持久的基础。我们为未来而建设,低工资的企业总是无保障的。为每天8小时支付5美元是我们所做出的最好的减少成本的事之一。"

从传统经济理论的角度看,福特的解释有点怪。他提出的是高工资意味着低成本,而不是高成本。

实际上有证据表明,支付如此高的工资反而有利于公司发展。根据当时的一份调查报告:"福特的高工资摆脱了工人惰性和生活中的阻力,工人绝对听话,而且可以很有把握地说,从1913年的最后一天以来,福特工厂的劳动成本每天都在下降。工人旷工减少了75%,这表明工人的努力程度大大提高了。"高工资改善了工人的纪律,使他们更忠实地关心制度,并提高了他们的个人效率。

思考讨论:

(1)福特提高工资的原因是什么？

(2)如何对员工进行有效激励？

课外阅读资料

第八章

劳动力流动论

学习目标

1. 劳动力流动的原因与影响因素
2. 劳动力流动的成本与收益
3. 劳动力流动的类型与影响
4. 资本和产品流动对劳动力流动的影响

在今天这样一个多变的时代,我们经常听到某某辞职了,某某到了一家新公司,某某换了一份新职业,某某到了另一个城市等,这些现象为什么会发生?有什么影响?

劳动力流动是市场经济条件下一个重要而又常见的社会现象。在现实世界中,产品需求、劳动生产率、人力资本水平、工资和个人对非工资福利态度等方面的变化都是很常见的,这些变化会导致一些劳动者改变雇主、变换职业或变更工作地点。雇主也在不断地雇佣或者解雇劳动者,以使企业不断适应经济形势的变化去赢得竞争优势。劳动者和雇主的这些行为使劳动力从一个雇主到另一个雇主、从一个职业到另一个职业、从一个地区到另一个地区频繁流动。

本章首先从劳动力流动的基本理论出发,讨论劳动力流动的形式和影响因素,然后研究劳动力流动的成本收益分析方法,最后分析资本流动和产品流动对劳动力流动的影响。

第一节 劳动力流动概述

习近平总书记在党的十九大报告中指出:"破除妨碍劳动力、人才社会性流动的体制机制弊端,使人人都有通过辛勤劳动实现自身发展的机会。"这种思想对提高人力资源配置效率、增强社会活力、促进社会公平正义具有深远的影响和意义。

在现代社会,劳动力在不同工作岗位、不同职业、不同区域之间的流动,是劳动力市场最为显著的特征之一。同样,为应对变化莫测、经常变化的社会经济环境,雇主也会及时作出反应。当经济繁荣时,为了扩大生产,雇主需要招募新员工、增加新设备;当经济出现衰退时,雇主就会解雇员工、关闭部分机器设备,或者将公司转移到成本较低的区域。劳动者和雇主的这些行为使得更多的劳动者在岗位、职业和工作区域中不停地变换。劳动力的这种自由流动,使劳动力转移到其社会价值最大的位置,从而提高资源配置的效率,进而实现劳动者、企业和消费者的效用达到最大化。

一、劳动力流动模型

劳动力流动理论的流派和理论模型很多,主要有以下几个。

(一)刘易斯-拉尼斯-费景汉模型

在20世纪五六十年代,刘易斯提出了二元经济模型。该模型认为,一方面存在大量边际生产率近于零的劳动力的传统农业,另一方面存在能实现充分就业的现代城市工业。刘易斯认为,经济的发展主要依赖于工业的扩张,而工业的发展又依赖于农业能提供大量廉价的劳动力。

拉尼斯和费景汉，发展了刘易斯模型。拉尼斯和费景汉强调，农业对工业扩张的作用不仅是提供劳动力，还有提供农业剩余，即农业产出和农民自我消费量之间的差额。如果农业剩余所提供的农产品不能满足工业扩张的需要，劳动力的转移将会停滞。

(二)乔根森模型

乔根森在1961年建立了一个二元经济模型，也将发展中国家的经济划分为两个部门：以城市工业为代表的现代部门和以农业为代表的传统部门。

乔根森模型认为，人口的增长依赖于粮食的供给，如果供给充足，人口增长率将会达到一个生理上的极大值。当粮食供给的增长率超过这个极大值时，就出现了农业剩余。随着农业剩余的增加，农业劳动力开始向工业部门转移，工业就开始发展。农业剩余越多，劳动力转移的规模就越大。

(三)托达罗模型

20世纪60年代后期以来，在发展中国家，城市失业问题越来越严重。

托达罗模型认为，迁移决策取决于潜在的迁移者对预期收入的估计，这种估计同时依赖于当前城市工资水平和在城市现代部门就业的概率。托达罗认为，城乡收入差距(或者说预期收入的差距)构成了迁移动机的主要方面，这个差距越大，迁移倾向就越强。

(四)新劳动力迁移经济学

20世纪80年代以来，出现了由斯塔克提出并命名的"新劳动力迁移经济学"。该理论将迁移视为一个有内在联系的群体(例如家庭或家族)的决策。个人参与迁移的目的，一方面在于增加家庭收入，另一方面则是降低因某些市场不完备而造成的风险。更明确地说，家庭成员的个人迁移可以被视为家庭为了应付收入的不稳定而采取的一种自我保护行动。

二、劳动力流动的特征

劳动力流动也可称为"劳动力迁移"，是指劳动力为了获得更高的劳动报酬而在地区间、产业间、部门间、就业与失业间、企业间的转移。劳动力流动是劳动力商品化的结果，也是劳动力追求价值最大化的直接表现。从宏观角度来看，劳动力流动属于劳动力资源配置和再配置的问题。劳动力流动的特征主要表现在以下几个方面。

(一)流动力流动是社会经济发展的必然产物

劳动力流动是市场经济发展、工业化、城市化进程加速的客观要求，又是其必要保证。劳动力流动是流动者的主观能动行为，即不是广大劳动者无以为生后的被迫背井离乡，而是他们追求美好生活、改变生存和发展方式的自主选择，是流动者追求和实现新生活方式的创新行为。所以说,这种流动是劳动力主体意识和追求全面发展意识增强的必然结果。

(二)劳动力流动是通过市场机制完成的

劳动力流动是在市场机制的作用下,在职业间、产业间、地区间的有序运动。因为其流动速度受社会经济发展水平、市场经济体制的完善程度、城市化发展水平、劳动力素质及户籍制度等因素的制约,所以这种流动是一个从无序到有序的渐进过程。

(三)劳动力流动的方向是多元的

既然劳动力的流动是劳动者的主观能动行为,并且是在市场机制下进行的,那么这种流动就必然是多方向的。对于农村劳动力向城市流动来说,如果城市就业困难,而农业生产对优质劳动力需求增加,且农业收入有所增加,那么吸引农村劳动力"回流"同样是通过市场优化劳动力资源配置的内容。

(四)劳动力流动的区域呈现不断扩大的趋势

我国改革开放初期,由于实行东南沿海地区经济优先发展战略,沿海地区吸引了大量劳动力跨地区流入。而西部大开发战略的实施,使企业和个人在西部地区创业的成功率较之其他地区高。于是,劳动力流动区域就扩大了,既向东南沿海地区流动,也向西部地区流动。随着国际劳务合作的加强,劳动力的流动还将呈现国际化趋势。

(五)劳动力流动群体结构逐步合理化

直至20世纪末,流出的劳动力的群体特征仍然是以壮年为主,以男性为主,以未婚者为主。而21世纪以来,随着农业结构的优化,尤其是以服务性为主的第三产业的发展,流动群体由年龄、性别、婚姻等因素为特征的群体结构将进一步合理化。有调查资料证实:北京、无锡、珠海等地,由于城市中商业、服务业等适合女性就业的第三产业的发展迅速,女性在劳动力的流动人口中已经占了很大比重,并且有进一步扩大的趋势。

三、劳动力流动的类型

劳动力流动一般有以下几种类型。

(一)单位内部的流动

企业组织内部的流动是指劳动者在企业组织内部各工种、各职位之间进行的流动,一般通过提升或变换工作岗位来实现。这种内部劳动力市场对专业人员特别重要,它客观上有利于充分提高专业人员的劳动生产率。单位内部流动也可以表现为集团公司内部各公司之间的流动,如有的城市,中小学教师在全市范围内进行流动。

(二)地域之间的流动

劳动力在地域之间的流动是指劳动力在地区之间或国家之间进行流动,他们的职业并未发生变化。例如,一位在跨国公司工作的部门经理,因为工作的需要,从一个国家或地区流动到另一个国家或地区工作。

(三)行业之间的流动

劳动力在行业之间的流动是指劳动力从一个行业换到另一个行业。这种情况相对较少,因为劳动力从一个行业换到另一个行业,会经历较大的改变。"隔行如隔山",劳动者必须承担更多的心理成本、学习成本和信息成本。

(四)职业之间的流动

劳动力在职业之间的流动是指劳动力的职业发生了变动,劳动力可能由于自己或外界的原因,如发现了更适合自己的工作而主动转换职业,并最终流向自己最喜爱的职业。这种职业变动多数发生在年轻人身上,在西方国家,70%进行此类变动的劳动者为35岁以下的年轻人。

(五)劳动力队伍本身的流动

劳动力队伍本身的流动是指进出劳动力队伍的流动。这种流动劳动力主要是学生或者已婚妇女,他们有时为了增加收入而参加工作,有时为了学习或从事家务又退出劳动力市场。

(六)就业和失业之间的流动

劳动力在就业和失业之间的流动是指劳动力由就业者变为失业者,或者相反,由失业者变为就业者。就业转为失业的流动一般是非自愿流动的,它主要受经济周期变动的影响。经济衰退时,失业率高,非自愿流动增加,自愿流动减少,经济高涨时期则相反。

(七)社会流动

由于人总是生活在社会中,身份是一种相对地位的信号,它决定了人的经济机会和认同感。身份显示了人的职业能力特征,这些特征很容易为雇主所注意,因而在市场中会减少搜寻费用。同时,显赫的身份会增加进入的声誉,因而交易发生的概率上升。正是因为身份的这些好处,人们会为此而发生成本支出。

即问即答: 某年轻大学生工作半年后辞职,回家准备考研,这是哪一类型的劳动力流动?

四、劳动力流动的成因

对劳动力流动的研究表明,70%~80%的人流动是由于经济原因,其中,大约

30%的人是为了改变职业和工作。也就是说,劳动力流动的经济动因是最直接、最主要的,这种动因是通过以下各种因素发挥作用的。

(一)区域间劳动力供求的不平衡

劳动力资源和劳动力供给需求状况在各国或不同地区之间有很大差异,影响劳动力供求的不仅有自然因素,也有国家或不同地区的经济发展水平和速度等因素。在经济发展较快的地区,人口的自然增长赶不上生产对劳动力需求的增长,会出现劳动力短缺,就业相对容易,于是就会对劳动人口相对过剩的地区的劳动力产生吸引力,引起这些地区劳动力的流动。从19世纪后期到20世纪初,欧洲人口大量流入美国,在很大程度上就是基于这样一个原因。

(二)经济发展水平的差异

经济发展水平的差异决定了劳动力供求的不同。在发达地区,庞大的经济规模与巨大的劳动力市场和劳动力吸收能力同时存在,创造的就业机会远远高于不发达地区。人们会从工资报酬机会相对较低的地区向工资报酬机会较高的地区迁移,目标地区较好的机会所产生的"拉力"与流出地区较差的机会所产生的"推力"共同强化了劳动力流动。

(三)不同地区间同质劳动力的工资差别

由于劳动力市场存在不完全竞争性,同一质量的劳动力在不同地区的工资收入会有很大的不同,从而造成劳动力的地区间迁移,即从低工资地区向高工资地区移动。

还有一个重要方面:有些地区的工资报酬分配结构比另外一些地区的工资报酬分配结构更为平均,技术工人和非技术工人之间的平均工资报酬差别要小一些,于是这些地区的一部分劳动者就会有流动的愿望,以求在新的地区获得最大的人力资本投资收益。例如,我国西部某211高校人才流失非常严重,其主要原因之一就是人力资本收益差别太大。

(四)经济周期引起的波动

一般情况下,当经济繁荣或高涨时,企业开工率高,对劳动力需求大,就业机会多,工资较高,这样的劳动力市场对外来劳动者既有吸引力又具备一定容量,将会有较多劳动力向其中流入。反之,当经济衰退时,劳动力市场急剧收缩,失业率大幅上升,受失业的威胁,劳动力不得不接受较低工资,不仅劳动力流入暂时会停止,还会引起劳动力外流和外来劳动力的倒流。此外,劳动力的辞职率在劳动力市场较为宽松的时候比在劳动力市场较为紧张的时候要高。

(五)国际资本流动的影响

当一个国家的跨国公司建立之后,要在国外建立分公司、子公司,除雇佣当地劳动力以外，总要带去一些本国职工，以承担管理、培训等工作。对于移入国来说，迁移到此的劳动力实际上增加了所在国的人口，而这些人既是生产者，又是消费者。随着"一带一路"政策的实施，建筑业、制造业、租赁和商务服务业、采矿业、批发零售业为我国对非投资前五大行业。2019年，我国对非制造业投资大幅增长172.8%，占比已超过20%。投资增加的同时，也促进了劳动力流动。每年大量劳动力流向非洲，很多的中国人已经在那里娶妻生子。

(六)工作匹配的意愿

工作流动被工人看成改善自身福利的手段之一。从更为全局性的角度来看，劳动力的流动在执行着一种有用的社会功能，即使得劳动者与那些对他们的技能评价最高的雇主匹配起来的功能。由于劳动者和雇主最初拥有的关于对方的信息是不完善的，一个劳动者与一位雇主达成的最初"匹配"很可能并不是最优的，并且不会永远保持在最优的水平上。这样一来，最初的匹配实现之后所发生的流动在改善劳动者在某一段时间内的工作匹配状况方面就扮演着极为重要的角色。

五、劳动力流动的决定因素

劳动力流动是劳动者的自主选择行为。在这个选择的过程中，有多种因素影响和支配着劳动者的决策。这些决定因素主要包括以下几个方面。

(一)年龄

在其他条件相同的情况下，年龄越大，流动越少。其原因主要包括以下几个方面。

第一，年长者回收投资的年限较短。在迁移成本既定的情况下，一个人获得迁移收益的时间越短，收益的现值就越小。一个年轻人可能认为相对较小的工资差异对其一生来说比较重要，而一个距离退休只有两三年时间的人不大可能为了这几年的工资差异而选择迁移。

第二，年长者对于目前的雇主来说具有较高的人力资本。年龄、工作年限和年均工资都是正相关的，一个人的工作年限越长，所获得的在职培训投资也越多。一个人从事某种职业几年后，其工资部分地反映了对特定人力资本投资的回报，而且这个回报可能高于在其他地方所获得的工资水平。

第三，年长者通常比年轻人有较高的迁移成本。打算迁移的年轻人可能只丢掉少许的资历收益，而年长者则可能会产生很大的损失；同时，迁移的心理成本也随着年龄的增长而增加，年长者比年轻人对出生地区可能更有深厚的感情，并且有一个稳定的工作地的朋友圈等。

第四，年龄和迁移之间反向关系的存在，部分原因是人们完成人力资本投资后更容易流动。很多人在高中结束时就开始工作，从而可能会导致地区迁移。对于进入地区性或全国性劳动市场的大学毕业生来说，这种迁移就更明显。

（二）家庭

随着家庭规模的扩大，迁移的潜在成本也在倍增加。在其他因素相同的条件下，单身者比已婚者更倾向于迁移。对那些配偶不工作或工作报酬很低的已婚者来说，迁移概率可能很高。如果双方的工资都很高，在迁移过程中要放弃的家庭收入就很高，而且如果配偶一方不能在目的地找到工作，这个成本损失就会降低家庭迁移率。学龄孩子的存在也会降低迁移的可能性。

（三）人力资本投资

当其他条件相同时，一个人所获得的教育水平越高，流动的可能性越大。高学历者会到地区性或全国性的劳动力市场上找工作。对于从事专业性和管理性工作的雇员来说，工资的差异给他们提供了一个向那些要求有高度责任心并能获得高报酬的工作流动的机会。对于那些专业化技术水平较低的劳动者来说，他们可以通过本地区职业间的流动来提高工资。这个途径对于专业化技术水平较高的劳动者来说不可行，他们只能通过地区间的流动来实现收益的提高。

（四）距离

一般来说，迁移的可能性与需要迁移的距离呈反向变化的关系。距离越远，潜在迁移者获得有关工作机会的信息就越少，运输成本和迁移的心理成本也越大。迁移者通常遵循家人、朋友或亲戚以前的路线，这些前期的迁移者通过提供工作信息、就业联系、临时性的住房及文化上的联系来降低后继者迁移的难度。

（五）失业率

本地区的高失业率会提高迁移的净收益，从而促使劳动者下决心离开。也就是说，一个失业人员必须权衡在当地再就业和到潜在目的地找到工作的可能性。研究结论表明：失业人员做主的家庭比其他家庭更可能迁移；失业率与流动人员数量有正向变化的关系；失业者倾向于迁移到失业率低于平均水平的地区。

（六）其他因素

还有很多因素影响迁移，主要表现在：住宅所有权；政府服务水平；政府吸引新产业的政策；国际迁移地的语言；工会会员身份；流入地的环境质量。

中国自改革开放以来，经济得到飞速发展，在这个过程中，劳动力流动促进了资源的优化配置。但21世纪以来，我国人口流动速度趋缓。有关研究表明，2010年后，劳动力流动速度增速显著减慢，2011—2014年基本维持在0.04%左右，而2015年开始出现负增长，速度为"—0.02%"。人口流动速度下降的一个很重要的原因是农民工增长速度在下降，2016年外出农民工增量仅有50万人，而2010年有802万人；2016年外出农民工增长速度仅为0.3%。影响流动人口增长变化的因素主要有返乡创业、适龄劳动力下降、资本和技术对劳动力的替代等。

视野拓展

第二节 劳动力流动决策

劳动力的流动性是现代经济的一个突出特征。流动改变了劳动力的经济机会、决策方式,直接增进人们的获益能力和抵抗能力。在劳动力流动过程中,人力资本得以增进,社会整体的资源配置得到优化。但我们也应该看到,劳动力流动是一项大工程,既有成本,也有收益。

一、劳动力流动的成本

劳动力流动是要发生成本支出的,流动的成本主要包括以下几个方面。

(一)直接成本

直接成本主要表现为劳动者必须花费一定的时间来搜寻与工资和工作条件相关的信息。这涉及交通成本、信息成本等。一旦找到新工作,劳动者还要面临向新环境转移所需的货币成本,如搬家成本等。

(二)机会成本

劳动力流动意味着要脱离与当前雇主的关系,放弃现有的薪酬福利待遇。当选择一个新单位时,所放弃的原单位的收益就是流动的机会成本。

(三)心理成本

流动还意味着要离开自己的朋友和熟悉的环境。在一个陌生的新环境,会产生一定相应的心理成本。

二、劳动力流动的收益

劳动力流动的收益是指流动行为产生之后,新的工作给劳动者带来的各方面效用的增加,主要包括更丰厚的收入、更优质的福利、更满意的工作、更好的地位和更好的发展机会等。

当人们自愿决定由一个地区迁移到另一个地区时,他们期望提高整个生命周期的效用。当讨论迁移的收益率时,至少有以下五点值得注意。

(一)不确定性和信息不充分

迁移决策是建立在预期净收益的基础上,而且大多是在不确定性和信息不充分的情况下作出的。较高的平均收益率并不意味着所有迁移者都会得到正的收益率。在很多时候,迁移者在目的地无法顺利地找到预期工作,迁入地的生活费用以及离开家人和朋友的心理成本也可能比预期的高,预期的工资增加或晋升也并非随手可得。

(二)获取收益的期限

迁移将带来更多的终生收入,但这并不一定意味着迁移后的前几年就可以获得增加的收益。研究表明,一些移民在移民后的前期会先经历一个低收入时期,之后收入才有较大幅度的增加。一些迁移者把迁移后短期的收入降低当作换取未来更高的收入增长率的代价。

(三)收入差异

迁移会促使终生收入的增加,但这并不意味着迁移者的收益一定要与目的地原有工人的收入相等。迁移者掌握的技能在地区间、雇主间和国家间若不具有普适性,那这种技能的可转移性降低意味着,迁移尽管可能会提高自己的工资,但与受过同样培训、同等教育并在目的地受雇员工相比,其获得的工资要少。

(四)配偶的收入

由迁移给家庭收入带来的收益增加并不意味着夫妻双方的工作收入都增加。美国有关研究表明,平均来讲,迁移使一方的收入提高,但却倾向于减少另一方的收入,至少在迁移后的五年间会如此。

(五)工作损失导致的工资缩减

迁移的正回报率并不意味着收入会高于过去的收入。有些移民是由于失业或政治迫害而被迫进行流动,所以对这些人来说,流动并不是自愿的。

即问即答:自愿迁移者关注的更多是劳动收入,所以自愿迁移者的收入一般会比非自愿者的高,这种说法对吗?

三、劳动力流动决策模型

劳动力流动既然是一种投资行为,那么必然存在劳动者对其成本和收益的考虑。我们借鉴人力资本投资模型的构建思想,利用净现值法来体现劳动者对流动的成本收益的权衡。劳动力流动净现值为:

$$NPV = \sum_{n=1}^{N} \frac{Y_{2n} - Y_{1n}}{(1+r)^n} - \sum_{n=1}^{n} \frac{C_n}{(1+r)^n} - Z \tag{8.1}$$

式(8.1)中,NPV 为劳动力流动净现值;Y_{2n} 为第 n 年新工作的收益;Y_{1n} 为没有找到新工作,在原工作岗位第 n 年的收益;N 为新工作期限;r 为贴现率;C_n 为第 n 年迁移的直接成本和间接成本;Z 为迁移的净心理成本。

如果新工作给劳动者带来的收益的净现值大于流动产生的成本,那么流动就会发生;反之,劳动者则不会发生流动。当新工作的收益越大、劳动者在新工作上持续的时间越长时,流动的净收益现值就越大。当流动成本越低时,流动就越有可能发生。

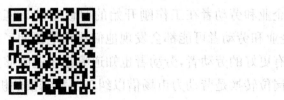

视野拓展

第三节 劳动力流动类型

劳动力流动可以根据流动发生的迁移范围主要分为三大类:岗位流动、地区流动和国际流动。相对于工作流动和地区流动来说,国际流动需要考虑的因素更多,而且产生的影响面更大,不仅涉及个人,还影响到国家乃至整个世界的社会、经济等各个方面。

一、岗位流动

(一)岗位流动的概念

岗位流动是一种工作调整,是劳动者在不同的组织之间更换岗位,寻求更好的职位匹配的一种流动,是人一生中发生最为频繁的一种劳动力流动。广义的岗位流动包括自愿流动、非自愿流动和自然离职。非自愿流动是指员工被雇主解雇;自然离职是指退休、伤残、死亡等。本章讨论的是劳动者的自愿流动,即自愿的、有目的、追求效用最大化的流动。

研究表明,辞职的概率会随着工作资历和年龄的增长而减小。新就业的劳动者辞职和被解雇的概率很可能是最高的,因为雇员和雇主双方处于"试水"阶段。年轻劳动者可能在四处打探,尝试各种不同企业、不同行业甚至不同职业中的就业机会。一段时间以后,他们就会找到他们在企业中的合适位置,因而两种离职的频率都会减小。生命周期中辞职率的下降也可以通过假设工作岗位转换是一种人力资本投资来解释。年龄大的劳动者收回与工作搜寻相关的成本的回报期更短,因而他们转换工作的可能性更小。

(二)岗位流动的主要原因

1. 工作岗位匹配

在竞争性劳动力市场均衡的简单供求模型中,劳动者寻找最好的工作机会和雇主努力追求利润最大化的相互作用的结果是,使得各个企业之间边际产品的价值相等。

企业和劳动者在工作刚开始的时候都缺乏匹配价值的完全信息。一段时间以后,企业和劳动者可能都会发现他们错误地预期了该匹配的价值,而且企业甚至知道哪里有更好的劳动者,劳动者也知道哪家企业能够提供更好的工作岗位匹配。因此,工作岗位转换是劳动力市场借以纠正匹配错误的机制,可以带来更好的、更有效率的资源配置。

2. 特殊培训与工作岗位转换

在一次劳动合同刚开始的时候,劳动者和企业尚未对该职位特别要求的技能进行投资,因而双方之间不存在"契约约束"。一旦劳动者获得了"企业特定技能",他在这家企业的产出就会超过他的工资(降低了解雇的可能性),同时,他在这家企业获得的工资高于他在其他地方能获得的工资(降低了辞职的可能性)。于是,特殊培训意味着对一个特定的劳动者而言,工作资历和离职的可能性之间存在负相关关系。某个劳动者在某一特定雇佣关系中持续的时间越长,离职率就越低。

即问即答:为什么接受过特殊培训的员工的辞职率要低一些?

3. 工作期长短与劳动力流动负相关

假定考虑一个仅有迁移者和定居者的劳动力市场。迁移者始终相信别的地方更好,会为了尝试别的机会而付出成本。相反,定居者怀疑迁移到其他地方境况是否会改善,不愿意承担工作岗位转换带来的成本。于是,迁移者离职的可能性较高,而定居者离职的可能性较低。

定居者和迁移者在工作岗位转换可能性中表现一定差异。迁移者喜欢"到处走动",具有很强的工作岗位转换倾向,迁移者大多不能获得很深的资历,因而大多数迁移者的工作持续期较短,有工作岗位转换的嗜好。同时,由于定居者呈现出很强的"惰性",他的工作持续期会更长。一般来说,劳动者下一年辞职的可能性和工作持续期的长短呈负相关关系。

(三)工作岗位转换与年龄收入曲线

工作岗位转换会改变劳动者的年龄收入曲线的形状。有关研究表明,辞职的年轻人的工资会显著地提高,而被解雇者的工资往往会下降。因此,工作岗位转换会导致迁移者年龄收入曲线的高度立即变动,如图8.1所示。在该劳动者辞职的年龄Y_1和Y_3上,工资水平显著上升,而在其被解雇的年份Y_2,工资水平显著下降。

然而,工作岗位转换对年龄收入曲线的影响并不仅仅限于离职后的工资水平。图 8.1 也通过对比迁移者和定居者的年龄收入曲线显示了工作岗位转换对年龄收入曲线的斜率的潜在影响。定居者的年龄收入曲线是连续的,且相对陡峭,因而在该职位中工资水平的上升是显著的。迁移者换了好几次工作,每换一次工作,都要经历工资水平的变化。但是,给定某一职位,迁移者的年龄收入曲线相对平坦。一般而言,劳动者收入和工作持续期之间的相关关系是正的。

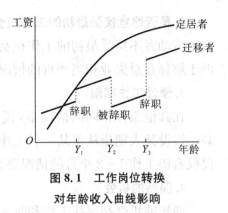

图 8.1 工作岗位转换对年龄收入曲线影响

二、工作搜寻

在劳动力市场中,单个劳动者所拥有的有关可选择职业机会的信息一般是不完全的,而单个雇主有关可利用劳动力的知识同样也是不完全的。因此,从事这种搜寻活动既有成本也有收益,搜寻理论分析了理性的个体搜寻者权衡成本与收益、制定最优搜寻策略的方式。

(一)工作搜寻的概念

工作搜寻就是失业者或在职人员到劳动力市场中搜寻理想工作的过程。劳动者在寻找工作职位的时候,是不能完全掌握有关可选择职位的信息的。劳动者可以通过寻访各个企业来了解哪个企业提出了哪种工资,这种现象就是所谓的"工作搜寻"。

在劳动力市场上,个人要寻找最好的工作机会,厂商要寻找最合适的雇员,其原因主要有以下两点。

第一,劳动者和工作是有高度差别的。虽然人们可能拥有相似的教育水平、培训和经历,但是人们的个性、工作动机、能力和居住地差异很大,工作也各具特点。即使对同样的劳动者,雇主也会支付不同的工资,提供不同的晋升机会和不同的工作条件。

第二,市场上关于个人和工作的信息是不完全的,需要花时间去获得。因此,求职者和雇主会发现,搜寻对方的信息来改善交易条件符合各自的利益。

(二)影响工作搜寻的主要因素

影响工作搜寻的因素有很多,主要包括以下几个方面。

1. 失业补贴与工作搜寻

劳动力的可接受工资是建立在进一步搜寻的预期收益恰好等于预期成本的水平之上的。因此,失业补贴的存在提高了劳动力的可接受工资,因为它降低了劳动力进一步搜寻较高工资报价的预期净成本,工作搜寻时间和失业数量因此而上升。

2. 是否愿意接受最初的工作机会

劳动者不接受最初的工作机会,甚至寻找低于可接受工资的工作。这一事实有助于解释在总失业相当严重的情况下,还会出现大量的需要填补的工作空缺的现象。

3. 预计工作期限

在其他条件相同的情况下,预期能够工作的期限越长,人们的可接受工资就越高。假设某人期望从事某一新工作20年,通过搜寻获得高工资出价的预期收益将比仅仅希望工作1~2个月的情况要高。

4. 偶然的机会

偶然的机会在寻找工作和收入分配中起着一定的作用。某人在第一次尝试时可能得到了最高工资出价,但其他人的搜寻则可能得到了较低的工资出价,继续搜寻,最终可能会接受高于可接受工资但低于最高工资的出价。

5. 对经济衰退的看法

在经济衰退时期,由于少有厂商要雇人,每一工资出价的时间将延长。如果求职者认为衰退是暂时的,那么他们可能保持其可接受工资,由此延长了求职时间并加剧了失业。

对工作搜寻过程的研究存在两条线索:一条集中于可接受工资的决定区,另一条集中于工作搜寻时间。

大量的经验研究表明,在可接受工资方面的表现是:当个人对可能得到的工资出价变得更为现实时,可接受工资随失业时间的延长而降低;当人们花光了其失业补贴时,可接受工资率也将下降;受过良好教育的劳动者和工会化劳动者有较高的可接受工资;富有者的可接受工资会高一些。就工作搜寻时间而论,主要表现在:失业保险延长了工作搜寻的时间;较高的失业补贴会延长失业期限;领取失业津贴的时间延长,将使失业期限延长。因此,一旦失业津贴的时间结束,劳动者到工作的可能性立刻增加。此外,工会成员的搜寻期限可能比非工会成员要长;老龄劳动力的搜寻时间往往会长于年轻工人。

(三)工作搜寻模型

工作搜寻能使人们获得工资出价者的信息,增加了发现工作的机会。人们通过工作搜寻的成本与收益分析,搜寻最合适的工作。

工作搜寻成本包括直接成本和间接成本。其中,直接成本包括交通费、邮费、电话费等,间接成本包括所花费的时间、放弃已有的或可能获得工作的损失。工作搜寻还包括非常重要的心理成本。随着搜寻的工资水平的提升,继续搜寻的边际成本也在上升。而工作搜寻的收益主要是指找到新工作后的收益。

理论上,搜寻工作的预期边际收益(MR)与预期边际成本(MC)相等的工资水平是可接受的。

图 8.2 是一个简单的成本收益模型。假设搜寻次数是连续的。N_0 点收益大于成本,搜寻者会继续搜寻,直到 N_1 达到均衡。平滑的边际收益曲线和边际成本曲线是许多职工共同的边际收益和边际成本,而对个别职工来说,当一段时间没有新的工作机会时,边际收益 MR_1 下降慢,如果突然间得到工作机会,则进一步寻找工作的边际收益下降很快。

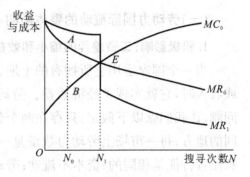

图 8.2 工作搜寻的成本与收益

边际成本递增的原因有:首先,工作搜寻是从成本最低的机会开始;其次,工作搜寻时间越长,成本也会提高;最后,消耗的失业保险金和储蓄也会随着搜寻时间的延长而增加。

边际收益递减的原因有:首先,工作搜寻往往从那个最有希望的机会开始;其次,进一步搜寻获得更高工资的希望越来越小;最后,搜寻时间长,获得高工资的时间越短。

但是,如果工作环境发生变化,搜寻次数必将随之发生两方面的变动:其一,若边际搜寻成本上升,将使最优搜寻数量下降。其二,若工资下降,边际收益必将下降。

除了前面所说边际收益等于边际成本的方法确定搜寻次数,搜寻者还可以设立保留工资,低于保留工资则继续寻找,劳动者将拒绝所有低于该工资出价的工作机会。

即问即答:保留工资与失业期成同向关系还是反向关系?

三、地区流动与国际流动

劳动者除了在本地区进行工作调整,也将选择范围扩大,可能到更远的县、市或者省实现新的就业,这种行为就是"地区流动"。劳动力流动不仅发生在不同地区之间,还发生在国家与国家之间。劳动者离开一个国家前往另一个国家工作称为"国际流动"。在全球化的背景下,国家之间进行流动的人数越来越多。

劳动力的国际间流动是一个比较复杂的问题。经济学家和历史学家们认为,国际移民古已有之。21 世纪以来,劳动力的国际间流动共有三种形式:

第一种是单纯的劳动力输出。这些劳动者以有组织的或零散自发的形式离开自己的祖国,前往境外的国家或地区谋生,提供自己的劳务。

第二种是对外工程承包,即有组织、成建制地向国外输出劳动力。这种形式的劳动力流动发展很快,很多国家都成立了专门的劳务公司,管理逐渐规范化。

第三种是海外移民,这些移居者不但在国外工作,而且正式在那里定居,成为永久性居民。

(一)劳动力国际流动的整体影响

1. 积极影响：工资差异的缩小和效益的增进

当一个国家运用它所拥有的土地、劳动力、资本和企业家能实现最大的国内产出或收入时，它就实现了经济效益。劳动力的流动是实现这一目标的关键。为了说明问题，让我们做以下假定：只存在两个劳动力市场，且都是完全竞争的，两者坐落在不同的地方；每一市场上劳动力数量是一定的，且不存在失业；两个地方的非工资条件和位置特征是相同的；资本不流动；劳动者对两个市场上的工资和就业信息的掌握是充分的，并且他们在两个市场流动没有成本。

我们可以很容易地用图形来说明迁移是如何导致工资差异缩小和效益增进的。如图 8.3(a)(b)分别显示了 A 国和 B 国对劳动力的需求。

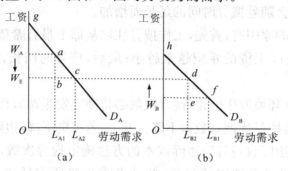

图 8.3　劳动力流动的效益

假定，A 国和 B 国的劳动需求曲线分别是 D_A 和 D_B，工资分别是 W_A 和 W_B，就业分别是 L_{A1} 和 L_{B1}。因为信息是充分的，迁移没有成本，劳动力将从 B 国流到 A 国，直到两国工资水平都实现均衡水平 W_E。可以看到，A 国从劳动力流动中可以获得净收益的增加，A 国国内产值的增加相当于图 8.3(a)中的 $aL_{A1}L_{A2}c$ 的面积。而 B 国损失的国内产值相当于图 8.3(b)中的 $dL_{B2}L_{B1}f$ 的面积，由于 A 国的增加量超过了 B 国的损失量，由两国所创经济总量价值还是增加了。结论是十分明显的：由工资差异导致的劳动力迁移将会提高迁出地和迁入地的总收入和总产量；或者说迁移可以使现有资源生产出更多的实际产出。

2. 外部负效应

由迁移带来的产出增进是直接而明显的，但为什么有人对迁移持否定态度呢？这除了大量的非经济因素，迁移的经济外部性(或第三方的影响)也是一个重要的原因。这种外部性可能是负的。

外部负效应是指私人的行为溢出到第三方带来的影响，这种溢出将导致资源的低效配置。典型的例子是环境污染。在有些情况下，大量的迁移也会造成类似的负效应。私人收入的增加可能足以弥补迁移的成本，但是在拥挤的市区给人们提供住宿和子女上学的社会成本可能超过了私人净收益。市区必须提供更多的公共服务，从而增加了市区拥挤的程度,造成当地生活工作的诸多不便。同时,迁出地由于人数减少导致公共服务的过剩,使资源浪费(如中国目前农村的中小学,因生源短缺而拆并),而迁入地公共服务的生产又需要新的投资。例如,当向新兴城镇的迁移量很大时,像拥挤、犯罪及其他外部成本将会增加。

3. 资本所有者的收益变化

由于迁移导致劳动和资本收益的对比关系发生变化,使得迁出地和迁入地的一部分群体成为迁移的第三方潜在反对者。回到图 8.3,移民增加了 A 国总的非移民所得的国民收入,即三角形 abc 的面积。原因在于,在 A 国总产品价值从 $OgaL_{A1}$ 增加到 $OgcL_{A2}$,其中移民获得 $bcL_{A2}L_{A1}$,同时,A 国工资水平下降到 W_E,那么这部分降低了的工资成为谁的收益了呢? 答案肯定是 A 国企业。这个简单的模型说明了移民所带来的商业利益的增加(至少是在短期)实际上是大量迁移发生时当地劳动者收益的损失。

企业以国内劳动力损失为代价获得移民收益的结论必须稍加调整,因为这一结论使用的是短期、局部的均衡分析。从长期来看,这一问题在理论上变得更加复杂了。例如,新移民在 A 国可能会花掉一部分收入,这将提高对某些劳动力的需求,并使那些与移民在生产上没有替代关系的劳动者的工资得到增长。而且,相对于 A 国的资本存量来说,收益的增加提高了资本的回报率。资本回报率的提高将增加国内投资支出,从而增加资本存量。在正常的生产状况下,劳动力的边际产品会提高,劳动力需求也会增加。因此,从长期来看,移民对工资率的负效应会减小。

(二)劳动力国际流动对流入国的影响

1. 就业影响

从流入国的角度来说,劳动力迁移对流入国劳动力市场的影响,最主要的是国外劳动力的流入是否会影响本国劳动力的就业。这里有两种看法:一种看法认为,移民群体由于自身技能素质较低,他们在劳动力输入国一般从事的是比较低端的重体力活。既然移民从事的工作是本国劳动者不愿意从事的,那么他们与本国国民的就业就不存在替代性,移民根本不会对本国劳动力的就业产生影响。另一种看法认为,因为如果这些移民不流入,本国的这些工作肯定是有人做的,不然整个社会经济的运行就会受到影响,所以他们还是剥夺了本国劳动者的就业机会。不仅如此,移民还导致这些低端工作的工资水平更低。

迁移导致收入分配的后果从图 8.3 可以明显地看出来。移民使 A 国的劳动力供给 L_{A1} 增加到 L_{A2},平均工资率由 W_A 降低到 W_E,A 国当地工人的工资收入由 OW_AaL_{A1} 减少到 OW_EbL_{A1}。而在 B 国,劳动力供给的减少会使其工人的工资率上升。由此,我们可以设想:移民可能会遭到迁入地区或国家的劳动力的反对,而迁出地的劳动力则有可能支持这种移民。

但是，考虑到有关总替代与总互补的区分，情况会有些差别。如果移民进入并与某些劳动力群体之间是总替代关系（替代效应大于产出效应），那么对这些劳动力来说会降低其需求和工资水平。如果移民的进入与其他劳动力之间若是总互补关系（产出效应大于替代效应），则会导致这些劳动力的需求和工资水平的提高。因此，移民并非对所有劳动力群体产生相同的影响。

移民的流入对本国国民的就业具有部分的替代性，他们的流入会影响本国人民的就业。

在图 8.4 中，D 为本国劳动力需求曲线；S_1 为本国劳动力供给曲线；S_2 为移民进入本国后的劳动力总供给曲线。因为移民的劳动供给比本国人民的劳动供给对工资率的变动更敏感，所以含有移民劳动供给曲线 S_2 比 S_1 的斜率低。H 点表示，在没有移民的情况下，N_1 个本国劳动者以 W_1 的工资率实现了就业。F 点表示，当移民流入后，有 $(N_3 - N_2)$ 个移民实现了就业，仅有 N_2 个本国劳动者实现了就业，而且本国劳动者的工资率也降为 W_2。移民的流入减少了本国劳动者的就业机会，也降低了他们的工资水平。

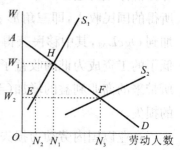

图 8.4　移民对本国劳动力就业的影响

由此可见，低学历、低技能移民的流入确实影响了本国人的就业，也降低了本国人的工资水平，但这种变化不是按照 1∶1 的比例发生的。清退移民只能降低本地人的失业率，同时均衡工资也提高了。

与低学历、低技能的非法移民不同，高端人力资源是一种稀缺资源，他们与本国国民之间的就业往往是互补的，他们从事的工作技术含量相当高，本国国民绝大多数都不具备胜任能力。因此，高学历、高技能的移民不仅不会抢占本国国民的工作岗位，不会降低工资水平，还能够利用自己的创造能力和先进的技术带动发达国家的经济竞争力的提升。这部分资源的输入还能够为本国的劳动者创造更多就业机会，提高他们的就业质量。

即问即答：赶走外国移民所造成的岗位空缺能得到流入国的劳动力全部弥补吗？

2. 财政影响

我们还需要讨论收入的最终分配。劳动力流动通过影响转移支付和税收来影响迁入国家或地区可支配收入的分配。例如，在图 8.3 中，如果来 A 国的移民接受过高水平的教育并且具有熟练的专业技能，那么 A 国民众一般不会抵制这些移民，这些劳动者一般是净纳税人，而不是现金和转移支付的接受者。这些人流入之后，不但会将一部分收入作为税收上缴给流入国政府，增加了流入国的财政收入，而且会在当地进行储蓄、消费，扩大了内需，促进了流入国经济的发展。

如果移民是文盲，技术水平低，在 A 国很难找到永久性工作，那么这种劳动力流入必然增加政府的转移支付和社会保障支出，结果，这种移民或使 A 国国民的税负增加，或降低了当地低收入居民的转移支付水平，或者兼而有之。因此，A 国的纳税人和低收入阶层会反对移民。

(三) 劳动力国际流动对流出国的影响

1. 劳动力流出国的损失

尽管从 B 国到 A 国的移民提高了 A 国的总产出，但却降低了 B 国的总产出。当然也有例外。假定有 $L_{B2}L_{B1}$ 的劳动者（见图 8.3）迁移到了 A 国，但他们找不到工作（即边际产品价值为 0），那就没有产量的增加，迁入国也因为要给移民提供资助而遭受损失。但是，当迁入国的高工资导致永久性迁移时，移民就会放弃原居住地的工作，在这种情况下，迁入国就会经历国民收入增加的过程，而迁出国将会受损。这种再分配效应可以部分地解释为什么"人才流失"是世界上一些国家经济要素的来源。原因主要表现在以下三个方面。

第一，高素质的劳动者的迁出，造成了国家先进的生产经营管理技术和理念的流失，降低了资源的生产效率，降低了国家的创造力和发展潜力。

第二，由于高素质劳动者与低素质能劳动者往往是互补的，高端人力资源的流出也导致流出国低端劳动者的就业率下降，从而低技能劳动者的收入下降，消费需求也下降。

第三，高层次劳动力流出，流出国承担了这些人力资本投资成本。从长期角度看，高端人力资源的流出也不利于国家人力资本的积累，不利于国家经济社会各方面的可持续发展。

2. 劳动力流出国的收益

从整个世界的角度来说，由于劳动者是在劳动力流动模型下进行成本收益权衡分析之后才选择流动的，劳动者个人流动之后的净收益现值必然为正。既然每个选择国际流动的劳动者的收益在流动之后得到了提高，那么劳动力资源的流动也使得全世界的福利有所增加。不仅如此，国际流动还有利于资源在更大范围内的优化配置。同时，先进的科学技术和管理经营理念伴随着劳动者在世界范围内进行广泛的传播，这不仅促进了不同文化制度之间的交流与融合，更有利于整个世界经济的进步和人类的发展。

四、劳动力回流

劳动力流动中还存在着回流现象。劳动力回流是指劳动力重新回到流动的起点，即原来的工作岗位、原来的地区乃至原来的国家等。从经济学上来看，流动与回流只有形式上的不同，本质上都可以理解为"流动"或者"一次新的流动"。由于工资收入、生活成本、政策支持、个人偏好等因素会发生变化,劳动力回流现象就有可能发生。

在不同因素的影响下,当劳动力流动模型中的变量随着时间发生变化时,劳动者又会作出另外的决策,进行新的流动。新的流动可能是从现在的居住国流向更加发达的国家,这种流动与前面所讨论的情况相似,也可能是因为劳动者自己原来的国家在经济、社会等各方面发展迅速,在进行了详细的成本收益分析之后,劳动者发现迁回原来的国家可以得到更多的收益。高端劳动力资源的回流不但带来了先进的科学技术和管理经营理念,而且其国际化思维和国际化视野能够提升本国在全球化市场中的竞争力,进而促进本国社会经济的发展。

第四节 资本与产品流动的影响

影响劳动力流动的因素有很多,如资本和产品等。其中,由于资本投资效率的差异,资本流动的长期存在性会进一步影响工资的差异。此外,由于产品的流动,企业的生产方式和社会消费方式也会随之而变。

一、资本流动的影响

资本流动及地区、国际贸易会对工资产生影响,进而对劳动力的迁移产生影响。下面我们借助劳动力需求曲线来分析资本流动对劳动力迁移的影响。观察一个简单的模型:A国和B国之间进行贸易往来对两国劳动力迁移的影响。如图8.5所示,两国原始的(最初的)的劳动力需求曲线都为D,劳动供给曲线均为垂直线S,均已实现充分就业,A国工资比B国的高。

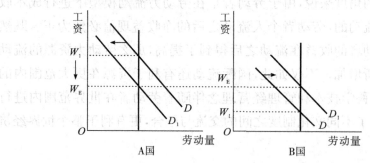

图8.5 资本和产品流动对劳动力流动的影响

分析表明,工资的差异会导致B国的劳动者向工资高的A国迁移。但在这里,另一个因素也在起作用,即B国较低的工资率也会导致A国一些企业迁移到B国去办厂。我们预期B国资本的增加会导致其边际产品价值的提高,从而劳动力需求曲

线向外移动到 D_1。相反地，A国由于资本存量减少，将使劳动力需求曲线左移到 D_1。B国劳动力需求的增加导致其市场工资率上升，而A国劳动力需求的减少使其市场工资率下降，假定到 W_E 处均衡。资本流动消除了工资差距，并大大降低了劳动力迁移的倾向。但是，现实问题是资本流动成本往往相当高，并且受到许多经济、政治和法律等因素的限制。

一方面，资本流动在影响工资差异方面是有限的，但是理论上，资本流动确实可以缩小工资的差距，从而可以在一定程度上减少劳动力流动。

另一方面，跨国公司要在国外建立分公司、子公司时，除雇佣当地工人以外，总要带去一些本国职工从事管理、培训等工作。对于移入国来说，迁移到此的劳动力既是生产者，又是消费者，他们为该国增加的总产量与所消费的总产量决定了流入国中原有公民从总体上看是变得更富了还是变得更穷了。

如果劳动力到达迁移地之后继续工作，雇主支付给他们的工资不会超出其所带来的边际产品价值，他们仅仅依靠工资报酬来支撑自己的消费，则并不会减少接受国原有居民的人均可支配收入。如果劳动力的报酬并不等于或大大低于他们为所在国所创造的产出的全部价值，则当地人的人均可支配收入会增加，接受国的资本存量会随之逐渐增大。如果是某些老年人因要与其已经成年的儿子团聚而获准迁移，他们不再工作，并且需依靠自己的孩子或者所在国家和地区的纳税人来维持消费，那么当地人的人均可支配收入将会下降。

当迁移的劳动者将其收入的一部分汇回原所在国时，对劳动力输入国来说，该货币构成了它们的外汇支出，正是这样的"支出"和"获得"使得国际资本流动得以进行，从而促进了世界经济的协同发展。

二、产品流动的影响

地区或国际的贸易对工资差异与劳动力流动有着相似的影响。如果我们假设资本和劳动力是不能流动的，A国和B国的工人是同质的，并且两国的运输成本为零。低工资（B国）和高工资（A国）相比，对两国商品的相对竞争力将会产生什么影响呢？

因为价格竞争，A国的消费者会重新分配消费支出，即会购买价格较低的B国的商品，这将增加进口商品的总需求并最终导致对B国的劳动力需求的增加。如图8.5所示，劳动力需求曲线向外移动，这将增加B国的市场工资水平。相反地，A国的产品需求下降会导致本国劳动力需求向左移动，工资水平下降。

现实中，很多商品和服务的运输成本是相当高的，并且需要很长时间，这些都是不经济的因素。因此，短期内国际贸易能够缩小工资差异，减少劳动力迁移；但是从长期来看，它不能使两国工资水平相等，进而在影响劳动力迁移方面的作用也是有限的。

总之，劳动力流动、资本流动以及地区、国际贸易都会相互补充，促进资源的有效配置。劳动力流动仅仅是资源和商品流动的一个方面,实际上,发达国家经常通过增加在欠发达国家的投资及减少贸易壁垒来减少这些国家的劳动力向本国的迁移。

本章小结

　　劳动者在不同的工作岗位和不同的地区甚至国家之间进行流动和迁移的行动称为劳动力流动。劳动力流动类型主要有:单位内部的流动、地域之间的流动、行业之间的流动、职业之间的流动等。

　　劳动力流动的成因主要有区域间劳动力供求的不平衡、经济发展水平的差异、不同地区间同质劳动力的工资差别、经济周期引起的波动、国际资本流动的影响和工作匹配的意愿。劳动力流动的决定因素主要表现在年龄、家庭、人力资本投资、距离和失业率等方面。

　　劳动力流动并非没有代价,流动的成本包括直接成本、机会成本和心理成本等方面。劳动力流动的收益是指流动行为产生之后,新的工作给劳动者带来的各方面效用的增长,它主要包括更丰厚的收入、更优质的福利、更满意的工作、更好的地位和更好的发展机会等。

　　工作流动、地区流动和国际流动是劳动力流动的三种主要形式。工作流动是劳动者在不同的组织之间更换岗位,寻求更好的职位匹配的流动,它主要受到工资、培训、健康保险等因素的影响。地区流动是劳动者在本国之内,跨越较大的区域进行远距离迁移的流动行为。国际流动是一种更大范围的地区流动现象,是世界范围内人力资源优化配置的条件。影响劳动力流动的因素很多,资本流动和产品流动对劳动力流动都会产生一定的影响。

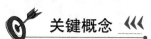
关键概念

劳动力流动　　岗位流动　　工作搜寻　　地区流动　　国际流动
劳动力回流

思　考　题

一、思考题

1. 简述劳动力流动的定义、分类。
2. 影响劳动力流动的因素有哪些?
3. 如何理解劳动力流动的成本效益分析决策?
4. 劳动力的国际流动有何效应?
5. 试述劳动力流动模型的主要内容,并利用对模型的分析来说明为什么年轻人和教育程度高的劳动力更容易发生劳动力流动。

6. 分析企业的工资制度和培训制度是怎样影响员工的流动行为的。

7. 分析除了工资福利因素之外，影响我国大学生地区流动的因素。

8. 资本和产品流动对劳动力流动有何影响？

9. 简述容易进行地区流动的劳动者的群体特征，并进行解释说明。

10. 与新员工相比，为什么老员工收入更高且不易辞职？

11. 最近几年，有人在逃离"北上广"，有人逃向"北上广"；有人在流向城市，有人在流向农村（种田养猪）；有人拼命考公务员，有人辞职烤红薯。如何看待这些现象？

二、案例分析

深耕"一带一路"，拓展全球开放型经济发展新境界

习近平主席提出共建"一带一路"的倡议，继续"和平合作、开放包容、互学互鉴、互利共赢"的丝路精神，坚持"美美与共，天下大同"的理念，致力于让沿线国家乃至世界各国共建共享发展成果，展示了中国作为负责任大国的胸怀和担当。

在经济全球化背景下，商品、资本、人力资源、技术、信息等要素的流动可以实现资源优化配置，深化国际分工，进而实现各国福利共同增长。国际金融危机发生后，世界经济复苏进程缓慢。国际社会一些言论错误地将世界经济失衡的原因归咎于经济全球化，少数国家出现了反经济全球化的现象，甚至不惜采取保护措施限制要素自由流动，致使世界经济雪上加霜。"一带一路"倡议提出"政策沟通、设施联通、贸易畅通、资金融通、民心相通"，是对症下药，目的在于通过"五通"清障搭台，促进经济要素在沿线各国有序自由流动，疏通世界经济血脉，实现资源高效合理配置，加快世界经济复苏步伐。

应当看到，"一带一路"沿线国家多为发展中国家和新兴经济体，要素禀赋差异较大，基础设施、资源开发、产业发展水平普遍较低，资金、技术和人力资源等要素供给能力存在较大差距。推进"一带一路"建设，有利于我国与沿线各国进一步发挥比较优势，推动彼此间市场、行业和项目在要素支撑下深度融合，将经济互补性转化为发展驱动力，形成各取所需、优势互补，互惠互利、共享共赢的良好局面。

思考讨论：

(1)"一带一路"的政策目的是什么？

(2)在"一带一路"政策执行过程中劳动要素如何通过流动发挥作用？

课外阅读资料

第九章

劳动力市场歧视论

学习目标

1. 劳动力歧视的类型与表现
2. 个人偏见歧视
3. 统计性歧视
4. 劳动力市场分割理论
5. 劳动力歧视的治理对策

尽管我国劳动力市场没有出现像西方有些国家那样明显的种族歧视、宗教歧视等现象，但基于颜值、性别、学历和年龄等方面的歧视在我国是一个普遍存在的现象。例如，有的单位招聘限定"985""211"高校学生。如今还出现的新歧视是"学生官"，给学生干部贴上浮躁、功利的标签。在形形色色的就业歧视中，性别歧视是最普遍的。

几乎所有的劳动力从一开始进入劳动力市场，由于某些方面的固定标签都不得不成为被歧视者。尽管厂商知道"能力"比某些"标签"更重要，但它依然会出于某些原因而对劳动力进行歧视。即使进入劳动力市场之后，歧视现象依然存在。比如，你可能经常听到或看到这样的新闻：低学历者晋升困难，女性被排除在高层之外，公司性骚扰和潜规则等。

关于歧视问题的讨论比较复杂，且是跨学科的，本书只从经济学角度进行分析。

本章首先提出歧视的概念，然后进一步研究歧视理论，最后对劳动力市场分割理论作简要分析。

第一节 歧视的概念及类型

西方法治国家过去 100 多年的人权历史，从一定意义上而言，就是反歧视、争取平等权利的历史。1860 年，美国内战结果是废除黑奴制，从此宣告了对黑奴歧视的终结；19 世纪末 20 世纪初，美国反种族歧视和妇女要求平等权的斗争，更加促进了美国人权事业的进步；英国、法国、德国等一大批西方国家在第二次世界大战后开展的声势浩大的反种族歧视和妇女平等权利运动，取得了重大成果。不仅如此，反歧视运动发展到反对年龄、生理特点、性倾向、政治、宗教等各个方面的就业歧视。

一、歧视的概念

1789 年，法国《人权宣言》宣告："所有公民都是平等的，故他们都能平等地按其能力担任官职，公共职位和职务，除了德行和才能上的差别外，不得有其他差别。"尽管歧视作为一个概念，其基本含义已为人们所感知，但对其内涵与外延，人们尚存争议。

歧视一般由歧视方和被歧视方两个利益群体构成。从社会学的角度看，**歧视**是不同利益群体间发生的一种情感反应及行为，一般情况下，歧视方由于担忧被歧视方对自己的地位、权利、利益、习惯、文化等造成威胁或挑战，而在言论或行为上对被歧视方进行丑化、中伤、隔离和伤害等。歧视实际上是歧视方在寻找说不出口的理由，使不合理、不合法、不公平、不正义的事情维持下去，达到维护歧视方的地位、权利、利益、习惯、文化的目的。

本章主要分析劳动力市场歧视。**劳动力市场歧视**是指那些具有相同能力、教育、培训和经历并最终表现出相同的劳动生产率的劳动者,由于一些非经济的个人特征引起的在就业、职业选择、晋升、工资水平、接受培训等方面受到的不公正待遇。非经济个人特征主要包括种族、性别、肤色、年龄、家庭背景、民族传统、宗教、身体素质和原有国籍等。

二、劳动力歧视的类型

如果具有相同生产率特征的工人仅仅是因为他们所属的人类群体不同而取得不同的待遇,我们就说当前劳动力市场中存在歧视。劳动力市场中的歧视主要有以下几种类型。

(一)性别歧视

就业性别歧视是由国际劳工组织在1958年通过的《关于就业和职业歧视公约》的规定中首先提出的。就业性别歧视就是基于性别的任何区别、排斥或特惠,"其后果是取消或损害就业方面的机会平等或待遇平等"。

性别歧视是最常见的歧视,主要表现有两种情况:一种是公开的,如只招男生(或女生);一种是隐性的,如与女生约定,几年内不能生孩子,否则立即解雇。有研究表明,2019年,中国女性平均月薪酬为7245元,薪酬均值为男性的77%;全国妇联妇研究所对全国的女大学生进行了调研,高达86.6%的女大学生受到一种或多种就业歧视;智联招聘《2019中国职场女性现状调查报告》显示,女性因"性别歧视"导致的晋升受阻的比例是男性的10.6倍。

(二)户籍歧视

户籍制度在很多国家都有,但是户籍仅仅是方便公民参加社会政治经济活动所进行的登记而已。也就是说,户籍制度仅仅是告诉政府"我来这里了,作为这里公民应该享受的东西都给我拿来"。但我国的所谓户籍制度却有一点歧视的味道。无论是入学,或是社保,还是就业,户籍歧视现象普遍存在,尽管比以前好了许多。在中国,大城市的户籍歧视要多一些,小城市要少一些。

(三)容貌歧视

早在1994年,美国两位经济学家夏马梅斯教授和比德尔教授已经开始研究容貌歧视现象。他们通过调查后发现:无论男女,在其他条件相等时,被访者中被列为"容貌丑"的工作女性每小时薪金要比平均低5%,而靓女则比平均多收入4%;在男性中,被列为"容貌丑"的男性收入比容貌英俊的同性少9%。

容貌如果与劳动者完成工作岗位职责无关,用人单位若以此为理由区别对待,就构成就业歧视。具有吸引力的人可以进入要求好形象的职业(如模特或机乘人员),

因为在这些职业中,形象好可以提高劳动生产率。即使在非形象职业中,形象好也可增加收入。有调查显示,在应聘过程中,45.96%的用人单位对大学生求职者的身高长相有明确要求,说明以貌取人的现象在大学生求职过程中较为突出。

(四)种族歧视

种族歧视是指一个人对除本身所属的人种外的人种,采取一种蔑视、讨厌及排斥的态度,并且在言论行为上表现出来。种族歧视在古代即已存在,但其现代形式是从资本原始积累时期开始的。种族歧视是对人类尊严的凌辱,受到了国际舆论和国际组织的一再谴责。

(五)年龄歧视

年龄歧视本来是指一种认为老年人是生理或社会方面的弱者,并因此歧视老年人的现象。就业中的年龄歧视是指在就业职业中基于人的年龄因素而给予的不合理的区别对待。由于中国人口众多,就业结构出现年轻化的趋势,有的用人单位在招聘时规定了几近苛刻的年龄界限,将一大批年龄较大的求职者排斥在外。许多的企业在招聘员工时,将用人的年龄限定在35岁以下。

在中国,并非只有年长者会受到就业歧视,年轻者也会受到歧视。有的管理者认为年轻人在知识经验上不如年长者,在职场上为了保证年长者的利益,利用不科学的管理制度,压制优秀的年轻人。在有的单位,当受雇者达到一定年龄,其升迁就受到影响。

(六)其他歧视

其他歧视主要有学历歧视、宗教歧视、血型歧视、星座歧视、姓氏歧视等。

视野拓展

三、劳动力市场歧视的主要表现

歧视现象在世界各个角落都是根深蒂固的,它源自广泛竞争的压力,个人偏好的驱动,每个人对陌生人群的无知,以及对陈规陋习的惰性。劳动力市场歧视主要表现在以下几个方面。

(一)受教育的机会不均等

在劳动力市场上,某些群体由于受到歧视,其接受教育的机会可能会大大低于那些不受歧视的群体。当很多雇主考虑选择一些雇员接受进一步培训深造以胜任更重要的职务或是接管更多企业重任时,在所有条件相同的情况下,雇主往往会倾向于选择男性雇员。

(二)就业机会不均等

对于就业机会不均等这一问题,在女性就业机会上表现较为明显。女性在就业机会方面的不均等还表现在女性在较高岗位上的任职机会少,多数女性集中在职位较低的职业中,如工资较低的服务业。

(三)晋升机会不均等

晋升机会包括职务、技术级别和社会经济地位的提高。晋升机会不均等表现为某一社会集团和阶层成员,从歧视角度来看即那些在劳动力市场中受歧视的群体,经历的晋升渠道曲折,晋升到较高位置的人较少,社会地位较低。

(四)分配不公平

劳动力市场中由于歧视的存在而导致的分配不均表现在工资收入的不公平、职位分布的不均衡、福利待遇的不对称、工作环境的不协调等。而今由于法律制度的完善、道德伦理的约束等,一些歧视行为有所收敛,但是仍然不能完全杜绝歧视现象的存在。

四、就业歧视

对于什么是**就业歧视**,国际劳工大会1958年通过的《关于就业及职业歧视的公约》对此的完整定义如下。

第一条为本公约目的,"歧视"一语指:

(1)基于种族、肤色、性别、宗教、政治见解、民族血统或社会出身的任何区别、排斥或特惠,其效果为取消或损害就业或职业方面的机会平等或待遇平等;

(2)有关成员在同雇主代表组织和工人代表组织——如果这种组织存在——以及其他有关机构磋商后可能确定其效果为取消或损害就业或职业方面的机会平等或待遇平等的其他区别、排斥或特惠。

第二条基于特殊工作本身的要求的任何区别、排斥或特惠,不视为歧视。

劳动经济学的学者往往将歧视与劳动生产率联系起来。他们认为就业歧视是指具有相同生产率特征的工人仅仅因为他们所属的人口群体不同而受到不同的待遇,或者说是在劳动力市场上对工人与劳动生产率无关的个人特征的评价。

从规范上分析,平等就业是劳动立法确立的一项基本原则,认定一个行为是否构成就业歧视应当具备以下要件。

(1)某类劳动者不能获得与其他劳动者均等的机会。这种歧视表现在使该劳动者丧失了与其他劳动者平等的机会。它包括下列几种情形：

第一，使该劳动者不能与其他劳动者一道参加职业的竞争，如未经任何考核，仅因其信仰某种宗教或属于某一民族而直接拒绝接受；

第二，使该劳动者丧失与其他劳动者享受同样就业条件和待遇机会，如劳动能力比其他劳动者强，且从事的工作岗位更为艰苦或重要，但仅因其为少数民族劳动者而给予他的劳动报酬标准比其他劳动者低；

第三，使该劳动者丧失一般劳动者普遍享受的权利的机会，如仅因其为少数民族劳动者而排除其获得劳动保险的机会；

第四，使该劳动者比一般劳动者承担更多的负担和责任而使其与其他劳动者的平等机会受到影响，如仅仅因为其为少数民族而要求其缴纳保证金，在其不能缴纳或无力缴纳时，便不接受其进厂工作。

(2) 机会的不均等是用人单位基于特定的原因而人为造成的。这主要是指因用人单位或其工作人员基于对某一民族、性别、宗教信仰的偏见而造成的。

(3) 主观故意。就业歧视是用人单位基于对特定类别的劳动者的偏见而实施的，因此，这种行为只能是故意行为。如果用人单位或其负责人对劳动者本无偏见，但由于其疏忽，没有通知劳动者参加考核，从而使其丧失平等公平竞争的机会，尽管实际的后果相同，但劳动者仍不能以其存在就业歧视行为而对其主张权利。

(4) 因果关系。即用人单位的歧视行为与劳动者某种机会的丧失或减少存在因果关系。如果用人单位具有歧视的故意，也实施了一定的歧视行为，但是这种行为本身并没有对劳动者的平等机会造成任何影响，则也不能构成就业歧视。

第二节　劳动力市场歧视理论

自"二战"以来，关于歧视弱势群体者的议题，其篇幅在美国的报纸所占分量最多。美国经济学家加里·贝克尔(Gary S Becker)认为，市场歧视不只直接影响经济，也间接地波及非市场范畴。他把经济理论扩展到对人类行为的研究，用经济学的视角分析劳动力市场中的歧视问题，开拓了经济分析的新视野。1957年出版了加里·贝克尔的博士论文《歧视经济学》，这篇论文开创性地对歧视进行了当代经济学分析。由于在歧视问题分析方面作出了突出贡献，加里·贝克尔获得了1992年的诺贝尔经济学奖。

大多数经济学家们通常认为，存在三种可能的劳动力市场歧视来源，而每一种歧视来源又都有一个相关的模型，来说明歧视是如何产生的以及它的后果是怎样的。第一种歧视来源是个人偏见，这种情况主要是由于雇主、作为同事的雇员以及顾客不喜欢与某些特定标志的雇员打交道而造成的。第二种常见的歧视来源是先入为主的统计性歧视，这种情况主要是由于雇主将某种先入为主的群体特征强加在个人身上而引起的。第三种歧视来源是某些非竞争性的劳动力市场力量的存在，这也对劳动力就业和工资产生一定的歧视影响。

一、个人偏见歧视

贝克尔的劳动力市场歧视理论建立在歧视偏好这一概念上。这里主要分析雇主偏见、雇员偏见和顾客偏见三种歧视理论。

（一）歧视系数

加里·贝克尔在1957年提出了歧视系数的概念。假定女性和男性工人具有相同的劳动生产率，非歧视雇主把他们看作完全可替代的，如果他们的工资相同就会随机雇佣他们。但是如果一个男性雇主对女性有偏见，情况就完全不同。有偏见的雇主具有"歧视偏好"，好像女性给他们带来了心理成本，这种心理成本的强度就可用歧视系数 d 来表示。

歧视系数 d 可以用货币来计量。假设在劳动力市场上存在两种人：A类工作者和B类工作者。一位竞争性的雇主在招募雇员时，面临着下列投入的不变价格：A类工作者的工资率用 W_A 表示，B类工作者的工资率用 W_B 表示。如果雇主歧视A类人，则他从雇用A类人中得到负效用。也就是说，即便支付给一个A类人的小时工资只有 W_A，雇主也会认为自己付出的代价是 $W_A(1+d)$，其中 d 为一个正数。

实际上，歧视不但会使雇主对交易的真实货币成本视而不见，而且会使雇主认为雇佣A类人的成本高于实际成本。因此，归因于雇主偏见的歧视系数 d，给出了雇佣A类劳动者的成本的"加成"百分比。偏见越大，来自雇佣A类人的负效用就越大，歧视系数就越大。

我们可以将加里·贝克尔的歧视偏好定义应用到其他类型的经济活动中。例如，B类劳动者可能不喜欢与A类劳动者一起工作，B类人顾客可能也不喜欢由A类人制造出来的商品和提供的服务。如果存在偏见的B类劳动者的工资为 W_B，当他不得不同一个A类人一起共事时，他将视自己获得的工资为 $W_B(1-d)$，于是B类劳动者会认为自己得到的报酬少于实际报酬。类似地，如果一位B类人顾客从A类人销售者那里买了一件商品，他会认为其实际价格不是 P，而是 $P(1+d)$。歧视系数使得偏见"货币化"了，不论偏见是来自雇主（导致雇主歧视）、雇员（导致雇员歧视）还是顾客（导致顾客歧视）。

（二）雇主歧视

雇主歧视是指一些有歧视偏好的雇主为了达到与有某些特征的劳动力保持距离而宁愿支付费用或放弃某种收入，从而造成对被歧视者工资或就业上的不平等。假

设劳动力市场上有 A、B 两类劳动者,在市场上是完全替代的,因而可以把生产函数写为:

$$Q = F(L_A + L_B) \tag{9.1}$$

在公式(9.1)中:Q 为企业的产出;L_A 为 A 类劳动者雇佣数量;L_B 为 B 类劳动者雇佣数量。请注意,企业产出依赖于所雇佣的全部数量的劳动者,两类人的劳动生产率相同。两个群体经济地位的不同,不是由技能的差异而是由市场参与者的歧视行为造成的。

在将雇主的偏见引入分析前,我们回顾一下不存在歧视的企业的雇佣决策。因 A、B 这两个群体的劳动者的边际产品价值都相同,非歧视性的企业将会雇佣更加便宜的任一群体。

我们假设 A 类劳动力的市场决定工资低于 B 类劳动力的市场决定工资,即 $W_A < W_B$,一个不存在歧视的企业将会雇佣 A 类人,直到 A 类人工资等于其边际产品价值的那一点时为止,即:

$$W_A = VMP_L \tag{9.2}$$

图 9.1 描绘了这一利润最大化的条件。因此,不存在歧视的企业会雇佣 L_A 个 A 类劳动者。

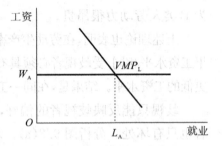

图 9.1 利润最大化条件

现在我们论述歧视企业的雇佣决策。因为雇主认为 A 类人工资并非 W_A,而是 $W_A(1+d)$,所以雇主的雇佣决策不是基于 W_A 和 W_B 的比较,而是 $W_A(1+d)$ 和 W_B 的比较。雇主将会利用效用调整价格较低的投入品。歧视 A 类人的雇主的决策法则就是:当 $W_A(1+d) < W_B$ 时,只雇佣 A 类人;当 $W_A(1+d) > W_B$ 时,只雇用 B 类人。

为方便起见,我们将全部雇佣 B 类劳动力的企业称为"B 类人企业",将全部雇佣 A 类劳动力的企业称为"A 类人企业"。歧视系数较小的无偏见雇主将只雇佣 A 类人,而歧视系数较大、偏见很大的雇主将只雇佣 B 类人。图 9.2(a)显示了 A 类人企业的雇用决策;图 9.2(b)显示了 B 类人企业的雇佣决策。

图 9.2(a)显示,A 类人企业倾向于雇佣过少的劳动者。非歧视企业雇佣 L_A 个劳动力,而实际上 A 类人工资等于其边际产品价值。然而,歧视系数为 d_0 的企业认为,A 类劳动力的价格为 $W_A(1+d_0)$。由于该歧视系数足够小,以至该企业仍然会雇佣 A 类劳动力,直到 A 类劳动者的效用调整价格等于边际产品价值的那一点为止,即企业只雇佣 L_{A0} 个劳动力。歧视系数 d_1 较大的企业雇佣的劳动者较少,只雇佣 L_{A1} 个劳动力。所雇佣的 A 类劳动者数量因此小于歧视系数较小的企业,因为雇主不喜欢雇佣 A 类劳动者,他们必定会通过雇佣较少的 A 类人来使其不舒服的感觉最小化。

图 9.2(b)显示,B 类人企业会一直雇佣劳动者直到 B 类劳动者的工资等于边际

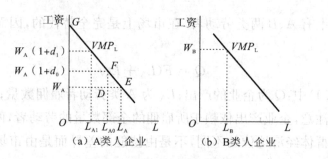

图 9.2 歧视企业的雇用决策

产品价值的那一点时为止,即 $W_B=VMP_L$。我们假定 B 类人工资比 A 类人工资高,则 B 类人企业会为雇佣其劳动者而付出更高的代价,因而会少雇劳动力(即图中的 L_B)。不愿意雇佣 A 类人工作者的雇主不仅全部雇佣 B 类劳动力,还雇用得较少,因为 B 类人劳动力很昂贵。

上述理论也表明,在劳动生产率相同,劳动力市场上存在对 A 类人歧视的情况下,如果工资水平相同,受歧视者必须具有更高的生产率;如果生产率相同,受歧视者必须接受更低的工资水平。结果是,在同一工资水平上,受歧视者就业的可能性更小。

歧视只能反映歧视者的偏好,对被歧视者没有好处。从经济角度看,歧视对歧视者也只有坏处。分析图 9.2(a)。若 A 类企业没有歧视,则当工资为 W_A 时,雇用 L_A,减去工资后的利润为 GW_AE。若存在歧视,歧视系数为 d_0,则雇佣 L_{A0},减去工资后的利润为 GW_ADF,净减少了 DEF 的面积。若歧视程度进一步提高,则损失更大。由此可见,歧视性雇主为了自己的歧视偏好不得不放弃一部分利润。

接下来,我们从劳动力市场的供求入手来进一步分析雇主歧视问题。假设在竞争性劳动力市场和竞争性产品市场的条件下,有两类雇员 A 和 B,他们的劳动生产率相同。不同的雇主可能对 A 类雇员的歧视程度不同,从而他们得到的工资也不同。如图 9.3 所示,当 A 类雇员的相对工资是 B 类雇员的 3/4、1/2、1/4 时,雇主会选择他们。

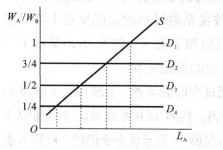

图 9.3 不同歧视程度下的雇主的劳动需求曲线

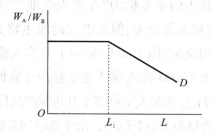

图 9.4 A 类工作者面临的劳动需求曲线

在图 9.3 中,纵轴表示相对工资,横轴表示 A 类雇员的数量,如果没有歧视,对 A 的需求曲线就是 D_1,因为相对工资是 1。但是,如果某些雇主对 A 类雇员存在歧视,需求曲线则为 D_2,其相对工资较低,为 3/4。对 A 类雇员的歧视程度越重,需求曲线就越低。

以上分析是建立在雇主的偏好无差异的基础上的,但是在现实生活中雇主的偏好不可能完全相同,有些雇主的歧视较弱,而有一些歧视较强。如需求曲线为 D_2 和 D_3 反映雇主各自不同偏好。

假定劳动力市场并非所有的雇主都对 A 类劳动者有歧视。如图 9.4 所示,水平部分表示雇主对 A 类劳动者没有歧视,则对 A 类劳动者的劳动需求曲线在一定劳动力雇用水平上向下倾斜,而且歧视程度越高,向下倾斜越陡。

市场对 A 类雇员的需求量取决于他们与 B 类雇员比较时的相对工资水平,如图 9.5 所示。假设市场中有许多非歧视性的雇主,或 A 类人不多,不超过 L_1 时,他们的相对工资为 1,即无论哪类雇员均支付相同的工资,企业愿意从而可以吸纳 L_1 的人到这些企业就业。若 A 类人超过 L_1,对于那些有歧视的雇主而言,W_A 必须降到 W_B 之下时他们才有可能去雇佣 A 类雇员,而且 A 类人越多,其相对工资越低。

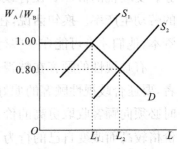

图 9.5　A 类人供给曲线对相对工资的影响

除了 A 类雇员的供给曲线变化引起相对工资变化之外,还有其他一些因素也会对相对工资产生影响。

第一个主要因素是非歧视性雇主人数的变化。在供给曲线不变的情况下,若非歧视性雇主的增加,也越是增加了不存在歧视的需求。非歧视性雇主的加入增加了对 A 类人的需求,在图 9.6 中表现为在 A 类人供给不变的情况下,到歧视性雇主那里去寻找工作的人减少,使得相对工资上升。若非歧视性雇主能吸纳全部 A 类劳动者,则其工资与 B 类劳动者无异。

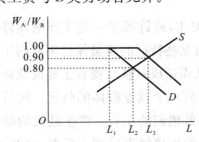

图 9.6　非歧视性雇主增加对 A 类人相对工资的影响

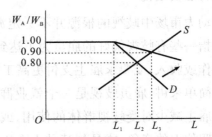

图 9.7　雇主歧视程度下降对 A 类人相对工资的影响

第二个主要因素是雇主的歧视程度的变化。即使有偏见的雇主人数不变,若他们的歧视程度降低,同样会引起相对工资的上升。如图 9.7 所示,歧视程度下降,相对工资上升,对 A 类劳动者的雇佣人数增加;反之,歧视程度越来越严重,A 类雇员的相对工资就会越低,对 A 类人就业越不利。

(三)顾客歧视

曾有报道称:有一农民工到一家餐馆去吃面条,因衣着不干净而遭到正在吃饭的一女性顾客的歧视,结果该女性顾客受到餐馆老板的教训,这种现象就叫顾客歧视。

顾客歧视是指一些有歧视偏好的顾客为了达到与有某些特征的劳动力保持距离而宁愿支付费用或放弃某种收入,从而造成对被歧视者工资或就业上的不平等。例如,在某些场合顾客更偏好男性提供的服务,而在另一些场合则偏好女性提供的服务。受歧视的群体要在有顾客歧视的领域就业,就必须接受更低的工资或具有更高的劳动生产率。换句话说,在其他条件相同情况下,只有受歧视群体投入更高的人力资本,他们才有可能在一些行业谋得职位。

有歧视性的顾客在歧视过程中,物质上是受损的。例如,若顾客歧视 A 类劳动者,要迎合歧视性顾客的偏好,企业必须雇佣 B 类劳动者,向他们支付较高的工资,同时必须向顾客收取更高的价格以弥补成本损失。可以预见,歧视性顾客可能会因为价格较高而改变自己的行为,但也有可能这样的高价只不过是他们总体消费支出中很小的一部分,还不足以动摇他们对偏好效用的追求,只要他们愿意,他们就继续这样做。

如果顾客存在歧视偏好,他们的购买决策就不是基于商品的实际价格,而是基于效用调整价格 $P(1+d)$,其中 d 为歧视系数。如果顾客不喜欢从 A 类劳动者那里购买东西,顾客歧视就减少了对 A 类劳动者出售的商品或提供的服务的需求。

企业可以把 A 类劳动者安置到跟顾客打交道很少的工作岗位上,比如企业的生产车间,而把 B 类劳动者安置到服务部门。此举意味着,A 类劳动者可以躲藏在人们的视线之外。

(四)雇员歧视

劳动力市场中歧视的根源并不一定源自雇主,或许源于一起工作的同伴。**雇员歧视**是指一些有歧视偏好的雇员为了达到与有某些特征的雇员保持距离而宁愿放弃某种工作或收入,或要求雇主支付更高工资,从而造成对被歧视者工资或就业上的不平等。简单来讲,雇员歧视是一个就业群体对另一个就业群体的歧视。雇员的偏见会促使雇主减少对受歧视群体的使用,或者降低他们的工资。产生歧视的原因可能是工作职位上的竞争,或是与某种人在工作中发生接触而感到不舒服、厌恶,以及男性雇员不愿意在女性领导下工作等。

假设 B 类人不喜欢与 A 类人一起工作。正如已经论述过的,工资为 W_B 的 B 类工作者对待工作的态度与他们工资仅为 $W(1-d)$ 时一样,其中 d 为 B 类劳动者的歧视系数。因为 A 类劳动者并不在乎工作同伴的特征,他们的实际工资水平与效用调整工资水平都是 W_A。假设小时工资是 20 元,那么拥有混合劳动力队伍的企业要想吸引 B 类劳动者,必须提供高于每小时 20 元的工资。

然而,一个非歧视性、追求利润最大化的雇主绝不会选择拥有混合劳动力队伍的工作场所。因为不必为混合付出代价,A 类人和 B 类人会被不同的企业所雇佣。雇员歧视(与雇主歧视一样)暗示了一个完全分隔的劳动力市场。

雇员歧视来源于劳动力市场的供给方面。在这方面,年龄、性别、宗教信仰、民族、体态特征、性格特征等因素引发的歧视比较常见。假设 B 类员工不愿意与 A 类员工在一起工作,这可能出现两种局面:一方面,B 类员工辞职,如果希望留住这些员工,企业必须支付给他们一定程度补偿性工资,这将导致企业难以实现利润的最大化;另一方面,企业改变雇佣取向,同样会面临利润损失的风险,而追逐利润最大化的厂商会把这个风险成本转嫁到产品,当然也就转嫁到消费者身上。在消费者的行列中,抱有歧视偏好的雇员也许就在其中。因此,雇员歧视的结果就是雇员本身的福利受到损害。

那么,在隔离的前提条件下进行雇佣也可以作为雇主迎合一些歧视性雇员的方法。当然,对工人进行完全的隔离是不具有可行性的。

(五)歧视损益的进一步分析

任何种类的歧视都没有绝对的获益者,即使歧视者得到了效用的满足,但他同时必须为此付出代价,如可能因为工资成本偏高、搜寻成本偏高、偏离了利润最大化原则等而使利益受到损失。被歧视的利益受损是绝对的,如低工资、低雇佣、更差的工作条件、更少的晋升机会等。在市场中,一部分人获益,而另一部分人因此受损,经济不会实现帕累托最优。

1. 歧视损益的局部均衡

我们以 A 类劳动力为例分析歧视损益的局部均衡。如图 9.8 所示,由于市场歧视系数的存在,对 A 类劳动力的需求曲线 D_1 向左移动到 D_2,移动幅度的大小代表歧视系数的大小,这种移动将对雇主和 A 类劳动力的收入产生影响,但这种影响效果也取决于 A 类劳动力的供给弹性和雇主对 A 类劳动力的需求弹性。下面我们分三种情况讨论。

(1)当 A 类劳动力供给弹性为零时,A 类人的工资将随需求曲线的下移而下降,而 A 类人的劳动力供给数量一直不发生变化。雇主的收益因为 A 类人工资低于边际产品价值而上升。雇主增加的收益相当于图 9.8 中(a)中的四边形 $PQCD$ 面积。

(2)当 A 类劳动力供给弹性为无穷大时,A 类劳动力的需求曲线向左移,但 A 类人的工资不变,而 A 类劳动力的供给数量减少,雇主将损失相当于 EFG 面积大小的生产者剩余,没有歧视性收益,因为 A 类人劳动力此时不提供工资低于其边际产品价值的劳动,如图 9.8(b)所示。

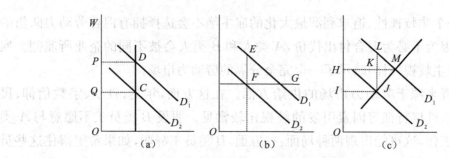

图 9.8 歧视损益的局部均衡

（3）当 A 类人劳动供给弹性大于零小于无穷大时，歧视性的收益或损失大小是不确定的，净收益或损失取决于 $HIJK$ 和 LKM 的相对大小，如图 9.8(c)所示。若前者大于后者，歧视是可行的。

2. 被歧视雇员的福利损失

假定有两种相同生产效率劳动者 A 和 B，分别受雇于两个相似的产业。为简化起见，假定要素供给是相等的，且完全无弹性，如图 9.9 所示。在完全竞争下，两个产业工资率应该都是 W。假定存在工资差别，产业 I 只雇用 A 类人，产业 II 最初只雇用 B 类人。若产业 I 高于均衡工资，则被产业 I 解雇的 A 类人将转向先前只雇佣 B 类人的产业 II 就业，结果产业 II 的工资下降。这样，留在产业 I 的 A 类人将因此受益，而在产业 II 就职的 A 类人和 B 类人将因此受损。这两个市场存在着工资差别，即未被歧视的群体是受益者，被歧视的群体是受损者。

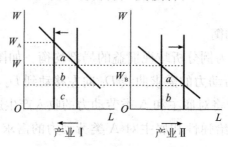

图 9.9 歧视福利的局部均衡

从整个社会来看，由于歧视现象的存在，经济偏离了帕累托最优标准，不是一个最优经济体制。不管模型中的假定是什么，歧视肯定会导致福利损失。如图 9.9 中，产业 I 的产出量下降相当于 $(a+b+c)$ 的面积、产业 II 产出增加仅仅是 $(a+b)$ 的面积，社会福利净损失额对应于产业 I 中的矩形 c 的面积。

即问即答：在中国，大部分饭店雇佣年轻女性服务员，原因是什么？

视野拓展

二、统计性歧视

1972年,美国学者菲尔普斯在《美国经济评论》正式提出统计性歧视理论,建立模型来解释统计性歧视问题。**统计性歧视**是指将一个总体的平均特征视为该群体中每一个人所具有的特征,断言他属于这一平均特征而不具有个别特征,从而对不具有这个群体的特征的人所产生的一种不公平的对待。简单地说,统计性歧视是指个体的情况都被按其所属群体的平均情况而非个人特征来加以处理。

统计性歧视理论认为,统计性歧视的根据在于信息的不完全,以及获取信息需要支付成本。企业在劳动力市场上招聘员工时,往往将求职者的群体特征推断为个体特征,这种做法会使不利群体遭受统计性歧视。一个常见的例子是企业筛选人员的依据是他们所上的大学。由于各校评分标准不同,很难对各校学生的学习成绩进行评估和比较。因此,雇主更多的是根据他们毕业的学校而非成绩或实力来选择雇员。

(一)统计性歧视的特征

统计性歧视有以下三个特征。

第一,歧视性雇主利益不一定受损,相反,雇主可能是一定程度的受益者。雇主通过最小化其雇佣成本来提高利润。如果说搜集每一位求职者的详细信息代价很高,那么获得求职者所在群体的特征却很容易。一些经济学家认为,统计歧视理论把雇主作为"赢利者",可能比歧视偏好理论把雇主作为"受损者"更合理。

第二,统计歧视模型不必显示出雇主对其雇佣行为的歧视性。决策的作出可能是正确的、理性的、赢利的,唯一的问题是,许多与群体特征不同的工人被歧视性地对待了。

第三,没有充足的理由说明统计歧视会在一段时期后消失。与歧视偏好模型不同的是,统计歧视将持续下去,因为歧视者在一定程度上是受益的。

上述第一点和第三点说明了一个重要道理:如果任意两个群体的一般特征经过一段时间消除了差别,那么雇主再采取从前一样的统计歧视的代价是高昂的。例如,假设人力资本歧视消失,A类人可以与B类人获得同样质量的教育,工作效率也相等,而此时雇主依然只雇佣B类人,他就会犯更多的雇佣错误。这些错误可分为两种类型:雇佣了较多不合格的B类人和没有雇佣合格的A类人。一般来说,个体差异越大,利用群体特征来推断作为甄选标准的代价就越高。

(二)统计性歧视的产生

企业在雇佣活动中最想知道的是求职者信息,但在一般情况下又无法直接获得这些信息,只能通过一些间接的办法来收集工资水平相关的信息,如受教育程度、工作经验、测试分数等,并通过这些相关信息对求职者的生产率水平作出评估。这些信息虽好,然而要想作出更准确的预测,就必须收集更详细的相关资料。当然,这样做就必须付出更大的信息成本。

为了能以最低的信息成本获取一定质量的劳动力,企业在雇佣活动中常常利用求职者属的群体所具有的一般信息来帮助完成雇佣工作。例如,有两个求职者,分别毕业于重点大学和普通大学,企业通常会雇佣来自重点大学的求职者。很显然,这种做法可能会失去普通大学的优等生,而雇佣了重点大学的差等生。同样,在企业的薪酬制度的设计过程中,也会出现类似的情况。通常,工资是划分等级的,同一等级内的员工的工资是相同的,但是他们的生产率水平并不完全相同,因而有的吃亏,有的占便宜。不过,这种做法减少了管理成本,在差别不大的情况下也是切实可行的。

统计性歧视是在劳动力市场的信息不完全情况下,由于考察的方法局限所造成的。在排除其他歧视的情况下,统计性歧视其实是在信息成本约束与利润最大化行为下的理性选择。

统计性歧视可以被视作甄选问题的一个组成部分。所谓甄选问题是指与生产率有关的可观察性个人特征并不能对求职者个人的实际生产率作出完全预测的问题。在雇佣决策过程中,这种不完善的测试可能产生两个错误:有些生产率低的人可能被雇佣,而生产率高的人被拒之门外。因此,统计性歧视可能会强化人们的成见,并减弱某一群体中成员提高技能和积累经验的激励,从而有可能导致经济的无效率。

三、市场影响力模型

贝克尔的模型是在竞争理论的框架内发展的,得出的结论往往是歧视者可能在长期竞争中被排斥出去。一些经济学家对此理论并不满意,他们认为,市场影响力能够使雇主坚持这种歧视行为,并且在买方垄断歧视模型已经证明这种歧视对雇主是有利的。

(一)拥挤和隔离

某些工作一直以来都被视作"男性的工作",如搬运工等以体力劳动为代表的职业,以及如医生、律师等有较高的社会地位名声、强调专业的工作。而有些工作则被认为是"女性的工作",通常是类似家务劳动或是强调女性善于照顾、温柔特点的工作,如家政服务,护士,幼儿园老师以及大多数的服务业。

在竞争模型中,市场竞争力能够把劳动力配置到最有效的环节中去,而拥挤模型却对阻碍这种作用的因素进行了分析。这些因素可能是社会规范或雇主对劳动力群体的歧视。而要坚持这种歧视,就要他们具有强大的劳动力市场影响力。

图 9.10 用一个简单的供求框架表述了这一思想。图 9.10(a)代表的劳动力市场是一个供给相对大于需求的密集部分,工资相对较低。图 9.10(b)代表一个供给相对少于需求的劳动力市场(非拥挤部分),工资相对较高。这两个市场可能分别由女性和男性组成。如果市场是竞争性的,那么我们可预测到拥挤部门的劳动者将受到非拥挤部门高工资的吸引,这时竞争将消除工资差额,并扩大非拥挤部门的就业量和减少拥挤部门的就业量,同时将增加总产量,因为从拥挤部门进入非拥挤部门的劳动力能够生产出比以前更多的边际产品。然而,在拥挤密集模型中,这种竞争力并不占主导地位,因为歧视和隔离持续存在。因此,这一理论表明存在一些阻碍个人从拥挤部门向非拥挤部门流动的障碍。

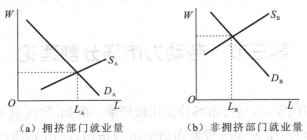

(a) 拥挤部门就业量　　　　(b) 非拥挤部门就业量

图 9.10　拥挤和隔离

许多研究发现,"适合女性的工作岗位"支付的工资较低。为什么女性会"理性地"选择特定的职业而避开其他的职业?一些职业,如幼儿园老师或者是照看孩子的保姆,不需要频繁地更新技术。而一些职业,如音乐会的钢琴家或核物理学家,则必须不断更新技能。女性的一些特有的职责、社会伦理和自身的特点,使大多数女性难以不断提高技能去满足职场的要求。

(二)买方垄断歧视

对产品的垄断销售者来说,在不同的消费者群体之间实施价格歧视是有利可图的,因此,我们也可以证明,对劳动力的垄断购买者来说,在不同的劳动力群体之间实施工资歧视也是有利可图的。图 9.11 表述了这一思想。图 9.11(a)表示非歧视的买方垄断者。假定边际工资成本等于边际收入产品时可以得到一个利润最大化工资和就业量,工资为 W_0,就业量为 L_0。

现在,假设有两组劳动者 A 和 B,他们的劳动力供给曲线具有不同的斜率。A 组的劳动力供给曲线更倾斜,这可能是因为他们不如 B 组那样容易流动。现在,一个利润最大化的雇主实行工资歧视,他不用像图 9.11(a)所表示的那样在就业水平为 L_0 时支付 W_0 的工资,而仍然可以雇佣到相同数量的劳动力,只是劳动者的结构发生了变化。图 9.11 的三个图表明,歧视买方垄断雇主可以在 W_A 的工资水平雇佣 L_A 个

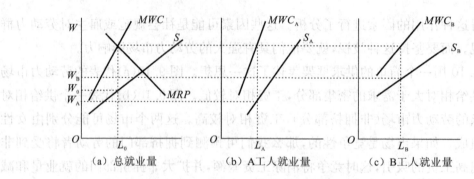

(a) 总就业量　　　　(b) A工人就业量　　　　(c) B工人就业量

图 9.11　买方垄断歧视

A 类劳动者，W_B 的工资水平雇佣 L_B 个 B 类劳动者，而仍然保持 MWC＝MRP。对这一结果的进一步解释表明 $W_B > W_A$。这样，即使买方垄断雇主没有对 A 劳动者的偏见，通过对两组劳动者进行区分，他仍然能够通过雇佣 A 劳动者而增加利润。

第三节　劳动力市场分割理论

世界上有一些国家，劳动力市场分割比较严重。例如，印度商界几乎完全是男性的天下，印度创投数据库 Xeler8 曾发布研究报告指出，2016 年印度共成立初创公司 670 家，其中仅有 3% 是由女性创建的。印度一位 26 岁女员工说，她在班加罗尔就职过的创业公司只有 20 名女性，经理级别的员工没有一个是女性。父系社会特质和女性歧视已经渗入印度职场，职业女性很难与男性享有平等的待遇。

劳动力市场分割理论，也被称为"双重劳动力市场模型"，是美国经济学家多林格尔和皮奥里于 20 世纪 60 年代提出的。劳动力市场分割是指由于社会和制度性因素的作用，形成劳动力市场的部门差异；不同人群获得劳动力市场信息以及进入劳动力市场渠道的差别，导致不同人群在就业部门、职位以及收入模式上存在明显差异，比较突出的如在种族、性别与移民之间的分层等。简单地说，劳动力市场分割是指由于政治、经济等外在制度因素或经济内生因素的制约，劳动力市场划分为两个或多个不同领域。

一、劳动力市场分割理论概述

与其他要素市场相比，劳动力市场具有较明显的非竞争性。西方国家的劳动力市场分割理论正是以区别于传统劳动力市场理论的新范式来解释这种非竞争性的。这种理论认为，传统的劳动力市场理论无法很好地解释劳动者收入差距的不断扩大和劳动力市场中存在的各种歧视现象，而劳动力市场分割理论强调劳动力市场的分割属性、强调制度和社会性因素对劳动报酬与就业的重要影响，因而具有较强的现实解释能力。

劳动力市场分割理论的起源最早可以追溯到约翰·穆勒和凯恩斯,他们曾公开反对亚当·斯密关于劳动力市场具有竞争性质的学说,而倾向于认为劳动力市场具有非竞争性。20世纪六七十年代,劳动力市场分割理论出现了不同的学术分支,其中双元结构论是该理论的代表。

劳动力市场分割的主要表现形式是劳动力市场可以划分为一级和二级劳动力市场以及内部和外部劳动力市场。一级市场具有工资高、工作条件好、就业稳定、安全性好、管理过程规范、升迁机会多等特征;二级市场具有工资低、工作条件较差、就业不稳定、管理粗暴、没有升迁机会等特征。一级市场的岗位主要由内部劳动力市场组成,工资的确定、劳动力资源的配置由管理制度等规则来调控,市场力量基本不发挥作用。

现代劳动力市场分割理论认为,一级市场的工资是由议价机制和效率工资决定的。议价机制是指工资是由雇主和工会代表谈判决定的,因为企业更换劳动者需要成本,所以议价工资往往高于竞争性市场上的工资水平。效率工资则认为,一级市场为防止偷懒,自愿支付高于完全竞争市场的工资水平,且保持就业稳定能减少监督成本,因而一级市场就业相对稳定,劳动力一旦失业其保留工资也会较高,由此会产生自愿失业;二级市场竞争性强、工资低,劳动力需求变动频繁,劳动者易受需求冲击和摩擦性失业的影响。

视野拓展

二、劳动力市场分割的原因

劳动力市场分割理论认为,导致劳动力市场分割的原因主要表现在以下几个方面。

(一)制度上的解释

与传统理论强调供给方面和个人特征相比,双重劳动力市场理论强调需求和制度因素。一级市场中的工作往往是内部劳动力市场中的一部分,在内部劳动力市场,工资结构是由组织要求决定的。雇员往往是由工会组织的,而公司往往在产品上具有某种程度的垄断力。产品需求趋向稳定,公司从事大规模投资。二级市场的工作往往并不存在于内部劳动力市场中,工作中几乎不需要特殊的培训。公司面对的是不稳定的产品需求,主要采用劳动密集型技术进行生产。

(二)激进理论解释

一些激进经济学家认为,劳动力市场分割是与大的企业所采取的"分而治之"策略相关的。这一策略是对劳动者进行控制的一种方式。内部劳动力市场的建立和有关的职位等级机制就是企业家用来解决这一问题的方法之一。当劳动者向上晋升时,这会使他们产生一种垂直流动感觉,并且激励他们更加努力地工作。职位等级制度的另一个优点就是它使雇主具有更多的纪律管制手段。这种制度使劳动者为了晋升而相互竞争,并且削弱了他们之间可能形成的某种团结一致的感情。

(三)效率工资解释

在某些公司和行业中,对劳动者的生产率进行监督是成本极高的。这时,他们将提供一个更高的效率工资,而那些雇员也意识到,如果他们的逃避被发现,那么他们将失去这份工作。这种威胁就使得必须通过监督才能获得更多的努力和更高的生产率这种状况发生改变,使监督费用大大降低。在小公司,雇主可能选择支付低工资并对雇员的生产率进行严密监督,因为这么做是更便宜的。因此,在一级劳动力市场中,公司支付效率工资,而在二级劳动力市场中,工资的决定过程往往是由劳动力供求力量对比决定的。

(四)产品市场的影响

产品需求稳定或产品市场虽然不稳定,但市场份额相对稳定的企业愿意进行大规模的投资,以形成资本密集型生产,会创造出含有就业保障条款在内的一级市场;如果产品市场不稳定或难以预测,企业就不会从事大型项目投资,转而看好劳动密集型生产方式,从而在二级市场从事生产活动。

(五)歧视

有些人长期从事较差的工作,并不是因为人力资本含量不足,而是由歧视所致的。很多一级市场上的工作只要具备较低的技能就足够胜任了,而二级市场上的某些工作却需要较高的工作技能。一级市场的工作条件通常讲究与现有就职群体的信赖关系以及群体之间的相容性,而不讲究工作技能的高低。

即问即答:有人说,二级市场的就业者大多为相对穷人,你认为呢?

三、劳动力市场分割的治理对策

治理劳动力市场分割的对策主要有以下几方面。

(一)提高教育水平

从社会需求出发,培养能适应市场的人才。自改革开放以来,我国教育事业确实取得了可喜成绩,但也有很多问题。现在许多学校,在师资力量不足的情况下,过快扩招,课程设计不合理,使得专业和社会脱节严重。各高校若能教授学生更有用的实用性技能,帮助学生做好职业规划,会部分消除学生就业的迷茫感。

(二)提高求职者自身素质

打铁还需自身硬。提高自己的能力,让自己更优秀、更具竞争力,是最便捷、最有效的解决就业歧视的方式。对于学生来说,要找到自己的职业目标,为之努力,多参加活动,为自己的简历添上光亮的一笔。面试之前多了解企业。即使就业前景不明朗也没关系,未来的职业发展道理还很漫长,我们也可以在工作中锻炼自己、提升自己。

(三)消除就业歧视观念

在市场经济条件下,不同区域、不同行业的劳动者都是市场的主体,他们完全有权利、有理由选择适合自己的职业。对于城乡的劳动者来说,就业选择权应该是平等的。建立公平竞争体制是市场建设的一项主要任务,因而从思想观念上消除劳动力市场的歧视是极为重要的。

(四)消除隔离体制

首先,要进一步从城乡隔离的户籍制向城乡一体化的户口登记制改变。小城镇户口应完全放开,大中城市应该逐步放开户口,尽快从目前的户籍管理向身份证管理过渡,简化就业手续、降低就业门槛,以减少就业成本,为居民异地就业创造条件。其次,要建立统一的社会保障体系,把城市非正规就业者和农村劳动力纳入这一体系之中。

(五)制定反就业歧视法律法规

根据我国的情况,我国反就业歧视立法可以从两种途径考虑:一种是制定专门的法律,即制定反就业歧视法,这一单行法规对就业歧视作出全面系统的规制;另一种是先针对某一类型的歧视由国务院制定单行法规,由易到难,循序渐进,时机成熟时再制定统一的反就业歧视法。

(六)规定禁止就业歧视的事由和保护范围

在平等权成为劳动法的核心理念的背景下,应该禁止基于性别、种族、残疾、宗教、信仰、年龄等实施的歧视。性别歧视包括对怀孕、已婚者、性取向的歧视。此外,还应当将现实生活中经常发生的歧视现象纳入法律的调整范围,禁止基于健康、长相、社会出身等实施的歧视。除了禁止歧视的事由,反就业歧视的环节应涵盖劳动者求职申请、报酬、休息休假、劳动安全卫生保护、就业服务、职业培训、社会保险和福利、解雇等各个环节。

(七)规定举证责任与法律救济

合理的举证责任分配和充分的法律救济是反就业歧视法获得实施的保证。要原告能够提供表面的证据证明歧视的存在,被告就要承担反驳的举证责任。关于法律救济,根据英国的经验,应该向受害人提供损害赔偿包括精神损害赔偿的救济。此外,也可以根据美国的经验,向受害人提供禁止令、复职、晋升等救济方式,使受害人获得损害赔偿之外的其他救济。

(八)加强反歧视法执行机构

目前,我国可以考虑在劳动和社会保障机构内设立独立的部门,负责反就业歧视监察和平等权的促进。该部门的职责应借鉴英国的"平等和人权委员会",除了对歧视行为进行监察、帮助受害人提起诉讼,还应坚持处罚与预防、促进并重的原则,通过发布规章或指引,帮助雇主和雇员树立就业平等的观念。

本章小结

歧视是指对某个人或某一群体一切不公平、不公正的态度、评价或有区别的行为对待。从经济学的学科角度上讲,歧视指那些具有相同能力、教育、培训和经历并最终表现出相同的劳动生产率的劳动者,由于一些非经济的个人特征引起的在就业、职业选择、晋升、工资水平、接受培训等方面受到的不公正待遇。

劳动力市场中的歧视可以分为工资收入歧视、就业歧视、职业歧视和人力资本投资歧视四种类型。劳动力市场歧视的最主要表现是受教育的机会不均等、就业机会不均等、晋升机会不均等和分配不公平。

个人偏见歧视理论主要有雇主偏见、雇员偏见和顾客偏见三种歧视理论。任何种类的歧视都没有绝对的获益者,即使歧视者得到了效用的满足,但他同时也必须为此付出代价。

统计性歧视是指将一个总体的平均特征视为该群体中每一个人所具有的特征。某些非竞争性的劳动力市场力量的存在,对劳动力就业和工资产生一定的歧视影响,如密集与隔离、垄断等。

劳动力市场分割是指由于社会和制度性因素的作用,形成劳动力市场的部门差异。不同人群获得劳动力市场信息以及进入劳动力市场渠道的差别,导致不同人群在就业部门、职位以及收入模式上的明显差异。劳动力市场分割的主要表现形式是劳动力市场可以划分为一级和二级劳动力市场以及内部和外部劳动力市场。

关键概念

歧视	工资歧视	职业歧视	就业歧视
人力资本投资歧视	个人偏见	歧视系数	雇主歧视
雇员歧视	顾客歧视	统计性歧视	

思 考 题

一、问答题

1. 什么是歧视？歧视有哪几种形式？
2. 什么是雇主歧视？雇主能否从歧视中获得收益？
3. 什么是顾客歧视和雇员歧视？
4. 统计性歧视是如何产生的？
5. 什么是劳动力市场分割理论？其产生的理由是什么？
6. 为什么女性失业率要比男性高？
7. "对一个群体的优惠也就是对另一群体的歧视。"你同意这种观点吗？
8. 针对我国目前存在的就业歧视现象，分析产生的原因。
9. 许多单位在录用人员时，若条件相当，比较倾向于录取本科、硕士或博士阶段是相同专业的求职者，这是什么歧视现象？是否妥当？
10. 20世纪末，企业招聘偏向于"海归"，而今天许多企业招聘时，同等条件下可能回避"海归"。这是否是歧视？为什么？
11. 对于高考加分政策，不同的人有不同的解读。由于许多地方加分政策被滥用，有的人认为这是对弱势群体的歧视，你怎么看？

二、案例分析

"浙江就业性别歧视第一案"：女大学生胜诉

2014年6月24日，应届毕业生郭某在赶集网上看到杭州市西湖区某烹饪职业技能培训学校在招聘文案人员，她认为自己的学历以及实习经验符合学校的要求，便在网上提交了简历。

等待多天后没有得到任何回复，郭晶又浏览了赶集网相关的页面，才发现招聘页面上写着"限男性"的要求。郭晶表示不解，多次向对方咨询，并到学校当面了解，对方坚持只要男性，表示这个岗位不适合女生。

记者就此事向该学校求证，其人事部一位工作人员表示，他们没有性别歧视的意思，而是这个岗位的人经常要和男厨师一起出差，女生不方便。

"企业拒绝女生的理由太多了，女生们不能再忍气吞声。"于是，郭晶在7月向法院提起了诉讼。

2014年11月12日，这起"浙江就业性别歧视第一案"在杭州市西湖区人民法院宣判，法官认为："被告不对原告是否符合其招聘条件进行审查，而直接以原告为女性、其需招录男性为由拒绝原告应聘，其行为侵犯了原告平等就业的权利，对原告实施了就业歧视。"

中国政法大学法学院教授刘小楠对郭晶案评论说："中国在女性就业歧视案件上

最大的问题是没有判例,虽然中国不是判例法国家,但是对于法律只有原则性规定的性别歧视案件,判例对于实践该部分法律起到至关重要的作用。这个案件为消除女性就业歧视起到了良好的示范作用。"

思考讨论:

1. 该企业对女性歧视的原因是什么?
2. 你认为这一判例有何指导意义?
3. 如何禁止就业歧视?

课外阅读资料

第十章

就业与失业论

学习目标

1. 失业与就业的概念
2. 失业的类型与成因
3. 效率工资失业与隐性契约失业
4. 刚性工资失业与工作搜寻失业

就业是最大的民生。在 2021 年 3 月 5 日的两会上,李克强总理的政府工作报告中明确指出,保市场主体也就是为稳就业保民生。各地加大稳岗扩岗激励力度,企业和员工共同克服困难。多渠道做好重点群体就业工作,支持大众创业、万众创新,带动就业。新增市场主体恢复快速增长,创造了大量就业岗位。2020 年,城镇新增就业 1186 万人,年末全国城镇调查失业率降到 5.2%。

完全竞争市场中的就业均衡只是在理论上存在,现实的市场是不完全竞争市场,所有寻找工作的人都找到工作是不可能的。那么,是什么原因造成了失业?失业对我们的生活会产生什么样的影响?为什么有些人经常失业?充分就业就没有失业吗?

本章首先对就业和失业的概念加以说明,然后分析失业的类型与原因,最后从理论上对失业问题作进一步探讨。

第一节 就业与失业概述

就业是民生之本,是安邦之策。世界上任何国家,无论贫穷还是富有,都非常重视就业和失业问题。就业率与失业率的高低,不仅仅是衡量一国的宏观经济是否运行良好的重要方面,也往往成为政治讨论的核心。因此,正确界定就业与失业,对于研究宏观劳动力市场和公共政策具有非常重要的意义。

一、就业的概念

就业也称为"**劳动就业**",是指达到法定劳动年龄、具有劳动能力的劳动者,运用各种生产资料依法从事某种社会劳动,并获得赖以为生的报酬收入或经营收入的经济活动。

(一)就业需要符合的基本条件

由就业定义可以看到,实现就业需要符合下述几个基本条件。

第一,就业主体是达到法定年龄的具有劳动能力的人。目前世界各国都根据本国的情况规定就业者劳动年龄的上下限、就业时间的长短等具体内容。这种规定是为了更好地促进劳动者的身心健康,更有利于劳动者行为能力的良好形成和发展。

第二,就业主体所从事的劳动属于合法社会劳动。劳动者不论在何种经济部门从事劳动并取得劳动报酬或经营收入,均是参与了就业活动的人。只有劳动者从事义务性劳动、家务劳动或从事非法劳动,才不属于就业范畴。

第三,就业主体所从事的劳动是有报酬的劳动。

关于就业者的划分标准,不同的国家和地区存在较大的差别。即使在同一个国

家和地区,在不同的历史时期也不尽相同。按照国际劳工组织的规定,凡是在规定年龄之内,符合以下条件者都属于就业人员:

一是正在工作的人,指在规定的时间内从事有报酬或收入的工作人员;

二是有职业,但临时因疾病、休假、劳动争议等不工作的人,以及单位因各种原因临时停工的人;

三是雇主和自营人员,或正在协助家庭经营企业或农场而不领取报酬的家属人员,在规定的时间内从事正常工作时间的1/3以上者;

四是已办理离休、退休、退职手续,但又再次从业(有酬和自营等各种方式)的人员。

美国官方统计的就业者包括在调查周内,16岁及以上且具有下列情况之一的人:在私人公司或政府部门就业的;自我雇佣的;有工作但由于疾病、恶劣天气、劳动争议或休假而不在职位上的。

(二)就业率

衡量就业状况的一个重要指标是**就业率**,即就业人数占非制度限制总人口(劳动力总数)的比重,用公式表示为:

$$就业人口比率 = \frac{就业人口}{非制度限制人口} \times 100\% \tag{10.1}$$

非制度限制总人口是指所有16岁及以上的人口中减去在监狱、精神病院或养老院等被制度限制的人口。

(三)充分就业的内涵

提高劳动就业水平是现代宏观经济管理面临的主要目标之一,世界各国不论实行何种经济体制,都提出了充分就业这一社会经济目标。充分就业的内涵包括如下。

1. 凯恩斯的充分就业

凯恩斯认为,充分就业就是在某一工资水平下,所有愿意接受这种工资的人都能得到工作。凯恩斯把失业分为自愿性失业和非自愿性失业两种。按照凯恩斯的思想,只要解决了非自愿性失业人员的就业问题,就算达到了充分就业。

2. 理论上的充分就业

理论上对充分就业的解释大致分为两种:一种是充分就业是指劳动力和生产设备都达到充分利用状态;另一种是充分就业不等于失业率为零,而是总失业率等于自然失业率。

3. 统计学上的充分就业

统计学上的充分就业是用某一具体就业水平指标来描述充分就业的。有些经济学家认为,失业率不超过3%~4%,可算充分就业;也有些经济学家提出,只要失业率不超过6%即为充分就业。

4. 均衡理论的充分就业

均衡理论的充分就业是指劳动力供给与劳动力需求处于均衡,国民经济的发展充分地满足劳动者对就业岗位需求的状态,即凡是接受市场工资率愿意就业的人均能实现就业的状态。

总之,充分就业是一个相对的概念,是一种理想的状态。当充分就业实现时,并不意味着失业现象的消失,至少摩擦性失业还是难以避免的。广义的充分就业意味着包括人力资源在内的所有社会资源都得到了最优化配置,实际经济产出接近或等于潜在产出,经济周期处在繁荣和高涨阶段,国民经济蛋糕已经做到最大,即使收入分配比例保持不变,个人家庭收入和政府财政收入也都会获得相应增长,人口发展、经济增长和社会进步处在动态和谐的健康运行状态。

即问即答:充分就业是否是完全100%就业?

二、失业的概念

失业是就业的对应面。按照国际劳工组织的定义,**失业**是指有劳动能力并愿意就业的劳动者找不到工作的一种社会现象。其实质是劳动者与生产资料相分离,劳动者不能与生产资料相结合进行社会财富的创造,从而失去了获得劳动报酬的机会。同时,失业作为劳动者与生产资料相脱离的不良经济状态,使社会资源分配和使用失当。因此,失业的存在无疑对宏观经济的运行以及整个经济增长和社会发展都产生了不良的影响。

(一)失业率

衡量一个国家宏观经济中失业状况最基本的指标是失业率。失业率是指失业人数占劳动力总数的百分比。用公式表示为:

$$失业率 = \frac{失业人口}{劳动力总数} \times 100\% \tag{10.2}$$

我国使用的城镇登记失业率是指有非农业户口,在一定的劳动年龄内,有劳动能力,无业而要求就业,并在当地就业服务机构进行登记求职的人员。与此相适应,城镇登记失业率计算公式为:

$$城镇登记失业率 = \frac{城镇登记失业人数}{城镇从业人数 + 城镇登记失业人数} \times 100\% \tag{10.3}$$

由于失业涉及统计的技术指标和价值判断问题,每个国家对失业的统计口径存在着差别,因而关于失业的统计数字与实际失业量或多或少地存在着差别,统计数字不能准确地反映实际失业人数。除了因为统计误差等技术因素,还存在其他低估或高估失业率的原因。

在现实经济生活中,失业率经常被低估,其原因主要表现在以下几个方面。

其一，将求职者中丧失信心的失业者视为自愿失业者。根据失业的定义，凡是没有在一定的时间内积极地寻找工作的人都被视为自愿失业者，这部分人不存在失业问题，不被计入失业率。事实上，劳动力市场上存在着许多屡次遭受挫折的人，由于多次积极地寻找工作未果，其自尊心受到极大伤害，最后变为消极失业者。他们不是不愿意参加工作，只不过是不想将时间白白地浪费在毫无结果的寻找过程中。尤其是在经济萧条时期，这部分人所占的比例更高。这些气馁的劳动者成了"隐蔽失业者"。

其二，将非全日制就业者视为全日制就业者。非全日制就业者实际上处于半失业状态。非完全就业现象可能由两个原因形成：一是这部分人想实现全日制就业，而由于条件的限制，不可能实现这个愿望；二是他们乐于接受一部分工作，但是他们也偏好闲暇，不愿意承担过多的工作。对于后一部分人而言，很难将他们具体规定为失业者或是就业者，但因为他们确实从事一种工作，所以统计口径一般将他们视为就业者。

其三，没有反映就业不足的情况。统计数据没有包括那些由于经济环境而被迫接受那些工资较低的职业，即这些职业的工资低于他们在充分就业时有资格从事职业的工资。

其四，登记性失业率本身就存在低估问题。我国的失业率是城镇登记性失业率，它的统计对象主要是城镇居民，也就是说大量在城镇工作的农民工群体和外来人口是不计入当地的城镇登记失业率的。

但也有学者认为失业率被高估了，其原因如下。

一是因为失业救济金制度。过高的失业接济金使人们抵御失业的能力大大加强，能忍耐失业的时间也相应延长了。

二是因为失业登记制度。享受福利常以登记申请就业为先决条件，这无疑会刺激人们申请就业，而实际上却拒绝参加就业，从而使失业者的队伍有所扩大。

三是因为拔高的失业信息。为了使自己和家庭成员有一个好的形象，被调查者可能表明家庭成员正在积极地寻找工作，而实际上他们并不在劳动力队伍中。

即问即答：你认为我国的实际失业率是高估了还是低估了？

（二）自然失业率

自然失业率又称为"均衡失业率"，是指在整个劳动力市场既不存在过多的劳动力供给，也不存在过多劳动力需求的失业率。尽管人们关注失业问题，但要完全消灭失业是不可能的，

> **自然失业率**：
> 劳动力市场达到均衡、实现充分就业时的失业率。

即使人们对目前的工作状况基本感到满意，也并不意味着充分就业得以实现。这是因为，在劳动力的范畴内，有些失业是不可避免的。例如，因工作转换和初次寻找工

作而引起的摩擦性失业、因季节关系引起的季节性失业等都是正常失业现象。不论在什么样的经济条件下,这种类型的失业都存在,这种失业与总需求没有直接联系。如果除此之外没有其他类型的失业存在,那么就可以称已经实现了充分就业。

自然失业率作为宏观经济政策运用状况的判断标准之一,具有十分重要的意义。例如,在自然失业率比实际失业率低的情况下,由适当的宏观政策通过扩大总需求而不加速通货膨胀就能使实际失业率下降。在实际失业率比自然失业率低的情况下,只有采取提高劳动力市场效率来降低自然失业率的政策。

当前,较为一致的观点认为,失业率为4%～5%是较为"实际"的充分就业,通过扩大总需求的政策来使失业率低于该比率的努力将导致现行的通胀率上升。这一"实际"的失业率有时被称为均衡的或自然的失业率。

三、就业与失业的存量流量模型

由于每个国家对失业的统计口径不完全一样,关于失业的统计数值与实际失业量或多或少地存在着差别。特别重要的是,由于统计失业率往往是以人为单位,这种失业率还不能区分哪些是只经历短暂失业的人员和哪些可能是长期失业的人员。

假设在一个家庭中有6个成员,有两种失业情况:一是每个人在一年中分别失业2个月;二是一个人全年失业而其余的人全年就业。这两种情况每月都有1/6的人员失业,但第二种情况更为社会所关注,因为这使一个人全年均无收入。

因此,要了解一国经济的真实失业水平,并且了解决定失业水平的因素,不但要对劳动力市场进行存量分析,即对就业者、失业者和非劳动力的人口进行划分,而且要分析不同的劳动力市场状态之间的流量,这就是劳动力市场存量流量分析,其模型如图10.1所示。

从图10.1可以看出:失业率可能保持不变,即使失业者发生变化;个别的流量因素可能独立或相互起作用引起失业率变动。假设其他流动率保持不变,通过解雇使失业流入比率上升,显然将增加失业的绝对人数,而劳动力规模($E+U$)保持不变,因而导致失业率上升。

假设通过退休和辞职使就业E中流出比率上升,而所有其他流量保持不变,同样失业率将上升。但是在这种情况下,失业的绝对人数将保持在以前的水平上,劳动力规模($E+U$)缩小,但由于失业(U)保持不变,失业率将上升。

一个国家或地区总体失业水平或某一群体的失业水平,取决于各种劳动力市场状态之间的流量相对流动比率,是各种流量之间综合作用的结果。对劳动力市场进行存量流量分析,可以帮助我们弄清楚单个劳动力失业者的时间间隔长短,以及造成失业率上升或者下降的因素是什么,从而采取适当的对策与措施降低失业率。

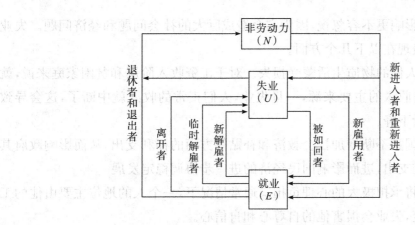

图 10.1 就业与失业的存量流量模型

基于以上分析,有必要通过计算年失业率以更准确地反映失业状况,用公式表示为:

$$年失业率 = \frac{该年度有失业经历的人数}{劳动力总数} \times \frac{失业者的平均周数}{52周} \times 100\% \quad (10.4)$$

由上式可见,失业的程度取决于两方面因素:一是失业人数所占的比重;二是实际的失业周数。这就把那些正在经历短期的可能是不严重的失业者同那些长期失业者作了区分,从而更真实地反映出一国经济的失业状况。

四、研究就业与失业状况的意义

劳动者的就业和失业状况不但涉及劳动者劳动权利的实现,更重要的是关系整个国民经济的发展和社会的稳定。因此,各国政府均把促进充分就业、降低失业率作为主要的宏观经济目标,对影响劳动力供求的因素进行调控,以实现充分就业。

(一)就业和失业状况是判断宏观经济形势好坏的标准之一

失业率降低或就业率上升,意味着社会经济总量将会提高,居民的收入规模将会扩大,购买力将会增强,经济处于上升阶段。而失业率上升则意味着企业在缩减投资规模,削减雇用劳动者人数,社会生产总量将会降低,人们的消费规模也会缩减,这预示着国民经济衰退。奥肯定律表明:失业率每高于自然失业率1个百分点,实际GDP将低于潜在GDP2个百分点。

(二)就业和失业状况是衡量国民经济运行的重要指标

从短期和局部来看,依靠先进的技术必然排斥大量的活劳动。但是,从长远和全局来看,技术进步与扩大就业又是统一的,技术进步在促进经济增长的同时,创造了更多的就业岗位,扩大了就业,实现了人尽其才,反过来极大地促进了整个社会的经济发展。失业问题的存在表明经济水平没有实现最优化。

(三)就业和失业状况与国民的物质和精神生活具有密切联系

失业在一定程度上能使就业者产生竞争压力,从而促使劳动者提高工作效率。

但是，失业的负面影响更不容忽视，因为它会造成巨大的社会问题和经济问题。失业的消极影响主要表现在以下几个方面。

其一，失业使人们的物质生活蒙受损失。对于工资收入阶层和贫困家庭来说，就业是人们获得经济收入的主要来源，一旦失业，人们正常的收入就中断了，这会导致家庭物质生活质量下降。

其二，失业使国家不断增加社会救济和补贴等方面的福利支出，从而影响政府其他方面的宏观调控支出，进而影响国民经济的进一步协调稳定发展。

其三，失业者将承担极大的心理负担。通常情况下，一个人的地位主要由他的工作和收入状况决定，失业会损害他的自尊心和自信心。

其四，失业加大了再就业的难度。当然，短期的失业对劳动技能并无明显影响，但如果失业期限较长，容易使人们受挫，进而变成沮丧求职者，久而久之，劳动技能退化，使再就业受到很大影响。

其五，失业会引发一系列社会问题。失业率的高低与精神病障碍、离婚等社会问题发生频率具有很强的正相关性。在失业高发时期，犯罪率通常呈上升态势。

其六，失业会降低政府公信力。失业引发的后果一旦恶化到一定程度，使人们对失去对政府的信任，这时人们容易将社会责任加诸政府，其直接的后果是削弱政府实施各项政策的效果，使政府干预难以奏效。

即问即答：当人们在谈论失业的坏处时，你有没有想到失业也有"好处"的一面？

第二节　失业类型与成因

失业的种类有很多。根据失业产生的原因，失业可分为摩擦性失业、结构性失业、技术性失业、周期性失业、隐蔽性失业等；根据失业者的意愿，失业可划分为自愿失业和非自愿失业。

一、摩擦性失业

即使总需求能满足所有劳动力就业，并且失业者所拥有的技能符合厂商工作空缺的要求，各个国家仍然存在一定的失业率，正如存量流量模型（见图10.1）所指出的那样，人们会不断地有以下表现：辞去现在的工作寻找新工作；失去工作后寻找新工作；首次进入劳动力市场寻找工作；缺勤一段时间后重新进入劳动力市场。同样，雇主也不断地有以下表现：寻找新劳动者以补充那些辞职或退休的劳动者；辞退某些雇员以希望找到更好的雇员；寻找新劳动者以填补其企业扩张创造的工作职位。因此，整个劳动力市场永远不会完全"出清"。在任何时刻，都存在相当数量的摩擦性失业，即并不是所有的雇主都能填补他们的工作空缺。

摩擦性失业是指由于经济运行中各种因素的变化和劳动力市场的功能缺陷所造成的临时性失业,一般是由于求职者与劳动力需求方提供的岗位之间存在着时间滞差而形成的失业。在实际劳动力市场上,失业率总是围绕自然失业率波动,原因之一是劳动者寻找最适合自己的工作需要时间。由此,劳动者与工作相匹配的过程所引起的失业即为摩擦性失业。

> **摩擦失业:**
> 经济在调整过程中,或者由于资源配置比例失调等原因,或者由于劳动者的偏好改变,一些人在不同的工作中转移,一些人等待转业而产生的失业现象。

因为经济状况总是变动的,劳动者寻找最适合自己技能的工作需要时间,想要工作与得到工作之间的时间消耗必然造成失业数量一定的摩擦性失业。

从我国劳动力市场供需情况看,目前所反映出的矛盾主要在于,求职者不能按照自己的意愿找到合适的岗位,而用人单位有时又很难寻找到具有某种特殊技能素质的人才。最突出的表现就是,一方面大学毕业生的就业难问题日益凸显,另一方面某些地区却面临着严重的"技工荒"。

造成摩擦性失业的原因主要有以下几方面。

(一)暂时解雇

尽管大规模暂时解雇通常与经济衰退相关联,但是厂商的暂时性解雇贯穿于整个经济之中,即使在总需求旺盛的时期也不例外。季节性失业也可被认为是一种暂时性解雇,因而也是一种等待性失业。例如,建筑部门的劳动者常常在冬季失业,农业部门的劳动者往往在种植和收获季节间歇期失业,职业运动员可能在一年的某一段时间内失业等。

(二)工作排队

西方国家的工会对摩擦性失业起一定的作用。工会化垄断性高工资标准可能通过减少厂商所需要劳动者的数量和增加劳动供给者的数量而增加等待性失业。简而言之,某些劳动者可能宁愿在就业队伍中等待工会化工作,而不愿在较低的报酬下从事可获得的非工会化工作。

(三)效率工资

效率工资支付与持续的失业的联系密切。与简单的完全竞争市场情况不同,有些厂商不会接受失业者的低工资申请。厂商早已权衡了降低工资的收益和成本,并且决定保持高工资以给他们带来更大的利润,因为失业者不能争取到工作,他们必须等待由于辞职、解雇或厂商对劳动者的需求增加时而出现的工作空缺。下一节将就这一问题进行进一步分析。

(四)国家经济制度的动态结构

由于产业结构等方面的不断变化,原有的工作不断消失,新的工作不断产生,而劳动者在交换工作时需要时间,因而就产生了相应的临时性失业。这种原因的失业规模决定于失业劳动者和他寻找工作所遇到的结构上的困难。这种结构上的困难,主要是指缺乏就业机会的信息、就业的知识以及缺乏迅速移动的条件。

摩擦性失业主要源于信息不畅。我国每年都有1亿多人次的春运规模。春运的主体是两部分:民工和学生,民工是主流。跨地区流动的成本是非常高昂的,不仅有很高的物质成本,还有信息搜集的成本。有实证研究表明,民工外出找工作绝大部分是经过同乡或者亲戚介绍的,这就意味着,如果没有这两个介绍源,民工外出找工作会很难,可能就不会流动了。不流动就意味着失业,因此,远距离流动的高成本导致了一部分摩擦性失业。

在自由经济中,摩擦性失业是一种经常性的失业,并非周期性的。摩擦性失业一般行业广且涉及人员多、失业期限较短。减少摩擦性失业的办法主要是增加劳动力的流动性和多提供有关就业机会的情报。

二、结构性失业

2017年5月17日,在上海举办的第七届中国国际新能源汽车论坛上,美国WiTricity公司的大中华区总经理曹元荪提出了电动车无线充电解决方案。如果这项技术能够得到应用,这将是汽车产业的一场革命,也是能源产业的一场革命,新产业会产生,相关传统产业会消失,不能掌握新技术的劳动者也将被迫失业。这类不适应科技革命、无法跟上技术进步、胜任不了新工作岗位的劳动者的失业就属于结构性失业。

(一)结构性失业的概念和产生原因

结构性失业是由劳动者的技能结构与现有岗位的技能结构错位,造成失业与岗位空缺并存的一种失业,表现为技能结构失衡、文化结构失衡、区域结构失衡和年龄结构失衡等。

> **结构性失业:**
> 主要是指因劳动者的技能、经验、知识结构与可供的职位空缺不相适应而导致的失业。

结构性失业是由于劳动供给和需求构成的变化引起的,具体而言引起结构性失业的原因有以下两种:

一是求职者所拥有的技能与可能得到的工作所需的技能不匹配;

二是求职者与工作空缺地点之间存在地理位置上的不匹配。

(二)结构性失业的类型

从导致劳动力供求结构不一致的原因出发,结构性失业分为以下几种主要类型。

1. 结构调整型失业

结构调整型失业是指由于经济结构的调整导致社会对劳动力的需求结构发生了变化,而劳动力的供给结构不能适应经济变动而引起的失业现象。例如,中国产业结构调整促使第一产业、传统产业对劳动者的需求减少,第三产业对劳动者的需求增多。如果原来从事第一产业、传统产业的人员无法对自身各方面素质及时进行提升,那他们就不能顺利转入第三产业,从而导致失业。

2. 经济增长方式转变型失业

经济增长方式转变型失业是指由于经济增长方式的转变引起用人单位对劳动者素质尤其是技能要求的提高,而现实中劳动者的技能满足不了要求而产生的失业现象。例如,随着经济增长方式的转变,一方面,大量员工失业;另一方面,许多城市出现技术劳动者短缺状况。有关调查表明,这些失业员工,80%以上的人没有参加过职业培训,实现再就业较为困难。

3. 技术进步型失业

技术进步型失业是指由于技术世界进步使劳动者的需求结构与供给结构在工种、技术、知识上不相吻合而造成的失业现象。目前,正处在第四次科技革命浪潮中,这给人们的就业结构带来重大变化。在今后的 15~20 年中,将会出现一股巨大的科技浪潮,它将像工业革命给人们的祖先造成的影响那样对人们的工作方式产生深远的影响。

4. 知识经济发展型失业

知识经济发展型失业是指由于知识经济的到来,社会要求劳动者掌握更多的知识,加快知识更新的速度,而劳动者满足不了这一要求而产生的失业现象。知识经济时代,作为第一生产要素的知识的增长速度非常快,由此导致的新旧知识的更替速度也非常快。据统计,现代社会劳动者知识的半衰期已缩短至 5~7 年,预计今天的知识到 2050 年仅为届时总量的 1%,99% 的知识是今后才创新的。这就意味着,劳动者必须不断"充电",否则,自身素质满足不了工作岗位的需求,就会被抛入结构性失业的队伍。

5. 教育发展滞后型失业

教育发展滞后型失业是指由于教育体制落后、教育结构不合理导致劳动者素质不能及时得到提高或劳动者学非所用使劳动力供给结构满足不了需求结构的要求而引起的失业现象。目前,中国的教育比较重视理论教学,使得一些跟生产实践密切相关的如继续教育、职业教育等形式得不到应有的发展。同时,高等教育专业设置不合理,培养的人才与社会用人单位的实际需求脱节。总之,教育发展跟不上经济发展的需要,导致专业难以对口的高学历人才也被迫流入失业人群。

6. 就业观念滞后性失业

就业观念滞后性失业是指因劳动者对就业岗位的预期过高与实际所能提供的就

业岗位不一致而造成的失业现象。这里存在两种情况一种情况是一些失业者不适应市场经济的要求,竞争就业意识不强;还有一些失业者自身文化素质比较低下、技能单一,却又不愿接受对劳动者素质要求较低的脏累工作。另一种情况存在于新增劳动力人口中,如一些刚毕业的大学生在择业时期望值过高。实际上,中国高学历人才在总量上是需求大于供给的,在许多偏远的、经济落后贫困地区和一些小城镇,高学历人才非常紧缺。

7. 地区供求不对称性失业

地区供求不对称性失业是指因劳动力的供给与需求在地区上有差异而造成的失业现象。不同地区经济发展水平有差异,这种差异一方面导致劳动力为追求高收入,由经济落后地区向经济发达地区流动,从而导致落后地区劳动力的短缺;另一方面,由于教育水平取决于经济水平,经济落后地区的劳动力素质相对偏低,而在市场经济条件下,低素质的劳动力更容易被淘汰,从而最终导致这些地区失业率的上升。

8. 性别供求不对称性失业

性别供求不对称性失业是指因劳动力供给和需求在性别上的不一致而产生的失业现象。例如,许多用人单位都优先考虑男性,从而造成了女性较高的失业率。

数字化带来了高效和高质量,但数字化带来的影响引起了广泛的关注,尤其是在对工作岗位的威胁方面。从目前IT领域的情况来看,人工智能的发展更有可能导致的是结构性失业。例如,传统的翻译行业正在受到人工智能的冲击,目前谷歌翻译的水准已经接近甚至在一定程度上超过人类的翻译水平。伴随科技日益简化日常性的工作,中等技能的职业比如办公室职员和机器操作员将会减少,同时高技能和低技能的人员将会增多。

视野拓展

三、需求不足性失业

需求不足性失业,又称为**周期性失业**,是指由于经济运行总是处于周期性的循环状态,从而对就业需求产生周期性波动而形成的失业,即由于经济周期或经济波动引起劳动力市场失衡所造成的失业。

> **需求不足性失业:**
> 是由总需求不足造成的,接受市场现行工资率,有就业要求的人不能满足其就业需要而引起的失业。

(一)周期性失业的特点

摩擦性失业和结构性失业是在假定总量平衡的前提下,研究供求内部的结构失衡。而周期性失业是劳动力市场上供大于求,总量不平衡。周期性失业与劳动力需求的派生性有关,它是由经济萧条、产品需求量下降而派生出来的一种失业现象。周期性失业随着经济的涨落循环而周期性地出现,它是失业中数量最大、最常见、最难以驾驭的一种类型。凯恩斯所说的有效需求不足造成的失业即是典型的周期性失业,如图10.2所示。

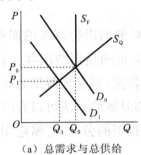 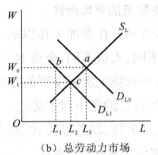

(a)总需求与总供给　　　　　　　(b)总劳动力市场

图 10.2　需求不足性失业

从图10.2(a)中我们可以看到,总需求从 D_0 下降移动到 D_1。总需求下降使充分就业水平的实际产出减少了 Q_0Q_1 的量。其中 S_F 为充分就业产量。

从图10.2(b)来看,由于曲线图10.2(a)中总需求下降,劳动总需求从 D_{L0} 下降到 D_{L1}。从理论上说,劳动需求下降是因为曲线图10.2(a)中较低的价格水平 P_1 使生产者收益下降,即总的边际收益产品下降。厂商由于不能售出他们的现有产出而引起存货的迅速增加,因此,他们削减产量并减少劳动需求。简而言之,他们再也不愿意雇佣原来那么多的劳动者。

假设曲线图10.2(b)中的工资水平保持在 W_0,就业量将从自然水平 L_0 降为 L_1。在工资 W_0 处,有数量 L_0 的人想要工作(他们先前也一直在工作),但厂商只雇佣数量 L_1 的劳动者,因此,L_0L_1 数量的劳动者是周期性失业。

就业量的普遍下降和失业率上升,是建立在模型中的工资率不下降这一关键假设基础之上的。因为如果工资率下降到 W_1,厂商将会调整其就业量到 L_2 点(点 c),与最初均衡点 W_0 水平上的 L_0 相比,下降的 L_0L_2 这部分劳动者是自愿失业的。

与其他失业相比,需求不足性失业还有两个较为显著的特点:一是因经济周期深度不同,各个周期的失业率存在较大差异;二是需求不足性失业具有普遍性,一经发生可能遍及国民经济的各个领域。相比之下,重工业部门和耐用消费品行业所受的影响更大一些。

(二)需求不足性失业的主要原因

为应付经济不景气状况,企业实际上有两种选择:一种是降低工资,让同量的劳动者分享更少的工资总量；另一种是解雇劳动者。企业经常偏好后者而舍弃前者，主要有以下几个原因。

1. 供需双方信息不对称

雇主对企业的困难比雇员更清楚。当企业面临经营困难时，降低工资可能会受到雇员的抵制，因为在信息不完全的条件下，劳动者可能会误认为这是对他们的欺骗，认为雇主在虚张声势，企图借机压低他们的工资，从而会拒绝，所以雇主很难通过降低工资渡过难关。

2. 人力资本投资的非均衡性

一般而言，劳动者在参加工作以后，企业要对他们进行基本的职业培训。但是，由于工作性质不同、人员不同，企业对每个人所支付的培训费用存在着很大的差别。在不景气时期，采取降低实际工资的办法打击面较宽，容易把凝结着高额人力资本投资的精英"赶"到自己的竞争对手那边。而采用临时解雇办法可以有歧视性地选择打击面，将那些表现欠佳、缺乏经验、低额人力资本投资的劳动者"驱赶"出去。

3. 劳动力市场竞争力的要求

在经济萧条时期，如果雇主仅仅以降低工资、减缩生产成本来渡过这一难关，就会给雇员传递一种信号，即他们的工作是稳定的，不必为保住工作职位去努力工作、提高劳动技能和自身素质，从而减弱企业劳动力市场的竞争力，使经济缺乏效率。如果企业采用解雇策略，将那些表现不尽如人意的劳动者清除出去，实际上是向未被解雇者发出了这样一个信号：如果形势不进一步恶化，他们的"饭碗"是有保障的。因此，未被解雇者接受较低工资的可能性便会大大提高，同时会对劳动力产生激励，迫使雇员表现出更高的工作效率。

4. 工资刚性

为什么名义工资下降具有相对的刚性呢？有以下几种不同的解释。

(1)工会宁愿解雇劳动者也不愿暂时降低工资率。因为后者影响到了所有的劳动者，而解雇通常只影响一小部分劳动者，而且通常涉及的是一些资历浅的劳动者。这样，与削减工资相比，大多数劳动者从解雇政策中获益。

(2)厂商偏向于解雇。厂商本身可能偏爱暂时的、有选择的解雇，而不喜欢全面的、暂时性降低工资。后者可能导致厂商已进行大量培训投资的技术熟练、经验丰富的劳动者辞职。解雇策略则使厂商能够"窖藏"技术型劳动者，并解雇那些容易被替换的劳动者。

(3)隐性契约。隐性契约是指非正式的，经常是未明确说明的理解，称为"看不见的握手"。为了回报这种默契的保证，雇主就获得了解雇劳动者的权利以应对其产品需求周期性下降。这种契约可能产生积极的"名誉效应"，使厂商能吸引素质更高的不需要监督的劳动者。

(4)内部人外部人理论。内部劳动者是指已就业的劳动者。外部劳动者是指失业者,他们不愿意以低于现行工资率获得就业,其原因是厂商可能预料到,以低于现行工资水平雇佣外部劳动者,现有在职劳动者会与那些被视为"偷取"工作的新来者不合作。在生产过程中,合作是很重要的,因而这种不合作会使产出和利润受到影响。

四、其他类型的失业

除上述几种常见的失业类型外,还有以下几种类型的失业。

(一)季节性失业

季节性失业是指由于季节性的生产或市场的变化等原因而引起生产对劳动力需求出现季节性波动,从而导致劳动者就业岗位的丧失。季节性失业产生的原因是:一些行业和部门对劳动力的需求随季节变化而波动,如农业、旅游业、建筑业等;还有一些行业随季节性的不同会产生购买的高峰和低谷,如服装业、饮料食品业、汽车制造业等。

季节性失业虽然是一种正常的失业,但它给社会带来两个不良影响:一是季节性劳动者的就业时间短,收入受到影响;二是劳动者的季节性失业不利于劳动力资源的有效利用。

为了减少季节性失业的影响,许多经济学家主张政府应加强对季节性失业的预期工作,以利于季节性雇员尽早作出就业淡季的安排。此外,他们还建议政府能规定一个合理的失业补助期限,以减少季节性雇员的生活困难,并刺激其重新寻找工作。

(二)自愿失业

自愿失业是指虽然有就业愿望,但由于才能得不到发挥,或由于兴趣、爱好、工资、保险福利及人际关系等原因自愿放弃就业机会而形成的失业。这部分自愿失业者通常被认为是丧失信心者,需要给予帮助。

自愿失业是"非自愿失业"的对称,是由英国经济学家阿瑟·塞西尔·庇古提出的概念,指劳动者由于不接受现行的工资而出现的失业现象。如果工资或其他工作条件与不工作的选择相比,缺乏吸引力,那么失业者宁愿选择不工作也不愿参加他们能获得的可胜任的工作,这样产生的失业现象就叫作自愿失业。

造成自愿失业的原因归纳起来主要有下列几种情况:工资低于保留工资;社会风俗习惯;工资福利方面不能达成协议;人们过分挑选工作种类和工作条件;为失业者支付的失业救济金过高;准备升学以便将来得到更优越的工作;贪图闲暇与安逸;等等。

即问即答: 自愿失业者是否算作劳动力?

(三)隐性失业

隐性失业是指员工被减少薪水、无薪休假、缩减工时、削减福利等弹性工作安排。这一概念是经济学家琼·罗宾逊首先提出来的,其内容是针对发达国家20世纪30年代经济大萧条时期,大批熟练劳动者不得不从事非熟练工作,生产率远低于潜在的生产率。概括来说就是,劳动者名义上就业了,实际上却处于一种失业或半失业状态。

按照此论来分析,目前在我国,隐性失业人口主要有城镇职工和农村剩余劳动力。就城镇职工而言,隐性失业主要是源于一些企业人事体制僵化、人事管理松散,本来只需要较少劳动力就可以完成的工作却安排了许多人去做,从而降低了劳动效率。

农村剩余劳动力指的是没有充分发挥劳动力价值,边际效用为零的那部分劳动力。随着我国农村地区生产资料现代化和城市化的加快,农村劳动力市场渐渐富余,大量的剩余劳动力需要向城镇第二三产业转移,而在城镇吸收不了的情况下,他们滞留在农村与城市之间,又因为受到户籍制度的影响,形成了隐性失业人口。

五、失业的区分

在有关劳动力市场结构变化的经济著作中,对失业和空职之间关系的研究已经有很长的历史。贝弗里奇(Beveridge,1944)首先发现这些变量之间存在明显稳定的关系,通常被称为"贝弗里奇曲线",简称 UV 曲线。UV 曲线的用途之一在于它是一种把失业划分为各个组成部分的实用方法。UV 方法采用空职(V)

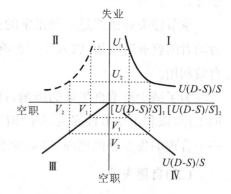

图 10.3　UV 关系

数据和失业(U)数据,目的是把失业划分为需求不足失业、摩擦性失业和结构性失业。

UV 曲线的推导可以通过图 10.3 来解释。象限(Ⅰ)和(Ⅳ)表示失业和空职取决于劳动力的超额需求。失业反映了劳动力的超额供给,而空职反映了未得到满足的劳动力需求。失业和劳动力超额需求之间的负相关关系是非线性的,因为总是存在一些摩擦性失业。象限(Ⅳ)表示劳动力超额需求和空职之间的简单的正线性相关关系。当超额需求是 $[(D-S)/S]_1$ 时,失业是 U_1,空职为 V_1。当超额需求增加到 $[(D-S)/S]_2$ 时,失业下降到 U_2,空职增加到 V_2。借助于象限(Ⅲ)中的45度线,可以得出失业和空职之间的负的非线性相关关系[象限(Ⅱ)中的 UV 曲线]。在 UV 曲线上的移动反映了劳动力超额需求的变换。如果失业或空职函数发生移动,那么 UV 函数也发生移动。例如,某种力量导致失业者花费更长的时间搜寻工作(如增加失业救济),此时失业函数将向上移动,从而导致 UV 曲线向外移动。另外,信息流动的提高和劳动力流动性的提高都会使曲线向内移动。在这种情况下,向左下(在图 10.3 象限Ⅱ中表现为向右下方)凸起的 UV 曲线被解释为当有更多的空职时,由于失业者更容易找到工作,失业率是较低的。

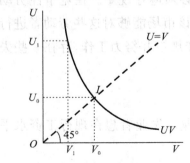

图 10.4　需求不足和非需求不足引起的失业 UV 方法

下面通过一个简单图形(如图 10.4 所示),进一步说明需求不足和非需求不足失业的 UV 方法,图形说明了摩擦性失业、结构性失业和需求不足失业区分的方法。

根据 UV 分析,充分就业也就是失业人数等于空职人数时的就业水平,见图 10.4 中的 I 点。在这一点上,失业可能是摩擦性,也可能是结构性的。当 U=V 时,失业水平为 U_0,这时,需求不足引起的失业被假定为零。在这一点的左侧,$U \geqslant V$,存在超额劳动供给。如果可观察到的失业为 U_1,那么 (U_1-U_0) 为需求不足性失业,因为可以通过在 UV 曲线上向下移动把它消除直到失业水平达到 U_0。其后,进一步增加需求直到 U=V 直线的右侧,这时对失业者来说有足够的工作机会。当低于 U_0 时,所有的失业可被看作结构性失业和摩擦性失业,并且可以根据失业者找到相匹配的工作的难易程度来进一步进行分解。一些学者认为,UV 曲线向外移动一直是失业者的工作搜寻强度较低的结果。

第三节　失业理论

从宏观上看,失业是人力资源的极大浪费。对此,经济学家从不同角度分析寻找失业的原因,以便找到解决失业问题的对策。对摩擦性失业、结构性失业和周期性失业的区分使我们对失业产生的原因有了一定的了解。本节我们对主要失业理论作进一步分析。

一、效率工资失业论

效率工资理论成立的前提条件是雇主无法对劳动者的工作绩效进行完全的监督。事实上,一个劳动者的生产量不仅取决于其工作时间的长短,还取决于他的工作努力程度。效率工资可以激励劳动者努力工作,从而创造更高的产出,这进一步刺激企业利用效率工资来赢得劳动者的合作。这一理论的观点可对很多问题作出解释:一是企业可以通过支付雇员高于市场供求决定的工资而获取更大的利润;二是如果市场上所有企业都在支付雇员高于市场供求均衡工资的条件下,竞争性的劳动力市场可能产生一定的非自愿失业者。

(一)无消极怠工与失业

效率工资意味着,获得高工资岗位的幸运劳动者必须遵守规矩。在竞争性劳动力市场中,劳动者消极怠工是不可能的,这或许是因为该市场能够对这些劳动者进行成本很低的监督。可以这么认为:为了使得劳动者遵守规矩并努力工作,存在一些失业是必需的。

(二)效率工资与失业

由于效率工资高于市场均衡工资,引发非自愿失业。失业者想在现行工资水平上工作,但是却无法找到工作。

在一定经济周期内,工资是具有相对黏性的。假设因为经济活动的突然低迷,对产出的需求下降了。在一个竞争性市场中,劳动力需求曲线会下降,竞争性工资会下降。但效率工资对需求变化的反应,不如竞争性工资那样敏感,因而失业率会上升。

(三)工资曲线

经验性研究工作表明,在失业率低的地区,工资倾向于较高;而在失业率高的地区,工资则倾向于较低。这一关系被称为"工资曲线",如图 10.5 所示。

效率工资模型为工资曲线提供了一个可能的解释。位于存在着大量失业的区域性劳动力市场中的企业,不必提供高工资率以阻止劳动者偷懒或消极怠工,因为高失业率会使得劳动者不敢偷懒。相比之下,位于几乎没有失业率存在的区域性劳动力市场中的企业,必须支付高工资以激励劳动者不偷懒或消极怠工。

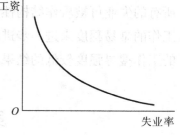

图 10.5 工资曲线

二、隐性契约失业论

交易双方只有在相互信任的基础上才会签订契约,既包括显性契约,又包括隐性契约。隐性契约本质上是显性契约的衍生品,可以称为"衍生契约"。

隐性契约是指并不出现在交易双方的正式契约中,而是作为一种双方心照不宣的、对双方有约束力的制度规则,隐含在正式契约中的那一部分契约内容。隐性契约的存在必须满足的前提条件是:规范的竞争性市场,要素市场具有一定的信号显示功能,资源稀缺性,经济主体具有经济利益与精神利益的双重要求,存在交易成本等。

劳动力契约具有一定的长期性质,其原因也许是特殊培训,也可能是企业文化或其他原因。在真实世界的劳动力市场中,隐性契约往往没有书面形式,甚至不会被说出来。

在劳动者与企业之间存在着许多类型的可行性隐性契约。隐性契约有两个极端类型:一个是"固定就业"契约,无论企业面临的经济条件如何,人们每年的工作时间都相同;另一个是"固定工资"契约,劳动者获取相同的单位时间工资。

在经济周期中,企业将面临针对其产品而言非常不同的市场条件。在收缩时期,对企业产出的需求会弱化。如果企业和劳动者达成的是固定就业契约,企业就可以通过改变劳动者的工资,对市场条件的变化作出反应:劳动者在经济扩张时期获得的工资较高,但在经济衰退时期则接受工资削减。

如果企业和劳动者达成的是固定工资契约,企业就可以通过改变劳动者的工作时间而对产品市场的变化作出反应。于是,在经济衰退时期,劳动者的工作时间就会减少,劳动者的年收入会有所降低。

许多研究表明,劳动者在整体上是偏好固定工资契约的,并且愿意接受将解雇作为长期就业关系的一部分。劳动者这种偏好的原因是,劳动者通常被假定为是厌恶风险的。

总之,经济调整所带来的冲击往往主要由那些最没有工作经验的人承担,年轻的和没有经验的劳动者首先被企业解雇。

三、工作搜寻失业论

不论寻找工作的人是新进入劳动力市场者还是失业者或是在职想换工作者,信息的不完全迫使求职者到一个个企业去寻找有关工资、工作条件等招聘信息。与此同时,具有空缺职位的企业会在劳动力市场上搜寻那些能够与其空缺职位相匹配的求职者,这也需要了解求职者的个人信息。这就表明,在求职者与潜在雇主之间的工作匹配要花费一定的时间。因此,即使是当劳动力需求和供给在总量上相等,也会存在一定量的摩擦性失业和结构性失业。工作搜寻理论对摩擦性失业和自愿性失业现象作出了解释。

为了更具体地讨论工作搜寻理论,我们假定求职者 A 是工商管理硕士。求职者 A 进入职业市场知道有 N 个企业招聘工商管理硕士,当然每一家确切的工资是不清楚的。但是根据经验,求职者 A 会知道去年的起始工资,以及工资提供的分布,如图 10.6 所示。曲线 $F(W)$ 表示企业能够提供给求职者的工资分布频率,在 $F(W)$ 上可以看出企业提供 W_1 工资的概率是 P_1,而提供 W_2

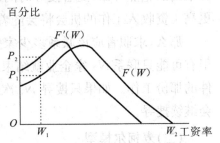

图 10.6 搜寻工作过程中的工资分布

以上工资的概率是 0。当经济处于萧条时期,企业所提供的工资分布频率曲线将会向左移动,从 $F(W)$ 移动到 $F'(W)$。如果求职者将 W_1 确定为其最低可接受工资,所有低于该工资的企业就会被求职者拒绝。显然,工资为 W_1 时的概率会上升到 P_2,这意味着求职者必须进行长时间的搜寻。最低可接受工资越高,求职者为能够找到提供该工资企业所花费的搜寻时间就越长。

在完全信息条件下,A 将知道哪些企业支付 W_1 工资,这样就不存在搜寻的过程,A 将直接同需要与自己条件一致的企业匹配,从而没有失业过程。如果 A 不知道这些信息,A 将会在一定时间内失业,去寻找最好的工作。这个失业的过程能持续多久呢?下面通过两个模型进行说明。

(一)斯蒂格勒模型

20世纪60年代,美国经济学家乔治·斯蒂格勒(George Stigler)认为,工作搜寻最优次数的决策同其他经济问题一样由边际收益法则决定,即只要求职者增加一次搜寻的边际收益大于边际成本,就会增加其联系企业的数目。当边际收益等于边际成本时,就达到了工作搜寻的最优次数。如图10.7所示。

一方面,搜寻的边际成本曲线是向右上方倾斜的,意味着增加搜寻次数将增加边际成本。搜寻成本包括两个组成部分:一是直接成本,如乘车费、邮寄费、付给求职中介的费用等;二是机会成本。继续寻找其他企业并进行面试时的机会成本就是求职者在较早时面试成功的企业所提供的收入。如果一个人不断地去寻找工作,尽管这个人可以根据

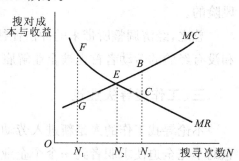

图10.7 斯蒂格勒的工作搜寻模型

搜寻的情况了解所有可能提供的工作状况,并从中挑选一个最好的,但先前提供的那些工作就可能会被其他人接受,从而导致搜寻的边际成本将会很高。

另一方面,工作的搜寻的边际收益受报酬递减规律的约束。假定搜寻者是从工资最高的企业开始,随着搜寻时间的延长,未来收入的现值不断下降,因此,继续寻找更高工资收入工作的机会将会随着搜寻次数的增加而递减。

那么,求职者应该联系多少家企业以求职呢?理论上当 $MR=MC$ 时,求职者 A 很有可能只联系 N_2 家企业就结束其工作搜寻,并接受所联系企业中提供最好工资条件的那份工作。如果只搜寻 N_1 次,增加额外一次搜寻的边际收益大于边际成本,他会继续搜寻。

(二)麦柯尔模型

约翰·麦柯尔(John Mccall)研究发现,求职者常常采用的一个战略就是,按先后顺序作出工作搜寻决策,当遇到第一份超过其最低可接受工资时,求职者就会接受该份工作。

什么因素决定一个求职者的最低可接受工资呢?在决定一个可接受工资时,求

职者不得不在各种可能机会的收益与成本之间进行权衡。如果求职者想找到一个较高的可接受工资的工作,这必然会产生较高的额外成本,因为求职者在找到支付高工资的工作以前必然经历一段平均较长的失业期。事实上,求职者以前工作所获得的工资水平、习惯的生活消费水平以及朋友或熟人的工作状况等因素也会影响该求职者的最低可接受工资。

如果在长时间以后求职者还没有找到任何工作,情况又会是怎样的呢?第一个可能性是求职者可能认为他运气不好。第二个可能性是工作市场对劳动力的需求比求职者所预想的要糟得多,如果是这种情况,那么求职者期望得到的工作将会与他实际得到的工作大不相同。根据麦柯尔的理论,这种不一致将会导致工作搜寻者逐渐降低 $F(W)$ 的估计值和最低的可接受工资。当可接受工资降低到某一点时,就会找到某项可接受的工作,但是这种搜寻过程要比如果一开始就正确估计 $F(W)$ 时所用的时间长得多。

(三)工作搜寻模型关于失业的解释

工作搜寻模型关于失业的解释有以下四个方面。

第一,工作搜寻是一种人力资本投资。如同教育和在职培训一样,工作搜寻是以当前失业为成本,以未来获得更高工作收益的一项投资。在工作搜寻模型中,搜寻工作和失业是同时存在的。

第二,工作搜寻模型认为,在劳动力市场中个人搜寻工作所需时间具有不一致性。

第三,任何减少失业成本的因素都会增加工作搜寻时间和失业期限。失业补偿金越高或者失业者接受失业补偿金的期限越长,个人最低可接受工资也就越高,失业期限也可能越长。

第四,工作搜寻模型认为,失业具有反周期运动性。在经济周期的上升阶段,求职者得到超过他们最低可接受工资工作的可能性上升,失业人数和失业的持续时间都将下降;在经济衰退期,情况则相反。

四、刚性工资失业论

在工作搜寻理论中,失业不是因为工作总量不足,而是因为劳动力市场的动态属性以及信息流动的不完全性产生的。由刚性工资引起的失业则完全不同,其基本原因不是信息不完全,而是工资不能自由上下波动,从而厂商不能提供足够的工作给想要工作的人。刚性工资理论主要解释由经济周期性波动而产生的失业。

如图 10.8 所示,纵轴表示实际工资 W,它等于货币工资除以价格水平 P。劳动需求曲线 D 和劳动供给曲线 S,决定了均衡的实际工资 W_1 和就业水平 L_1。就业水平 L_1 是一个充分就业点,希望工作的人的数目恰好等于企业希望雇佣的人的数目,但此时因为流动和工作搜寻等因素仍将存在一些摩擦性失业。

为了理解刚性货币工资怎样引起失业,我们假设消费需求减少。需求减少的初始影响就是使企业降低雇佣水平,如图10.8所示,劳动力需求曲线向左移到 D_2。在现行的实际工资 W_1 处,雇佣量降到 L_3,这种需求不足引起的失业量为 L_1L_3。

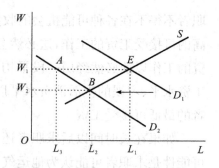

图10.8 由刚性工资所引起的失业

如果货币工资可以向下浮动,劳动力市场上的过度供给将使货币工资下降直到建立新的均衡,这时实际工资率为 W_2,供给和需求再次相等(点 B)。货币工资的下降可以通过促使企业增加雇佣,或者使部分失业者退出劳动力市场转而追求更有吸引力的非市场活动,如上学、在家工作或享受闲暇等,使失业量减少 L_1L_2。

五、跨时期替换和跨部门转移假说

跨时期替换假说认为,真实工资会在经济周期中波动,且波动是顺周期的。也就是说,当经济扩张时,真实工资会上升;当经济收缩时,真实工资会下降。因为当真实工资较低时,消费闲暇是便宜的,所以在经济衰退时期,劳动者更愿意削减自己的劳动力供给。因此,在经济低迷时期的一部分失业也许是自愿性的,因为劳动者会利用真实工资的下降来消费闲暇。

跨部门转移假说认为,搜寻工作岗位的劳动者并不具有填补可获得职位空缺的资格条件。由于需求的变动对经济中的所有部门的影响并不相同,在任何时点上,经济中的某些部门在迅速地成长,而另外一些部门则处于衰退中。例如,制造业部门被解雇的劳动者转移到目前方兴未艾的旅游产业。随着劳动者学习并且尝试旅游产业中可获得的各种不同的工作岗位机会,摩擦性失业就会出现。

然而,制造业的劳动者,也许只具有专属于制造业部门的特别技能,因此他们的技能对于旅游企业而言并非很有用途。长期失业之所以出现,是因为对于这些劳动者而言,重新学习目前旅游产业所需要的技能将要花费不少时间,年龄上也不允许,因为旅游产业是一个年轻人的产业。

本章小结

劳动就业是指达到法定劳动年龄、具有劳动能力的劳动者,运用各种生产资料依法从事某种社会劳动,并获得赖以为生的报酬收入或经营收入的经济活动。实现就业需符合下述几个基本条件:就业主体是达到法定年龄的具有劳动能力的人,就业主体所从事的劳动属于合法社会劳动,就业主体所从事的劳动是有报酬的劳动。充分就业就是在某一工资水平下,所有愿意接受这种工资的人都能得到工作。

衡量就业状况的一个重要指标是就业率,即就业人数占非制度限制总人口(劳动力总数)的比重。衡量一个国家宏观经济中失业状况最基本的指标是失业率。自然失业率又称为"均衡失业率",是指在整个劳动力市场既不存在过多劳动力供给,也不存在过多劳动力需求的失业率。

失业主要有以下几类型:摩擦性失业、结构性失业、需求不足性失业、季节性失业、技术性失业、自愿失业和隐性失业等。摩擦性失业是指在易于受到冲击的经济中,市场机制的自由作用方式要求某些劳动者不断改变工作。结构性失业是由于劳动者的技能结构与现有岗位的技能结构错位,造成失业与岗位空缺并存的一种失业,表现为技能结构失衡、文化结构失衡、区域结构失衡和年龄结构失衡等。需求不足性失业,又称为"周期性失业",是指由于经济运行总是处于周期性的循环状态,从而对就业需求产生周期性波动而形成的失业,即由于经济周期或经济波动引起劳动力市场失衡所造成的失业。季节性失业是由于季节性的生产或市场的变化等原因引起生产对劳动力需求出现季节性波动,从而导致劳动者就业岗位的丧失。技术性失业是指由于引进技术代替人力劳动而产生的失业现象。自愿失业是指虽然有就业愿望,但由于才能得不到发挥,或由于兴趣、爱好、工资、保险福利及人际关系等原因自愿放弃就业机会而形成的失业。

失业可以通过贝弗里奇分析方法进行区分。

失业理论主要有效率工资失业论、隐性契约失业论、工作搜寻失业理论、刚性工资失业论、跨时期替换假说和跨部门转移假说。

关键概念

就业	就业率	充分就业	失业
失业率	自然失业率	摩擦性失业	结构性失业
需求不足性失业	季节性失业	自愿失业	非自愿失业
技术性失业	隐性失业	效率工资失业	隐性契约失业
工作搜寻失业	刚性工资失业		

思 考 题

一、问答题

1. 什么是就业?充分就业的含义是什么?
2. 研究就业与失业有何意义?
3. 失业有哪些类型?它们产生的原因是什么?
4. 如何理解失业的区分方法?
5. 效率工资失业论与刚性工资失业论有何不同?

6. 什么是工作搜寻失业？产生的原因是什么？
7. 为什么隐性契约会引起失业？
8. 如果政府提高失业保障水平，这将对失业和就业产生什么影响？
9. 失业会产生什么影响？
10. 经济危机时，企业有两种方式应对：一是裁员，二是减薪。你认为这两种方式有何不同？

二、案例分析

美国降低失业的公共政策

美国政府在法律上规定了致力于充分就业的目标，其《1946年就业法》宣称："运用所有与政府的要求和责任，以及与其他必要的国家政策考虑相一致的可行的措施……来促进实现就业、生产和购买力的最大化。"《1978年充分就业和均衡增长法》再次确认了这一目标并要求政府：确定5年期的就业与通货膨胀目标；制定实现上述目标的计划。

针对不同类型的失业，政府政策与措施是不同的。

对于摩擦性失业的主要应对政策与措施是通过就业信息和牵线搭桥：政府计划增加人们获得有关工作空缺与求职者技能信息的可能性，并帮助求职者与雇主联系。

对于结构性失业的主要应对措施有六个。①教育补贴：通过政府的计划和支出，降低人们获得人力资本的投资成本，从而提高人们获得工作的能力，这种能力不太可能随新技术的出现而变得过时。例如，各种拨款和大学生担保贷款；中小学、社区大学和公立大学的资助等。②平等就业机会法：以法律形式禁止在雇佣和晋升中对种族或性别的歧视，以排除产生结构性失业的制度障碍。③工作培训和再培训：一些计划旨在为那些结构性失业者提供技能和工作经验。④公共部门就业：政府直接雇佣那些长期结构性失业人员，并提供在职培训。⑤直接工资补贴或就业税收优惠：对雇佣较高结构性失业率的特殊劣势群体的厂商给予直接补贴或税收优惠。⑥解雇预告：要求预期工厂倒闭或有大量裁员的厂商提前通知，这样使劳动者能立即寻找新工作或报名参加培训项目。

对于需求不足性失业的主要应对政策与措施有五个。①财政政策：通过政府谨慎制定支出与税收政策来增加总需求，从而增加国内产值与就业量。②货币政策：由美联储采取谨慎措施以增加国内货币供应量，降低利率与增加产品和劳务的总需求。③供给政策：由政府采取谨慎措施以增加劳动供给、储蓄与投资，降低物品与劳务的成本，使总供给曲线右移。④公共部门就业：政府直接雇佣那些没有能力找工作的人。⑤工资补贴或就业税收优惠：对厂商扩大就业给予直接补贴和税收优惠。

思考讨论：

(1) 美国政府为什么要采取就业促进政策？

(2) 这些就业促进政策与措施适合我国吗?

(3) 你认为是否有其他措施也可以促进就业?

课外阅读资料

第十一章

收入分配论

学习目标

1. 收入分配的基本原则与机制
2. 基尼系数的计算与优劣
3. 收入分配差异产生的原因
4. 收入分配差异扩大化的治理

第十一章 收入分配论

2010年,中国GDP总量超过日本,成为世界第二大经济体,一直延续至今。2020年,中国GDP总量达到14.7万亿美元,占全球经济总量的17%,人民群众的整体生活水平显著提升。但是,个人之间、城乡之间、地区之间、行业之间和社会阶层之间等方面的收入差距正逐渐拉大。

一个人的收入取决于他的劳动供给与需求,而供给与需求又取决于天赋、人力资本、补偿性工资差别和歧视等。尽管市场有一只看不见的手可以有效地配置资源,但不一定能保证公平地配置资源。因此,构建科学合理、公平公正的社会收入分配体系,关系到国家经济发展和社会和谐的全局。

本章首先从理论上对收入分配问题进行分析,然后对收入分配的差异进行描述,接着分析收入分配差异的扩大化原因,最后提出防止收入分配差异扩大化的对策。

第一节 收入分配理论

经济学肩负着不断改善人类生活的神圣使命,对稀缺性经济资源的有效配置和充分利用是完成这种使命的根本条件。促进经济增长、实现充分就业是宏观经济的主要目标。但对于收入分配是否有助于改善人类生活,经济学家们的观点却表现出很大的差异。

有的经济学家把收入分配问题仅仅看作一般价格形成问题中的一个方面。他们认为,只要市场机制能够充分发挥作用,生产要素按其价格所获得的收入就是公平合理的。社会福利函数论者认为,经济效益只是社会福利达到最大化的必要条件,收入分配的公平才是充分条件。进入21世纪以后,由于管理成本的上升和对效率的负面影响,"福利国家危机论"一直比较流行。因此,收入分配问题重新成为西方经济学界关注的一个重大理论和实践问题。

一、收入分配理论简介

在市场经济发展初期的15—17世纪,西方国家曾主要依靠集军人和商人于一身的"商人"们的对外扩张,到殖民地去贱买贵卖,掠夺当地资源进行原始资本积累,通过巧取豪夺取得了大量收入。那时的重商主义收入分配理论认为,财富和一切收入都是从流通领域产生的,商人是最大的财富生产者,也应该是收入最多的人。后来一些国家特别是法国,在商业的生产力大于农业的重商主义观念的影响下,不惜以牺牲农业为代价来支援国内制造业和扩张"对外贸易",带来了许多不良后果,当时法国成千上万的农民得不到应得的收入,死于营养不良和饥饿,农村经济濒于崩溃。

到18世纪上半期,法国出现了重农主义经济学家。他们认为,商业虽然可以使一部分人的财富减少,另一部分人的财富增加,但是无法增加财富的总量。在各经济部门中,只有农业和矿业依靠了土地才能创造物质产品,才能使物质财富的数量增加,因而只有农业才是创造收入的,其他工商业只能改变物质的形态。据此,他们的理论认为,从事农业的人应该得到最多的收入。

产业革命前后,土地并没有增加,社会财富却不断增长,使很多经济学家想到,工商业固然不创造和增加物质,农业产品又何尝不只是自然物质的变化形式,财富实际上是人们用劳动适应人的需要改造自然得到的,因此提出了劳动价值论。英国经济学家亚当·斯密认为,劳动是第一价格,是最初购买一切货物的代价。世间一切财富,原来都是用劳动购买而不是用金银购买的。

与此同时,还有一些经济学家,用效用价值论或生产要素价值论取代了劳动价值论。法国经济学家萨伊,将劳动与资本、土地并列为物,认为它们是生产的三要素,它们所提供的服务是由作为人的企业家来结合的,企业家在利用它们的过程中创造生产物品,形成商品的价值即效用。在这个过程中,作为中间人的企业家获得利润,劳动获得工资,土地获得地租。这些收益都是它们提供的服务的报酬,利息则是使用资本的租金。

近百年来,在发达国家,劳动收入占每年国民收入的比重越来越大,有的超过80%。这反映的是人的复杂劳动在生产财富中的作用越来越大、劳动收入比重越来越大的趋势。

传统经济理论中在分析收入分配时所考虑的主要是收入、商品和效用等,而现代西方经济学家在分析收入分配的内容之时,考虑的范围不仅仅局限于收入或者商品,自由、权利、能力等非收入和非商品信息日益受到关注。

二、收入分配的基本原则

效率优先、兼顾公平是全社会各种经济成分的分配的基本原则。

(一)效率优先

效率优先,就是发展生产力优先。生产力是人类历史发展前进的出发点和基础,是一切社会发展的最终决定力量。不能就分配论分配,而要使分配首先有利于促进生产力的发展。生产发展的根本问题是提高社会资源配置效率和节约社会资源利用。而人,即生产劳动者和经营管理者,是社会资源中具有决定性的因素。个人收入分配制度首先要有利于充分调动广大生产劳动者和经营管理者的积极性,提高社会生产的效率。坚持效率优先,根本的是认真贯彻按劳分配的方式,合理拉开个人收入的差距,使劳动者所得报酬与其对社会的劳动贡献挂钩。

(二)兼顾公平

为了保持社会稳定,在个人收入分配中,还要坚持效率优先,同时兼顾社会公平。

兼顾公平就是使全体人民共享生产力发展的成果。一些西方市场经济国家，在第二次世界大战后，为了保持社会稳定，也逐渐重视个人收入分配的公平问题。发展生产的最终目的不是让少数人赚钱发财，而是实现全社会的共同富裕。个人收入分配中更要充分重视社会公平，防止两极分化。分配中兼顾公平，还有利于保持社会稳定，为社会经济持续、高效、健康发展，创造一个安定团结的政治环境。

效率与公平，从哲学上说，是对立统一的关系。只有做到效率优先，促进社会生产力发展，整个社会富裕起来了，最终才能达到社会财富的公平分配。

三、收入分配的主要机制

收入分配机制主要有市场机制、宏观调控机制和社会保障机制三个。

（一）分配中的市场机制

市场经济体制下的收入分配，要贯彻按劳分配方式的客观要求，就是按照劳动者向社会提供劳动的数量和质量，分配个人消费品。在这种分配方式下，劳动是分配个人消费品的尺度。因此，根据按劳分配方式的要求，就要实行多劳多得、少劳少得的原则，使劳动报酬的差别适应劳动贡献的差别。对于复杂劳动，由于他们接受了高等教育或专门训练，有相当部分的费用是由个人或家庭负担的，还应当给予较高的报酬。

实行按劳分配方式，既要反对平均主义，也要反对高低过分悬殊。因为平均主义使个人劳动报酬与个人劳动贡献完全脱节，严重压抑了广大劳动者生产劳动的积极性。"高低过分悬殊"问题，同样是违反按劳分配要求的。它的实质是使个人劳动报酬的差别大大超过了劳动贡献的差别，一部分人侵占了别人的劳动成果，这也不利于劳动者积极性的发挥和经济的发展。

实行按劳分配，同时也要兼顾其他分配方式，这都要通过市场机制作用来实现，市场机制起基础性的调节作用。其主要理由表现在以下几个方面。

其一，劳动者劳动报酬水平的高低要受到劳动力市场供求状况的影响。

其二，劳动者所在企业的经济效益和经营收入受市场的调节。企业所提供的产品或服务，只有在符合市场需求的前提下，劳动创造的价值才能得以实现。

其三，劳动者个人收入分配要以生产要素的充分、有序流动为前提。我们不但要实现劳动力的合理流动，而且要建立规范的劳动力市场，创造平等的竞争环境。

（二）分配中的宏观调控机制

在市场经济体制下，市场机制在个人收入方面起基础性的调节作用，而以计划为核心的宏观调控机制对个人收入分配也必须发挥重要的调节作用。因为在市场机制调节下，自由竞争的结果必然扩大收入差距，引起收入分配不公、损害国家长远利益现象的发生。宏观调控机制的作用主要是调节收入分配的总量和结构。收入分配总量的调控主要是要处理好积累和消费的比例关系,处理好国家、集体和个人的分配关系,处理好生产建设发展与人民生活水平提高的关系。在收入分配结构的宏观调控中,要保护居民个人的合法收入,取缔非法收入,同时抑制少数人不合理的高收入,保障低收入居民的基本生活需要,防止两极分化,实现共同富裕。调节收入分配的宏观手段主要有以下几种。

一是通过税收,正确处理国家、企业和个人三者之间的利益关系,调节不同地区之间、城乡之间个人收入的水平,减少个人收入分配的差距。

二是通过财政支出计划,对国家公务员和从国家财政支出中直接取得工资收入人员的工资水平和增长幅度作出统一安排,以保证国家公职人员的素质和队伍的相对稳定。

三是通过政府制定最低工资标准,保障居民的基本生活需要。

(三)分配中的社会保障机制

为了正确处理效率与公平的关系,从初次分配和再分配的角度看,初次分配应着眼于提高效率,再分配的重点是解决社会公平。建立和健全社会保障制度,是社会再分配的基本途径之一,它是搞好个人收入分配和实现社会公平的一个重要机制。社会保障是国家和社会为保证全体社会成员的基本生活权利,依据一定的法律和规定,通过国民收入再分配所提供的资助、补贴和救济。社会保障体系包括社会保险、社会福利、社会救济、优抚安置、社会互助等几个方面。

实施社会保障制度和政策是社会经济发展和社会进步的明显标志,是维护社会稳定的重大措施,是市场经济正常运转的必要条件。社会保障能够分散和减轻劳动者由于生、老、病、死、伤残、失业等造成的风险和损失,有利于实现劳动力资源在全社会的合理流动和配置;有利于企业开展公平竞争;有利于保证社会成员都能分享社会经济发展的成果。

视野拓展

第二节 收入分配不平等的衡量

居民收入分配的差异程度,是当今社会人们普遍关心的一个问题。收入分配差异的合理与否,一方面可以反映按劳分配原则的实现情况,另一方面是保障居民生活和社会稳定的重要条件。衡量收入差异状况最重要、最常用的指标是基尼系数。过大的基尼系数表明这个国家收入分配不公平,严重的话会影响到社会稳定。

一、基尼系数的作用

(一)基尼系数的含义

基尼系数(Gini Coefficient)为意大利经济学家基尼(Corrado Gini,1884—1965)于1922年提出的,用来定量测定收入分配差异程度的一个指标,是国际上用来综合考察居民内部收入分配差异状况的一个重要分析指标。其经济含义是在全部居民收入中,用于进行不平均分配的那部分收入占总收入的百分比。

目前,国际上用来分析和反映居民收入分配差距的方法和指标有很多。基尼系数由于给出了反映居民之间贫富差异程度的数量界线,可以较客观、直观地反映和监测居民之间的贫富差距,预报、预警和防止居民之间出现贫富两极分化,因而得到世界各国的广泛认同和普遍采用。

(二)基尼系数的作用

首先,从基尼系数指标的性质看,它属于一种相对指标。与其他相对指标一样,基尼系数作为一种抽象的经济指标,它抽象掉了各类经济主体之间在收入分配方面具体的差异,概括性地反映出整体分配的差异程度。

其次,基尼系数可为政府调控收入分配提供依据。一定时期内一个国家或地区基尼系数的大小,向人们发出的信息是该国或该地区的居民收入分配正处于怎样一种格局。作为政策和决策的制定者更要关注的是,这种基尼系数是否处于合理的数量界限范围内,以及导致基尼系数出现某种结果的深层原因。基尼系数通过对差异的分析,可为决策者制定收入分配政策,调控收入分配格局提供依据。

基尼系数最大为"1",最小等于"0"。前者表示居民之间的收入分配绝对不平均,即100%的收入被一个人全部占有了;而后者则表示居民之间的收入分配绝对平均,即人与人之间收入完全平等,没有任何差异。但这两种情况只是在理论上的绝对化形式,在实际生活中一般不会出现。因此,基尼系数的实际数值只能介于0与1之间,基尼系数越小,收入分配越平均,基尼系数越大,收入分配越不平均。基尼系数按照联合国有关组织规定:低于0.2表示收入绝对平均;0.2~0.3表示收入比较平均;0.3~0.4表示收入相对合理;0.4~0.5表示收入差距较大;0.5以上表示收入差距悬殊。

一般发达国家的基尼指数在0.24~0.36。我国改革开放前的基尼系数为0.16(是绝对平均主义造成的),此后基尼系数一路增长。到1999年,我国基尼系数已达0.40,2008年达到最高值0.491。此后,基尼系数开始有所下降,但一直在高位运行,从未低于 0.46。到 2017 年，基尼系数达到 0.467。收入分配差距较大容易导致经济社会失衡。

即问即答：基尼系数是不是越小越好？

二、基尼系数的计算

对基尼系数的计算通过图 11.1 进行说明。图中横轴代表人口数比例（注意此比例计算是，从低收入人口开始计算的，到 100% 时才涵盖最富有人口），纵轴代表该比例的人拥有的财富占社会总财富的比率，对角线 OC 线代表在绝对平均状态（即每个人口拥有财富相同）下，低收入人群所占人口百分比和总收入百分比之间的关系（财富占比等于人口数占比）；曲线 OC 代表实际情况（实际由财富人口分布曲线积分而来），这条曲线

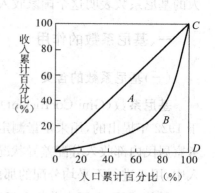

图 11.1　洛伦兹曲线

也称作"洛伦兹曲线"（Lorenz curve）。图中直线 OC 和曲线 OC 中间的面积越小，收入分配越平等。设实际收入分配曲线和收入分配绝对平等曲线之间的面积为 A，实际收入分配曲线右下方的面积为 B，并以 A 除以 $(A+B)$ 的商表示不平等程度，这个数值就是基尼系数或称洛伦兹系数。如果 A 为零，基尼系数为零，表示收入分配完全平等；如果 B 为零则系数为 1，收入分配绝对不平等。收入分配越是趋向平等，洛伦兹曲线的弧度越小，基尼系数也越小；反之，收入分配越是趋向不平等，洛伦兹曲线的弧度越大，基尼系数也越大。

计算基尼系数，先对数据按收入从低到高排序，分组计算时，一般应使分组的组距相等。

基尼系数的计算公式为：

$$G = \sum_{i=1}^{n} X_i Y_i + 2\sum_{i=1}^{n} X_i(1-V_i) - 1 \tag{11.1}$$

式(11.1)中，X 代表各组的人口比重；Y 代表各组的收入比重；V 代表各组累计的收入比重；$i=1,2,\cdots,n$，n 代表分组的组数。

三、基尼系数的优劣评价

用基尼系数分析居民收入的差异，是一种比较普遍的方法，既有优点也有缺点。基尼系数的优点体现在以下四个方面。

其一，基尼系数的计算能从整体上反映居民集团内部收入分配的差异程度。

其二，基尼系数反映收入分配的差异程度精确、灵敏，可以反映差异程度细微的和连续的变化。

其三，在经济工作中，基尼系数可以作为一个综合经济参数纳入国家的计划管理

和宏观调控之中。

其四,基尼系数在国际上应用广泛,便于在实际工作中加强横向联系比较,学习和借鉴外地区和国外的经验。

基尼系数的缺点主要体现于以下三个方面。

其一,没有显示出在哪里存在分配不公。

其二,没有制定计算准则。对于一些问题,如应否剔除税项,应否剔除公共援助受益者,应否剔除非本地居民,或应否加入政府的福利,并没有一致性,以至没有比较的准则。

其三,不能刻画收入差距扩大的路径,不能说明一国内部不同阶层收入不平等程度的演化,容易忽略低收入阶层的利益。

视野拓展

第三节 收入分配差异产生的原因

收入分配差异是指在一定社会经济条件下,居民之间按照同一货币单位或实物单位所表示的收入水平差别,以及居民收入在社会总收入中占有比重的差别。收入分配差异的产生有其自身的原因,也有客观原因,不一定是坏事。但收入分配差异的扩大化趋势却可能对社会经济产生不良的影响。

一、收入分配差异产生的一般原因

为什么收入分配会产生差异?产生这种差异的原因主要是人力资本投资方面,能力、机会、家庭等也是很重要的原因。

(一)人力资本投资

人力资本理论阐明了为什么人均收入分配不平等。人力资本投资有多种形式,最关键的是正规教育和在职培训这两种形式,每一个都与收入分配有关。

1. 正规教育

正规教育作为一种投资,它要求以现在的牺牲来提高未来的生产率和生命周期收入。因此,我们有一个初步的收入不平等理论:如果其他因素如能力、工作中的非工资收入、不确定性收入和生命预期等保持不变,收入将和个人所受正规教育的数量和质量正相关,教育水平分配的不平等将导致个人收入分配的不平等。

2. 在职培训

在普通培训情况下,劳动者将来工资的预期收益必须足以使投资成本(减少的现在的工资)的回报率大于等于劳动者选择其他投资的收益。对于不可转移的特殊培训,只有当厂商期望通过投资提高劳动者的产出时,厂商才会承担此费用,而只有在预期能提高产出和增加未来收益的情况下,培训才可能发生。此时,在职培训数量和质量与劳动者的收入之间也存在着一定的正相关关系。

有关研究指出,随着个人在工作中接受培训的增加,生产率和收入将增加。那些接受更多正规教育的人已证明了他们接受培训知识的能力,于是他们就成为厂商选择在职培训的目标。因此,接受更多教育的人会比接受教育少的人获得更多的收入。

即问即答:一般教育与培训,哪个对收入的提高更重要?

(二)能力

能力泛指"有能力去做"。能力是多维的,表现为多种形式,包括智力、身体技能和动机。能力可能是先天遗传的,也可能是受后天环境的影响。我们关心的不是能力不同的原因,而是由于能力不同而带来的收入分配的不同。能力可以独立于人力资本投资而直接影响收入,也可能通过影响人力资本要求的最佳数量和质量而间接影响收入。

1. 直接影响

在市场经济下,企业通常根据人们的贡献给予报酬。个人能力越强,他的劳动生产率就越高,因而收入越多。即使不考虑在大学学到的技术和知识,高素质人群也将获得比低素质者更多的收入。

2. 要素组合

不同的能力要素在收入的"生产"中可以相互补充,这说明一种要素的加入将提高其他要素的生产能力,即能力的不同可以使某些人得到高收入。为了证明这一点,我们假设能力包括几种基本的要素组合:智力、动力、精力或决心等。根据这种假设,如果一个人足够幸运,同时获得上述全部要素,他将比只获得其中一种能力要素的人获得更多的收入。

3. 对人力资本的影响

能力可以通过影响人力资本投资的决定来影响收入,较强的能力可以使人们将人力资本投资转化为更高的劳动市场生产率和收入。因此,拥有较高能力的人,其每年教育或在职培训的收益率将更高。这些人将愿意接受更多的教育,而他们的雇主也更愿意给他们提供在职培训。这样,拥有更高能力的人将获得更多的人力资本和收入的储备。

(三)家庭背景

家庭背景的不同也会直接和间接地影响收入。家庭背景包括家庭收入、父母的教育程度、父母的职业、孩子的数量等变量。

1. 直接影响

一个出生在拥有贸易生意家庭的人,意味着他以后有获得大笔收入的机会。同样,家庭"关系"可以使其子女在自己的公司,或亲朋好友的公司,或有业务联系的公司获得高收入职位。有时,他们通过相互之间的社会或商业联系,进行互惠的安排,为子女提供工作。

2. 对人力资本决定的影响

家庭背景影响人们接受多少正规教育的决定:既影响对人力资本的需求,也影响投资资本的价格。高收入家庭会为孩子们提供更多的学前教育,这些家庭往往居住在离好学校近的地方,强调高质量教育是通向职业生涯的一条通道,他们的孩子也会进入社会认可的高质量教育机构。同时,高收入父母对其子女的人力资本有更高的要求,因此,他们的后辈们将得到更多的正规教育。

(四)歧视

歧视解释了未被歧视者和受歧视者之间工资的部分不同。歧视在一些方面增加了收入的不平等。首先,公开的歧视性支付和歧视性提升直接降低了被歧视者的收入;其次,职业排挤或隔离不但降低了被歧视者的收入,而且提高了未被歧视者的收入,结果都加速了收入的不平等;最后,贫穷的被歧视者家庭常常居住在住房价格低或公共住房的城市街区,这些地区学校质量差,因而这些地区的孩子会比高收入家庭所在街区的孩子获得的教育少。人力资本歧视通过降低所受教育和培训的质量和数量,进一步加剧了这种不平等。

(五)机会与风险

一些经济学家将机会与运气等随机因素加入到收入分配理论中。由于不完全工资信息和寻找工作有成本,个人收入的多少是随机决定的。例如,假如张三和李四是具有相同素质的求职者,他们有相同的保守工资(最低可接受的工资)。幸运的是张三第一次便找到了一个最高收入的工作,但是李四运气差一点,只找到了一个比保留工资高一点的工作,收入比张三要低。

有时候边际产出与工作问题无关。意思是说,拥有一般背景特征的工人将会被挑选出来从事具有较高边际生产率与年收入的工作,且由于这种工作很少,其他具有相同资格的人将被安排在较低年收入的工作上。因此,相似的劳动者将被分配在机会和收入不同的工作上,从而造成了收入的差异。比如,同样是人力资源管理专业的学生,一同进了公司,张三可能安排做了营销工作,而李四则做了人力资源管理工作,结果是前者的工作由于具有挑战性,收入可能比后者低,也可能比后者高很多。

二、西方收入分配差异扩大的宏观原因

过去30多年来,世界各国反映收入分配差异的指标基尼系数有不断扩大化的趋势。有数据表明,从1970年到2008年,美国的基尼系数从0.39增加到0.47,2013年尽管有所下降,也达到0.43,2015年又达到0.48。从2000年起,美国家庭实际收入中位数持续下降,与此同时,有钱阶级的财富和收入却不断增加,最高一成的收入占了全民收入的几乎一半,最富1%人口拥有全美财富三分之一。日本1990年的基尼系数是0.24,2000年是0.33,2010年是0.38,受制于老龄化和地区发展不均,贫富差距一直在持续扩大。尽管相对许多国家来说,日本基尼系数比较合理,但收入差异扩大化是一个不争的事实。西方经济学家提出了许多关于收入不平等的原因,其中主要有以下四种。

(一)工业衰退

自从20世纪70年代中期以来,服务业中的就业迅速发展,与制造业相比,服务业平均收入低,收入的变动大。因此,就业向服务业的倾斜无疑扩大了收入的不平等。但经济学家认为,这种解释是不完全的,就业向服务业的转变只能解释一部分收入不平等的扩大,而收入不平等扩大的80%要用工业内部收入不平等的扩大传播来解释。此外,也有许多收入高增长的服务业,如法律、咨询、会计、再教育、高科技等。

(二)进口竞争和工会化程度降低

激烈的进口竞争大大降低了许多高收入的工会化工业部门对劳动者的需求。因为工会化部门工资不易下降,其对劳动力需求的下降导致了大量工会化就业的减少,结果是低学历劳动者的平均收入下降。同时,许多工会化部门中移出的劳动者增加了低收入工业劳动力的供给,因此,在这些企业中收入下降的压力很大。另外,进口竞争促使高工资产业转向非工会化、收入低的地区,这种重新配置进一步扩大了收入的不平等,导致工会化程度的降低。此外,贸易赤字的增加和相应工会化的降低使收入不平等的程度扩大。

(三)对技术工人的需求增加

20世纪80年代以来,技术工人与非技术工人之间的收入差距越来越大。对技术工人需求的增加有两个原因。一是对技术工人的需求出现在产业内部。为了适应新技术的发展,各产业都需要更高学历的工人来改进自己的生产技术。例如,制造业和服务业都在普遍采用计算机技术。二是产品需求的转变,由此产生了对劳动的需求,这有助于那些雇佣更多技术工人的产业发展。例如,高科技产业的出现,如计算机软件业、互联网、物联网、大数据、电子商务、人工智能和生物制药业等都增加了对高度

培训过的工人的需求。

(四)人口变动

一些经济学家用劳动力市场总供给的变动来解释收入不平等的扩大,强调把技术工人与非技术工人构成的变化作为重要因素。大量的非技术的童工、女工进入劳动力市场导致了收入不平等的扩大。

缺乏经验的非技术工人的数量激增从两个方面使收入不平等扩大:缺乏经验的非技术工人的数量激增,使得所有产业中低收入工人与高收入工人之间的比例扩大;低工资劳动力市场出现大量的年轻工人和缺乏经验的女工,会降低这些市场的相对收入,从而使非技术工人与技术工人之间收入不同的趋势增强。

三、中国收入分配差异较大的宏观原因

从官方公布数据来看,我国从 2000 年开始,基尼系数就超过 0.4,2008 年基尼系数最高达到 0.491,之后逐渐降低,但较为缓慢,仍旧超过 0.4 的国际警戒线。中国居民收入分配差距较大的原因有多种,具体而言,主要表现为以下几个方面。

(一)历史原因

新中国成立以来,中国选择了重工业优先发展的战略,其手段主要是要通过农产品统购统销制度,工农业产品价格"剪刀差",低价收购农产品,将农业剩余转化为工业利润,再通过严格控制工业部门的工资水平,把工业利润转化为财政收入。此外,国家还通过农业税收入和农业储蓄等渠道获得了大量资金积累。同时,城乡二元分割的户籍制度成为政府的长期制度,户籍制度把农村劳动力禁锢于农村和农业,城市职工报酬以及享受的城市居民的各种福利保障远远高于农村劳动力,形成了城市居民的利益刚性和改革后的城市偏好。

(二)分配体制的客观原因

我国现阶段实施的是以按劳分配为主体、多种分配方式并存、各种生产要素按贡献参与分配的分配制度。在这种分配体制下,个人收入量的多少,不仅与自己的劳动贡献大小正相关,还与自己所拥有的物化生产要素多少正相关。是否占有物化生产要素及其量的多少和质的高低,便成为影响人际间收入差距的重要因素,不同要素所有者占有要素的数量与质量差异对个人收入差距影响巨大。

(三)社会保障体系不健全

我国的社会保障制度存在着覆盖面小、资金渠道狭窄、管理服务社会化程度低等问题,无法适应不断发展的新体制需要。我国的社会保障体制是建立在城乡二元隔离基础上的,造成了城乡社会保障的巨大差别。国有企事业单位的职工有较高和较全面的保障,集体企业和单位的职工所享受的社会保障则要相对低一些,个体工商业

者则基本不享受社会保障。而国有企事业单位的职工又恰恰是收入较高的一批人,国民收入的再分配又向这些人倾斜,更加扩大了收入分配差距。

(四)税收调节有待完善

国际经验证明,个人所得税在调节社会收入分配方面能够发挥独特的作用,但目前我国个人所得税制度还不够完善。除个人所得税外,我国还没有建立针对个人财产存量及其转移进行调节的收益类税种,比如遗产税、房产税在部分省市也才刚刚开始征收。再如,适应现代经济发展和社会变革需要的社会保障制度既不统一,又不健全,在资金筹措上没有采取国际上通行的开征社会保障税的方式,由此造成政府以及社会对失业者的安置及其生活困难问题的解决缺乏必要的财力保障。

(五)经济发展的阶段性决定了收入分配差距较大问题

随着经济总量的快速发展,我国跨入了跨越"中等收入陷阱"的时代。在经济发展与收入分配关系上,库兹涅茨的"倒 U 形曲线理论"认为,在经济未充分发展、人均国民收入较低时,收入分配将随着经济发展而趋于不平等;其后,随着经济发展和人均国民收入水平的提高,收入分配差距将逐步缩小。我国经济处于中高速增长之中,社会各阶层收入差距较大的状况估计还会延续一段时间,这是经济特定发展阶段的客观反映。

(六)体制性因素和政策性因素

我国在西部大开发政策实施之前,包括政府投资在内的大量的投资资金流入较为发达的地区,加上外资的涌入,导致了发达地区与落后地区的经济增长上的差异。在这个过程中,中央政府与地方政府之间的财政分配体制受到地方利益格局的制约,并没有起到有效的再分配功能。再加上地方政府的地方保护主义政策,生产要素自由流动的障碍,特别是劳动力就业的自由选择受到不同程度的限制,这些因素都在不同程度上阻碍了市场机制对地区之间收入差别的调节作用,使得地区间经济发展和居民收入水平的差距缩小幅度不甚理想。

(七)垄断部门收入的过快增长

打破垄断、引入竞争是市场化改革的一个主要目标。然而,在实际过程中,市场化改革的进展在部门之间出现明显的不平衡。一些部门不愿意放弃垄断利益,极力延迟市场化改革的进程,或者只选择更有利于部门利益的"改革",极力抵制不利于部门利益的改革方式。垄断部门的垄断收益很容易被转化为职工的收入和福利,其结果是垄断部门的职工收入增长大大超过了一般竞争部门的职工,扩大了全社会的收入差距。

第四节 收入分配差距扩大的治理

长期以来,收入分配差异扩大化是广大人民群众普遍关注的热点问题。从 20 世纪 90 年代开始,许多学者从不同角度研究收入分配差异扩大化产生的原因并对如何解决这个问题进行了探讨。近年来,中央相继出台了一系列的政策措施以提高居民收入、扭转收入差距扩大趋势。面对收入分配超警戒线的差异及和谐发展的使命,缩小收入分配差异就成为今后一段时间内非常迫切且重要的工作了。

一、树立正确的公平分配观

收入分配的全过程包括起点、过程和结果三个环节。树立正确的公平分配观,就是要做到以上三个环节的统一,即把起点公平、过程公平和结果公平看成一个有机的、不可分割的系统。

起点公平是指市场经济的竞争应该在同一起跑线上进行社会活动,即竞赛的规则必须公平,这是公平中最具决定意义的一环。只有在一定程度上解决了起点公平问题,才能在一定程度上为过程公平建构打下基础,从而最终实现结果公平。

过程公平是指个人或群体在社会活动中,能获得发挥自身能力的机会平等及在公平的原则和操作下公平竞争,就是要给每个人以公平的机会和条件,而公平的机会与条件则必须由法制主导下的市场经济来提供。对于民众由此而产生的"仇富心态",政府应该给予理解,并且引导民众积极参与对规则和制度的完善。

结果公平可以分为两类:绝对结果公平和相对结果公平。绝对结果公平是指社会成员间的收入不按贡献而是按人头来分配,是一种平均主义。相对结果公平包含两个方面的内容:一是就同一个体而言,其产出、贡献与所得是否匹配、相称,我们称之为"纵向相对结果公平";二是就不同个体而言,他们之间的收入差距是否在一定的范围之内,也就是所谓的社会是否基本公正,而不看其贡献大小,我们称之为"横向相对结果公平"。

二、重新定位效率与公平之间的关系

公平与效率之间没有绝对的主从关系,它们都是经济发展的核心基础。过分强调效率而忽视公平的纯市场经济手段和过分强调公平而忽视效率的绝对平均主义,都是不可取的。要想发展生产、改善生活,必然要通过适当拉开收入差距来提供激励。

公平虽然是建立效率的前提,但如果片面追求收入的绝对平均,实际上也是一种

不公平,此时人们的付出不能得到合理回报,其结果只能是扼杀了生产活力,阻碍社会发展。公平与效率是在市场经济发展完善的过程中建立起来的,公平在市场经济中所体现的不是简单的均贫富,而是收入分配的机制公平、过程公平,只有这样的公平才能既长期起作用又增进效率。改善收入分配的现状,不仅需要调节分配的结果,更需要努力实现分配的机制公平、过程公平。这也需要进一步深化经济和社会体制改革,使人们能够公平地参与社会经济生活。

即问即答:公平与效率哪个更重要?

三、协调政府与市场两者之间的关系

政府和市场作为经济生活中两种重要的调节方式,均有其重要的作用。实践经验证明,在收入分配领域完全依靠行政手段,既无效率也不公平;只有引入市场竞争机制,才有可能实现公平与效率的统一。因此,在进行收入分配过程中,既要发挥市场无形之手的基础性作用,也要发挥政府有形之手的关键性作用。

我国正在进入社会财富倍增与贫富差距加大同步进行的社会发展期。由于市场经济体制尚处于初级阶段,政府在收入分配的各阶段都需要积极作为,以着力完善市场经济体制,规范收入分配秩序。既要进一步深化改革,解决市场扭曲和不能正常发挥作用的问题,又要解决市场泛化和市场失灵的问题,还要解决政府职能转变的问题,使市场无形之手和政府有形之手都到位又不越位,综合协调地发挥作用。

四、完善相关制度建设

完善相关制度建设的具体措施主要有以下几种。

第一,进一步打破城乡分割二元经济结构,促使农村剩余劳动力自由流动,城乡实行相同的"国民待遇"。统一城乡劳动力市场,实行开放的劳动力市场政策,让劳动力在城乡之间和地区之间享有充分流动的自由和同等的就业机会,以缩小城乡收入差距。

第二,加强对垄断行业的监管,加强市场竞争。按照国际惯例提高一些垄断行业的市场准入程度,政府应有计划地为一些行业的进入创造较为宽松的条件,引入竞争机制,打破或削弱行业的垄断,加强对垄断收入分配的控制和管理,缩小垄断行业与非垄断行业的收入差距。

第三,加快体制改革,强化权力约束。进一步实现政企分开,打破阻碍经济健康发展的"条块分割"和部门垄断,合理划分各级政府的事权,强化监督机制,从源头上堵住腐败现象的产生,使政府与企业的关系真正转到符合市场经济要求的轨道上来。

第四,深化税收体制改革。税收作为调节国民收入分配的杠杆,是治理收入分配不公的重要手段。要完善税收政策,逐步建立一个以个人所得税为主体,以财产税和

社会保障税为两翼,以其他税种为补充的收入分配税收调控体系。这里有几种方法可以考虑。一是实行金融资产实名制。增加个人收入的透明度,限制非法收入,从源头上对个人所得税加以控制。二是适时开征遗产税。目前,全世界约有三分之二的国家和地区都开征了遗产税。相关国家实践表明,开征遗产税有助于避免个人财产分布过分集中,鼓励人们依靠诚实劳动和努力工作致富,限制部分人通过继承财产不劳而获、好逸恶劳。三是加强对高收入阶层的税收调控。目前,高收入阶层主要为企业家、各类明星、垄断行业从业者、"寻租"灰色收入者、非法地下经济暴发户等。

在税收调节方面,美国的政策很有启发意义。在美国,已经建立了以个人所得税为主体,辅之以遗产税、赠与税、个人财产税、个人消费税、社会保障税的税收调节体系,充分发挥不同税种相互协调配合的调节功能。

视野拓展

五、健全社会保障制度

由于市场的自发倾向和劳动者个人天赋与能力的差别,难免造成收入的悬殊。在这种情况下,为了保障人们的基本生活,实现公平目标,社会保障将对个人收入差距起到重要的调节作用。

对于弱势群体,需要给予重点关注,采取的政策取向是强化社会保障,确保其最低生活水平,并逐步提高其收入水平。另外,应按照权利和义务相统一、效率与公平相兼顾、改革和过渡相衔接的原则,通过改革逐步建立起符合新经济体制要求的多层次社会保障体系。

对于低收入者中的城市群体,应适当提高城市居民最低生活保障标准和失业救济标准,保障他们的生存条件,共享经济发展的成果。

对于低收入者中的农民群体,要增加对农业的投资,建立基础教育、基本医疗卫生服务等基本需求向农村贫困地区转移支付的制度,建立农村最低生活保障制度,逐步将农村贫困户的救济纳入全社会的最低生活保障制度之中。

六、加大人力资本投资

不论是发达工业化国家还是新兴市场经济国家,特别是经济比较落后的低收入发展中国家,都必须把发展教育、增加人力资本投资置于收入分配政策的核心位置。只有提高劳动者的受教育水平,才能有效提高劳动要素的生产率,缩小劳动要素与其他要素在收入分配上的差距。

发展教育首先要做到人人有公平的接受教育的机会。加强人力资本投资,从长远来看,要重视义务教育。通过设立义务教育制度,通过教育机会的均等来提高人的劳动能力,从而从起点上达到缩小收入分配差距的目的。正如诺贝尔经济学奖得主、英国经济学家米德所说:"教育是影响人们获得收入能力的一种重要形式的投资,它可间接地对财产的分配产生深远意义的影响。由税收收入资助的公立教育,基本上体现了向穷人子女的教育投资,是有利于公平的。"

此外,政府还须改革现有的教育体系和方法,只有那种能够把课堂教育和生产实践相结合的教育方法,才能真正发挥教育的提高劳动生产率的功能。对正在转型中的中国来说,关键的问题就是如何通过有效的职业教育,把农民训练成为有技能的产业工人。

加强人力资本投资,不仅要增加教育投入,还要加大培训投入,特别是对弱势群体培训,政府应该发挥积极主动的引导作用。

七、促进劳动要素的流动性

在社会经济活动中,各种要素的流动性是极不对称的,其中,资本要素的流动性最强,而劳动要素的流动性最弱。正是因为资本的流动性要远远高于劳动的流动性,资本就要比劳动有更多的套利机会,从而使得资本收益要远高于劳动所得。在经济全球化的今天,对国际资本流动加以适当控制,促进劳动要素的自由流动,对于缓解不同地区和国家的收入差距扩大以及资本收益和劳动所得差距过大的现象必将产生深远的影响。有研究表明,2017年中国中部和西部农民工平均工资分别相当于东部平均工资的90.6%和91.1%,工资趋同趋势明显增强,这说明劳动力横向流动的效果非常明显。

中国社会科学院副院长蔡昉认为:为了更充分地发挥城市化促进社会流动的功能,需要在劳动力横向流动的基础上,推进人口和家庭的纵向流动;要从满足基本公共服务需求、消除阻碍流动的体制机制弊端入手,把农民工及其家庭培育为真正的中等收入群体。在目前的中国,增强劳动力纵向流动的关键,户籍制度改革是破除流动障碍的关键。

八、重视建立利益表达和利益协调机制

追求公平分配的一个重要途径或制度安排就是建立各个利益主体间的利益表达和利益协调机制,尤其是劳资双方的协商制度、社会弱势群体的利益诉求和利益保护制度。目前,我国迫切需要解决的是如何确立工会独立于政府和企业雇主之外的法律地位,以及维护职工权益的实际权利;如何割断政府与企业间的经济利益关系,使

其真正成为社会公正的维护者；如何使司法制度真正为老百姓主持公道。最终的追寻目标是建立利益各方的良性互动关系和实现公平分配的利益协调长效机制。

全面深化收入分配制度改革是"十三五"期间全面建成小康社会、跨越中等收入陷阱的必然要求和重要支撑。按照世界银行的标准，中等收入标准为成年人每天收入10~100美元，即年收入3650~6500美元。2017年我国中等收入群体规模已经超过30%，据估计到2025年将达到50%。只有缩小收入差距才能不断提高中等收入群体规模。中国目前是中等收入国家，不久的将来会成为高收入国家，从这个意义上说，缩小收入差距至关重要。

国家发改委经济研究所研究员李清彬认为，收入分配制度改革不是单一领域的改革，而是一系列制度体系的构建与完善，需要多个部门协同推进。制度改革推进不应拘泥于相关指标本身，而要综合考虑经济结构变化、要素条件变化，构建和健全更加公平的制度，在起点平等、规则公平和结果合理上多管齐下、形成合力。

本章小结

效率优先、兼顾公平，是全社会各种经济成分分配的基本原则。效率优先，就是发展生产力优先，兼顾公平就是使全体人民共享生产力发展的成果。

收入分配机制主要有市场机制、宏观调控机制和社会保障机制三种。市场机制就是指在市场经济体制下的收入分配，要贯彻按劳分配方式的客观要求。宏观调控机制的作用主要是调节收入分配的总量和结构。社会保障机制是国家和社会为保证全体社会成员的基本生活权利，依据一定的法律和规定，通过国民收入再分配所提供的资助、补贴和救济。

基尼系数是定量测定收入分配差异程度的一个指标，是国际上用来综合考察居民内部收入分配差异状况的一个重要分析指标。收入分配差异产生的原因主要有人力资本投资、能力、机会、家庭等因素。西方收入分配差异扩大化的原因主要有工业衰退、进口竞争和工会化程度降低、对技术工人的需求增加和人口变动四种。我国收入分配差异较大的原因可以归纳为历史原因、分配体制的客观原因、经济体制转轨过程中的不规范、企业改革过程中的不规范、社会保障体系不健全、税收调节不力和经济发展的阶段性等几种。

防止收入差别扩大化的途径主要有树立正确的公平分配观、重新定位效率与公平之间的关系、协调政府与市场两者之间的关系、完善相关制度建设、健全社会保障制度、重视建立利益表达和利益协调机制等。

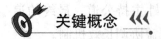

关键概念

效率优先　　兼顾公平　　基尼系数　　收入分配差异　　起点公平
过程公平　　结果公平

思考题

一、问答题

1. 如何理解经济史上的各种收入分配理论？
2. 收入分配的机制有哪些？
3. 收入分配的基本原则是什么？
4. 什么是基尼系数？如何利用基尼系数判断一国收入分配差异？
5. 收入分配差异产生的原因是什么？
6. 收入分配差异扩大化的原因是什么？
7. 如何防止收入分配差异进一步扩大化？
8. 理论上控制收入分配差异并不难，如开征遗产税、赠予税等，但实施这些措施有很大阻力，为什么？
9. "鼓励一部分人先富起来"这样的政策有何意义？有什么值得注意的地方？
10. 能力与家庭的不同，对收入分配差异会产生什么样的影响？

二、案例分析

美国调节收入分配差距的财政措施

为实现调节收入分配差距目标，可供政府选择的政策工具一般有税收、公共支出和公共管制。一般来说，税收在"劫富"方面有效，但在"济贫"方面却效用不大，需要有包括最后落实在社会保障支出、义务教育支出与反贫困支出等在内的公共支出加以补充方能奏效。因此，税收、社会保障、义务教育与反贫困是调控收入分配差距的主要财政措施。

1. 税收调节措施

在美国，已经建立了以个人所得税为主体，辅之以遗产税、赠与税、个人财产税、个人消费税、社会保障税的税收调节体系，充分发挥不同税种相互协调配合的调节功能。其中，个人所得税和遗产税（赠与税）实行累进税率，个人应税收入（或财产）越高，征税比例就越大，对个人收入差距调节力度最大。个人所得税的最高边际税率曾经高达50%，遗产税的最高边际税率曾经高达70%。个人财产税、个人消费税、社会保障税实行比例税率，其调节收入分配差距的效果尽管不如个人所得税和遗产税，但同样对收入分配差距具有调节功能。

2. 社会保障调节措施

美国的社会保障由社会救济、社会福利和社会保险三部分组成。一是由联邦或州政府出资并管理的社会救济和社会福利项目，保障的主要对象是低于社会贫困线的低收入者、丧失劳动能力的人以及这些家庭中的未成年人及其母亲。福利内容有现金补贴、食品券、住房补贴、医疗补贴等。二是由政府立法强制实施、全体劳动者参加并共担费用的社会保险项目。主要有养老、医疗、失业、残疾、工伤与职业病保险等，实施对象是所有劳动者和退休人员。三是由各种基金组织委托商业保险公司等金融机构经办的私人团体年金、医疗保险和个人储蓄。美国社会保障以保障基本生活水平，强调社会保障实施于需要社会帮助的弱势群体，各类人员享受保障的差别较大。例如，美国只有当职工退休以后，才能享受国家提供的医疗保险。正因为如此，国家财政用于社会保障的支出较少，从社会保险税中筹集的资金可以应付社会保障资金的支出。

3. 义务教育调节措施

为了保证不同地区之间义务教育的公平性，美国联邦和州政府加大了对义务教育的投入，州政府实行了不同学区的差别拨款补助方式。而近20年来，联邦政府对教育的支出正在不断地加大，如针对残疾儿童的资助、为了缩减班级规模的经费支出等专项支出的绝对额和相对比例都呈上升趋势。一方面，原有的联邦资助项目的额度在不断加大，另一方面，又新增了不少支出项目。同时，各级政府在义务教育总支出中的比例结构也发生了变化。地方政府大于州政府、州政府又大于联邦政府的旧格局逐渐被打破，形成了州政府大于地方政府、地方政府又大于联邦政府的新局面。

4. 反贫困调节措施

反贫困调节措施就是政府为了消除贫困、体现社会公平、缓解社会矛盾、维护政局的稳定、实现经济的稳定与增长，运用财政工具对贫困人口或贫困地区进行救济、补贴或者扶贫开发，以消除绝对贫困或解决相对贫困问题的制度。美国对落后地区的开发以及结合针对个人的反贫困计划是在20世纪30年代经济危机以后，从以南部地区为重心的区域援助政策开始的。自20世纪五六十年代以来，联邦对州和地方政府的财政补助不断增加。

此外，联邦政府还设定补贴的基本形式。一项是专项补助，它是为了支持那些特别专门化的项目而设计的一种有条件的补助。它一般由联邦政府规定用途、金额、使用期限和各种具体要求，州和各级地方政府不得移作他用。另一项补助是分类补助。和专项补助相比，它的约束性不强，联邦政府也只规定作用范围，没有资金配置的相应要求。分类补助的作用主要是通过给州和地方政府提供一种更为有效的收入来源来消除地区之间的差别。

思考讨论:

试根据以上资料,谈谈你对美国调节收入分配政策的理解及对我国缩小收入分配差异的启示。

课外阅读资料

第十二章

劳动与宏观经济

学习目标

1. 公共部门就业增长的原因
2. 政府支出对劳动供求的影响
3. 所得税的分摊
4. 二元经济与刘易斯拐点
5. 失业与通胀的关系
6. 经济发展与就业增长的平衡

2011年以来,不但美国经历了生产率增速的下滑,而且这种趋势是全球性的。特别是自2020年以来,疫情迟迟不能消退,给全球经济增长带来了很大的阻碍。与此同时,我国经济增速逐渐由高速降为中速,就业体制改革和劳动力市场发育也逐渐成为经济发展过程的主要问题。

本章就劳动力市场作进一步讨论,这些讨论把劳动力市场同宏观经济紧密联系在一起。由于宏观经济问题太复杂,本章只涉及政府与劳动力市场关系、二元经济与刘易斯拐点、失业与菲利普斯曲线、经济增长与劳动就业增长等内容。

第一节 政府与劳动力市场

在前面一些章节,我们讨论了劳动力市场上各种因素对工资和就业量的影响。实际上,政府对劳动力市场的参与很重要。由于政府行为对经济的影响很广泛,本节只讨论公共部门就业以及政府支出和税收对私人部门工资和就业的影响,政府法律和法规对劳动力市场的直接干预问题留给相关学科作进一步分析。

一、公共部门就业

公共部门是指被国家授予公共权力,并以社会的公共利益为组织目标,管理各项社会公共事务,向全体社会成员提供法定服务的政府组织,包括政府、公共企业、非营利性组织和国际组织。政府是公共部门的最主要成员。

在很多劳动力市场上,政府是某些特定类劳动力的主要甚至是唯一的雇主。例如,政府雇佣军人、警察、消防员、法官等。社会对上述人员提供的公共产品和服务的需求派生出对这些人员的需求。政府雇佣劳动力,就"耗费"或"吸纳"了经济资源。确切地说,政府部门的就业直接占用了一国的生产能力,如部队征兵,社会就放弃了这些人在私人部门的产出。

在过去几十年中,公共部门就业量的相对增长可以通过劳动需求和供给模型分析。在劳动力的供给方面,公共部门和私人部门基本上是同步增长的,但是公共部门的劳动需求曲线明显比私人部门的需求曲线右移了,结果公共部门的均衡就业量迅速增长,如图12.1所示。

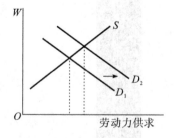

图12.1 劳动力供求均衡

经济学家对公共部门就业量的相对增长有多种解释,主要有以下几种。

其一,人口增长、城市化和市区扩大增加了对各级政府服务的需求。

其二,第二次世界大战后,世界局势的相对平稳导致生育高峰的出现,从而导致对教师、医生等劳动力的需求明显增加。

其三,社会实际收入增长,增加了对收入弹性较高的诸如高等教育、医疗卫生服务、公园以及干净的环境等政府服务的需求。

其四,公共部门工会的出现也成为劳动力市场上的一个重要力量。有人认为,公共部门工会和职业群体越来越多地使用政治力量,如捐款运动、组织支持、担保、投票等,选举那些在公共产品和服务上支出较多的官员,增加了对公共部门雇员的引致需求。

其五,政府职能转变。政府职能也叫"行政职能",是指行政主体作为国家管理的执法机关,在依法对国家政治、经济和社会公共事务进行管理时应承担的职责和所具有的功能。它体现着公共行政活动的基本内容和方向,是公共行政本质的反应。政府的主要职能可概述为经济调节、市场监管、社会管理、公共服务。在今天"互联网+"背景下,政府要转变行政职能,深化简政放权,创新监管方式,增强政府公信力和执行力,建设人民满意的服务型政府。政府在经济中的管理角色扩大了,这也增加了对政府雇员的需求。

二、政府非工资支出对劳动力市场的影响

政府的非工资支出会影响工资率和就业量,这种支出数额较大,一般采取两种形式:一是对私人部门产品和劳务的购买支出;二是转移支付。下文简要分析政府的各种支出对特定劳动力市场的影响。

(一)政府购买私人部门的产品

政府部门对私人部门的产品购买会产生对私人部门员工的引致需求。没有政府参与,这些部门劳动力需求不会产生,或者没有那么多。可以想象,需求上的这些变化会影响到均衡工资率和就业量。例如,中国政府自21世纪初以来的安居工程建设的不断推进,会提高工程师的工资和就业量;在中国农村,由于大量中小学进行合并,减少了对教师的需求。

近年来,越来越多的政府部门开始尝试购买公共服务。据中国政府采购网报道,2020年全国政府采购规模为36970.6亿元,较上年增加3903.6亿元,增长11.8%,占全国财政支出和GDP的比重分别为10.2%和3.6%。从层级来看,中央预算单位、地方预算单位政府采购规模分别为2853.0亿元和34117.6亿元,占全国政府采购规模的7.7%和92.3%。从结构来看,货物、工程、服务采购规模分别为9175.8亿元、17492.4亿元和10302.4亿元,占全国政府采购规模的24.8%、47.3%和27.9%。服务类采购规模增长迅速,采购规模占比首次超过货物类,主要是因为政府购买服务改革深入推进,促进服务类采购需求增加。

随着社会力量广泛参与到养老、教育、医疗、法律服务、社区治理等多个领域,居民在日常生活中不断享受到实惠,促进了相关产业的发展。同时,前来"竞聘"的社会

组织越来越多,需要安排的劳动力也越来越多。

(二)政府转移支付

政府的转移支付是非耗尽的,因为它们并不直接消耗资源或生产产品,例如,退休人员的社会保障补助金、失业补偿等,只是把收入从政府手中转移到个人和家庭手中,接受者不以生产作为回报,因而不会消耗资源。同样,补助是转移支付给消费或生产特定产品或劳务支出、机构或家庭的支出、医疗保险、教育补助等。

1. 需求效应

虽然转移支付并不直接消耗和吸收劳动力和其他要素,但它们确实改变了经济中的总需求结构,从而影响特定劳动力的需求结构。例如,按照美国社会保障计划,支付给老年人的现金和医疗形式的转移支付会提高老年人的产品和劳务的需求。确切地说,转移支付会提高对各种药物、家政护理等的需求,这种需求反过来会提高对生产这些产品和服务的劳动者的引致需求。同样,按照福利计划对低收入家庭现金支付,也会提高对各种产品的需求。在其他条件相同的情况下,这些产品需求的增加会导致产品价格提高,从而增加了对相关行业的劳动力需求。此外,给私人企业和非营利机构的补助支出也会提高对某些劳动力的需求。

2. 供给效应

除了对劳动力需求有影响,转移支付也会影响劳动力供给。转移支付收入可使接受者可以购买更多的物品和劳务,包括闲暇。如果救济金降低工作收入增加,那么这一计划又会产生替代效应,当转移支付增长时,工作时间进一步减少。因此,通过在一定程度上降低转移支付,可以导致劳动供给的相对增加。

转移支付也会影响劳动力的长期供给决策。现金或实物形式的补助会降低人力资本投资动机。然而,并不是所有的转移支付都会降低长期劳动力供给。有些转移支付能够降低人力资本投资的私人成本,这将产生相反的效果。例如,政府以低于市场利率的优惠条件给大学生提供贷款补助。这种补助降低了大学教育的私人成本,从而提高了人力资本投资的个人收益率,其直接结果是,劳动力市场上的长期劳动力供给增加。另外,受教育多的人比受教育少的人留在劳动力市场上的时间长。因此可以认为,政府的转移支付对特定劳动力市场上劳动力供给的影响可能是正的,也可能是负的。

即问即答:如果政府为鼓励企业对外竞争而进行补贴,这将对国内劳动力市场产生什么样的影响?

三、公共物品和服务对劳动力市场的影响

公共物品和服务的提供是否独立地影响劳动力的需求和供给?例如,国防与大学教育。显然,有些公共物品的提供确实影响私人部门对劳动力的需求。可以想象,

政府提供这些物品和服务会降低经济中的总劳动力供求。

(一)对劳动力需求的影响

公共物品和服务的提供从多个方面影响劳动力需求。例如,假定政府要在河上建立大坝,大坝的建成会产生多重效果,诸如发电、洪涝控制、灌溉、养殖以及旅游娱乐,从而影响劳动力市场。例如,灌溉工程可能提高对农业劳动者的需求;新的娱乐设施会提高对捕鱼船、机动船的需求量,从而提高对生产这些产品的劳动者需求;低廉的电价会吸引制造性企业来到这一地区,因此提高了对各种熟练和非熟练劳动者的需求;下游洪涝得到控制会降低对提洪涝险的代理人和理赔人员的需求。因此,在其他条件相同的,若公共物品的生产和消费与私人产品是互补关系,则将产生对私人部门劳动力的引致需求;相反,若公共物品的生产和消费与私人产品是替代关系时,则会降低私人部门对劳动力的引致需求。

(二)对劳动力供给的影响

通过调整短期个体劳动力供给中的收入和闲暇模型可以发现,公共物品和服务的提供会降低劳动力供给数量。根据收入和闲暇模型,它包含一个由无差异曲线组成的偏好图形,如图12.2所示。纵轴为实际收入,为个人特定工作量下从公共和私人部门获得的总产出。假定不管张某工作多少时间,他都能得到 Y_0 即(WW')的公共产品,那么他的实际收入将等于 Y_0 加上他的工作收入

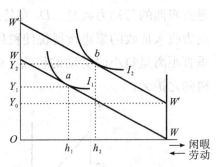

图 12.2 公共物品的提供对个体劳动力供给的影响

所能买到的私人产品。WW 表示在既定工资水平上,张某的闲暇与收入的组合预算线;WW' 表示获得公共产品后的预算线。

如果没有公共物品,张某闲暇 h_1 小时实现效用最大化,此时他得到 Y_1 物品(实际收入)。然而,公共物品的存在产生收入效应,使他能够购买更多的闲暇。在追求效用最大化的过程中,张某的闲暇时间增加到 h_2。

我们得出的结论是,公共物品和服务的提供会减少经济中个体和总体劳动力供给。首先,公共物品和私人产品的替代性越强,劳动力的供给减少得越多。例如,公共部门提供免费食物会降低人们工作以购买食物的动机。其次,公共物品和闲暇的互补性越强,劳动力供给减少得越多。最后,公共物品与工作的互补性越强,劳动力供给减少的程度越小。例如,通过降低上班的成本,公交系统会扩大劳动力供给。

我们讨论公共物品对劳动力供给的影响忽略了一个重要事实,即政府必须征税才能提供公共物品,而税收对劳动力供给存在潜在的影响,这正是下面要讨论的问题。

即问即答:若社会治安变好了,可能是政府增加了监控,这将对劳动供给产生什么影响?

四、所得税与劳动力市场

到目前为止,我们的重点一直是政府支出和雇佣决策对劳动力市场的影响。现在主要分析个人所得税对劳动力市场的影响。

(一)所得税对工资和就业的影响

从下面的讨论我们会发现,在劳动力需求曲线弹性既定情况下,个人所得税对工资和就业的影响主要取决于劳动力供给曲线的弹性,图 12.3 体现了这一性质。图 12.3(a)中的劳动力供给曲线完全无弹性,表明劳动者并不因为工资率的变化而集体地改变劳动参与程度。图 12.3(b)中的劳动力供给曲线有一定的弹性,这时工资率提高,劳动者会增加劳动力供给时间;反之,劳动者会减少劳动供给时间。

图 12.3(a)和图 12.3(b)中的需求曲线是相同的,具有相同的税前工资率和雇主愿意雇佣的劳动力数量。D_1 在传统需求曲线的下方,表示劳动者的税后工资。对劳动力收入征收的累进所得税使税后的工资率曲线从 D 向下移动到 D_1,两条曲线间的垂直距离是每小时劳动的税收。图 12.3 表示随着工资率的提高,D 和 D_1 之间的距离随之扩大。

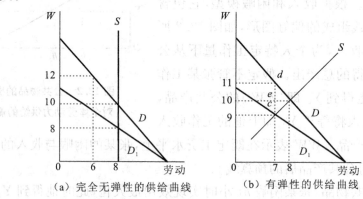

(a) 完全无弹性的供给曲线　　(b) 有弹性的供给曲线

图 12.3　个人所得税对工资和就业的影响

下面对这两种情况作进一步分析。

1. 完全无弹性的劳动力供给

图 12.3(a)表示,税前均衡工资和就业量分别是 10 元和 8 单位。由于供给曲线完全无弹性,所得税并不影响劳动力供给的数量。因此,劳动者承担了所有税收负担。税前工资率保持在 10 元,而税后的工资率下降了 2 元,即为税收。一旦引入税收,劳动者所期望的净工资只有 8 元。

为了进一步说明这一性质,假定劳动者对他们的税后工资不满,试图把税收转嫁给雇主。如果他们要求 12 元的工资,雇主将雇佣 6 单位劳动力,而此时劳动者的供给数量是 8 单位。假定市场是竞争的,那么劳动力的过量供给使税前工资率下降到 10 元,劳动力市场再次实现出清。显然,如果劳动力供给完全无弹性,劳动者将不能把税收转嫁到雇主那里。税收对市场工资率和均衡量没有影响。

2. 正斜率的劳动力供给曲线

图 12.3(b)表示,这里劳动力供给曲线是正斜率的,意味着劳动者会随着工资和税收的变化调整自己的劳动力供给。没有所得税时,均衡的工资和数量分别是 10 元和 8 单位。如果开征所得税,劳动力供给的数量将从 8 单位减少到 7 单位。在 10 元的市场工资率下,雇主面临 1 单位(8-7)的劳动力短缺。这种超额需求会使市场工资率提高到 11 元,市场在 d 点再次实现均衡,此时的劳动力供给是 7 单位。这部分劳动者接受 11 元而不是 10 元的税前工资。劳动者的税后工资率下降 1 元,达到 9 (10-1)元。注意,下降额小于所得税额 2(11-9)元。原因是,1 元的税收间接地由雇主承担了。在图 12.3(b)的总税收 dc 中,ec 部分由于税后低工资而由雇员承担,而 ed 部分则通过投资成本由雇主承担。

在其他条件相同时,如果劳动力供给曲线向右上方倾斜,个人所得税使劳动力供给数量减少,导致工资率上升,就业量下降。在劳动力需求弹性既定的情况下,供给弹性越大,雇主以高工资形式承担的税负就越多。通过分析可以发现,在完全弹性的劳动力供给曲线下,税负完全由雇主承担,对就业的影响也很大。

第二节 二元经济与刘易斯拐点

第二次世界大战以后,世界形势发生了重大的变化,出现了一大批新独立的发展中国家。如何谋求经济发展,如何在政治独立之后实现经济独立,这是摆在发展中国家面前迫切需要解决的问题。同时,发达国家出于人道主义关心、自身经济利益考虑以及政治势力的角逐,也对发展中国家的经济发展发生了兴趣。在这样的背景下,出现了众多论述发展中国家经济发展的理论学说,二元经济理论便是这些学说中比较著名,也是比较重要的一个。

一、二元经济

新古典经济学研究的是一元经济。一元经济理论认为,资源可以在各部门间自由流动,经济主体通过对价格信号作出灵敏反应,达到资源长期配置最优,经济增长本质上是一种平衡

> **二元经济:**
> 二元经济是对发展中国家早期发展阶段的一种描述,是指经济从完全依赖于农产品的生产状态向农业部门与现代工业并存的二元状态的转变,这一过程的实现是经济发展的一个里程碑。

增长。这种经济学说在 20 世纪五六十年代一度受到来自结构主义经济学说的挑战。1954 年,美国经济学家刘易斯(Lewis)在《曼彻斯特学派经济和社会研究》上发表了著名的《劳动无限供给条件下的经济发展》一文,创立了二元经济理论。

(一)二元经济的概念

二元经济是指发展中国家的经济是由两个不同的经济部门组成,一是传统部门,二是现代部门。传统部门是指自给自足的农业及简单零星的商业、服务业,劳动生产率很低,边际劳动生产率接近零甚至小于零,非熟练劳动者的工资极低,在该部门存在大量的隐蔽性失业,但容纳着发展中国家的绝大部分劳动力。现代部门是指技术较先进的工矿业、建筑业、近代商业、服务业,容纳的就业劳动力较少,劳动生产率较高,工资水平较高,在传统部门的工资之上。二元经济中这两个部门存在着生产和组织的不对称性。

1. 生产的不对称性

刘易斯模型中存在三种生产要素:土地、劳动和资本。传统部门使用土地和劳动,而不使用资本;现代部门使用劳动和资本,而不使用土地。刘易斯模型认为,生产要素在传统和现代部门间的流动性是受到限制的。事实上,即便两个部门都使用同样的生产要素,但只要生产要素在两部门间的流动受到限制,这都可以看作生产不对称性的表现。

2. 组织的不对称性

传统部门和现代部门的组织原则是不一样的。现代部门进行生产时遵循的根本原则是利润最大化,即工资等于劳动的边际产品;而传统部门的组织原则是由于要遵循相互帮助和收入分享的习俗而雇佣了"太多"的劳动力。

从静态的角度来看,二元经济是缺乏效率的经济形态。在刘易斯的二元经济模型中,传统部门不使用资本,而现代部门不使用土地,这种生产的不对称性使得资本和土地的边际产品在各部门中无所谓等同。

从动态的角度来看,二元经济是需要被克服的经济形态。二元经济是一种落后的经济形态,其落后性就在于传统部门的存在。因此,传统部门的缩小和现代部门的扩大过程就是经济效率提高的过程,也就是二元经济消失的过程。二元经济模型突出资本积累的作用。正是资本积累的规模和速度决定了现代部门对传统部门劳动力吸收的规模与速度。

(二)二元经济的主要特征

二元经济特征表现在:在一定的条件下,传统农业部门的边际生产率为零或负数,劳动者在最低工资水平上提供劳动,因而存在无限劳动供给。城市工业部门工资比农业部门工资稍高点,并假定这一工资水平不变。由于两部门工资差异,诱使农业剩余人口向城市工业部门转移。当厂商进行投资时,现代工业部门的资本量就增加了,从农业部门吸收的剩余劳动就更多了。当剩余劳动力消失后,劳动的边际生产率也提高了,与工业达到一致,这时经济中的二元结构也消失了。

二、剩余劳动力

刘易斯认为,剩余劳动力是指边际生产率为零或接近于零的劳动力,即指如果从总就业者中撤出一部分劳动而不会使总产量减少,那么被撤出的劳动者就是剩余劳动力。

二元经济理论认为,传统部门在落后的组织原则的支配下雇佣了"太多"的劳动力,劳动边际生产力很小,甚至是负值。因此,在新古典经济学看来,传统部门存在剩余劳动力,剩余劳动力的消失就成为二元经济结束的标志。

二元经济模型中的剩余劳动力概念不同于西方主流经济学中的失业概念。西方主流经济学中的失业概念是针对发达的一元经济而言的,指的是生产要素处于完全闲置的状态,其产生原因主要是有效需求不足。而二元经济模型中的剩余劳动力概念是针对发展中国家的特殊情况而言的,它仅存在于传统部门中。剩余劳动力虽然未表现为公开的失业状态,但其利用效率极其低下,处于半闲置状态。制度性因素,如落后的组织原则,是导致剩余劳动力存在的根本原因。

二元经济模型中的剩余劳动力概念与隐蔽性失业概念也有区别。剩余劳动力是落后生产状态的结果。而隐蔽性失业是一般性概念,它不仅针对发达国家,也适用于发展中国家,是生产要素不能尽其用的现象。导致这种现象的原因有多种,落后的生产方式固然可以导致隐蔽性失业的大量存在,经济衰退同样是隐蔽性失业迅速增多的原因。剩余劳动力是要消灭的对象,而隐蔽性失业是不能消灭的,其数量的多少取决于经济所处的发展阶段以及经济周期情况。

人们对发展中国家的传统部门存在剩余劳动力的信念来自于20世纪30年代的经济大萧条时期。在发达工业国失业状况极端严重的这个时期,落后的农业国却没有出现明显大规模失业的情况。人们由此推断,这些大规模的本应该失业的人口一定隐藏在落后农业国最大的传统部门即农业部门。农业部门虽然表面上未出现大规模失业现象,但其中的相当一部分劳动人口对于农业生产是不必要的,或者说是过剩的。

"二元经济"是我国从建国至今基本的经济发展路线,通过低廉的农村劳动力和农产品、原材料的转移,集中力量实现第二产业发展和城市现代化。我们现在的大工业起步和大中型城市的兴起皆得益于此,但是这也是城乡地域经济差距加大、户籍问题和三农问题产生的源头。

经过四十多年的改革开放,中国经济快速发展,物质产品极大丰富,曾经面临的传统农业剩余劳动力过剩等问题,现在反过来却变成了因为耕地和农村劳动力减少、农村剩余劳动力城镇务工带来的种种社会问题。

三、刘易斯拐点

随着农业部门的剩余劳动力向非农部门的逐渐转移,滞留在农业部门的剩余劳动力越来越少。剩余劳动力转移完毕之日,就是所谓的"刘易斯拐点"到来之时。

(一)刘易斯拐点的概念

根据经济学家刘易斯的理论,大多数发展中国家都要经历一个二元经济发展的过程。其突出的特征是农村劳动力的剩余为工业化提供低廉的劳动力供给,工资增长较慢,雇佣关系不利于劳动者,城乡收入差距持续着;按照发展的逻辑,这个过程将一直持续到劳动力从无限供给变为短缺,增长方式实现一个质的飞跃,进入现代经济增长阶段。这个转换的节点就被称为"刘易斯拐点"。简单地说,**刘易斯拐点**,即劳动力过剩向短缺的转折点,是指在工业化过程中,随着农村富余劳动力向非农产业的逐步转移,农村富余劳动力逐渐减少,最终枯竭。

二元经济转化过程中刘易斯拐点的到来将会伴随着几种显著的变化:工业实际工资水平第一次显著上升,工业出现资本深化现象;农业部门商业化;恩格尔系数发生变化,人们花费在食物中的比例显著下降;人口类型由"高出生率、高死亡率、低增长率"向"高出生率、低死亡率、高增长率"再向"低出生率、低死亡率、低增长率"转变。

(二)刘易斯拐点的内涵

刘易斯认为,经济发展过程是现代工业部门相对传统农业部门的扩张过程,这一扩张过程将一直持续到把沉积在传统农业部门中的剩余劳动力全部转移干净,直至出现一个城乡一体化的劳动力市场时为止。此时,劳动力市场上的工资便是按新古典学派的方法确定的均衡的实际工资。

刘易斯的"二元经济"发展模式可以分为两个阶段:第一个是劳动力无限供给阶段,此时劳动力过剩,工资取决于维持生活所需的生活资料的价值;第二个是劳动力短缺阶段,此时传统农业部门中的剩余劳动力被现代工业部门吸收完毕,工资取决于劳动的边际生产力。由第一阶段转到第二阶段,劳动力由剩余变为短缺,相应的劳动力供给曲线开始向上倾斜,劳动力工资水平也开始不断提高。这两个阶段的内涵是不同的,都具有标志性的象征意义,前者的到来为后者的实现准备了必要的前提条件,但后者的意义是决定性的。

关于中国经济是否到达或超过了刘易斯拐点,大部分人都持肯定观点,但也有人持否定意见。有人认为,高地价构成了地方经济的恶性循环。一个城市土地价格过高导致实业产业发展艰难,税收减少,迫使地方政府更加依赖土地收入。还有就是土地价格上涨会引起劳动力价格上涨,企业负担加重。这不仅是人才难以进入的原因,也是一般劳动力难以进入的原因。

有人认为,"刘易斯拐点"可能是虚假现象。也有人认为,"招工难"的一个关键原因在于城市生活成本过高,劳动力进入需要企业提供足以应付这一成本的工薪,但企业无法提供,所以是城市生活成本阻止了劳动力进城,而城市生活成本与城市地价、房价密切相关。

即问即答:我国的民工荒是不意味着刘易斯拐点在我国已经出现?

第三节 失业与通货膨胀

人类经济发展史本身就是一个消费不断增长且物价不断上升的历史,失业问题也一直贯穿其中。为实现政府的两个主要宏观目标——充分就业和人类物价稳定,要同时解决失业问题和通胀问题,是一个艰难的选择,因为两者本身是矛盾的。要解决失业问题,就要采取扩张的政策,这会引起物价上涨;要解决物价上升问题,就要采取紧缩政策,而这又会造成失业增加。因此,有必要从理论上探讨失业与通胀的关系。

一、菲利普斯曲线和失业——通货膨胀的交替

凯恩斯认为,在资源闲置的情况下,总需求的增加只会使国民收入增加,而不会引起价格水平上升。这也就是说,在未实现充分就业的情况下,不会发生通货膨胀。在充分就业实现,即资源得到充分利用之后,总需求的增加无法使实际国民收入增加,而只会引起价格水平上升。换句话说,在发生通货膨胀时,一定已经实现了充分就业。

为了减少失业,政府往往想方设法刺激经济。当失业减少至接近充分就业水平时,劳动力市场出清,此时,许多企业发现很难找到他们需要的劳动力,于是互相竞争,其结果是工资水

> **菲利普斯曲线:**
> 它表明失业与通货膨胀存在一种交替关系的曲线,通货膨胀率高时,失业率低;通货膨胀率低时,失业率高。

平提高了,从而社会购买力上升,物价上涨。反之,当失业率很高时,劳动力供过于求,找工作的人比工作岗位要多,提高工资的压力就小,失业增加,物价也相对稳定或上升率下降。由此可见,在失业与通货膨胀之间存在着一种替代关系,即较低的失业率伴随着较高的通货膨胀,较高的失业率伴随着较低的通货膨胀。这种关系用曲线表示被称为"**菲利普斯曲线**"。

英国经济学家菲利普斯(A. W. Phillips)在1958年提出了失业和货币工资之间存在着一种负相关关系的观点,如图12.4所示。菲利普斯曲线对分析短期的失业与通货膨胀的交互变动十分有用。

在图12.4中,U表示失业率,$\Delta W/W$表示工资的上涨率,$\Delta P/P$表示物价水平的

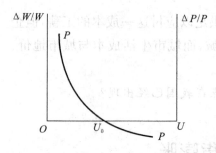

图 12.4 短期菲利普斯曲线

上涨率，PP 表示菲利普斯曲线，在失业和通货膨胀之间就存在着一种替代关系。当失业率较低时，一方面企业出于对劳动力缺乏的考虑会提高工资来吸引劳动力，另一方面工会组织会要求提高工资，这两种压力将导致货币工资率的上升，平均劳动成本的提高，反映在价格水平上即形成较高的通货膨胀率；反之，亦然。菲利普斯曲线表明，较低的通货膨胀是可以实现的，但它的代价是较高的失业率。

菲利普斯曲线显示了以下几个重要观点：

通货膨胀是由于工资成本推动所引起的，正是根据这一理论把货币工资增长率与通货膨胀率联系起来；

它承认了通货膨胀与失业的交替关系，这就否认了凯恩斯关于失业与通货膨胀不会并存的观点；

当失业率为自然率时，通货膨胀率为零，因而也可以把自然失业率定义为通货膨胀率为零时的失业率；

失业与通货膨胀负相关的观点为政策选择提供了理论依据，如可以运用扩张性宏观经济政策，以较高的通货膨胀率来换取较低的失业率，也可以运用紧缩性宏观经济政策，以较高的失业率来换取较低的通货膨胀率。

二、菲利普斯曲线的应用

在图 12.4 中，当失业率在 U_0 时，工资（或物价水平）是稳定的，当失业率靠近零时，通货膨胀率非常高。通货膨胀率为零时的失业率，即为自然失业率，它表明当经济达到自然失业率时，工资和物价都是稳定的。当失业率低于自然失业率时，就会产生通货膨胀。是否有必要达到自然失业率，取决于通货膨胀的成本和失业的成本有多大，以及怎样在这些成本之间作出权衡。

权衡这些成本时，要知道菲利普斯曲线的形状和所处的位置，如果想降低失业率，那么通货膨胀率会提高多少。如果菲利普斯曲线非常陡峭，那么这个成本就很高；当菲利普斯曲线比较平缓时，政府为了抑制通货膨胀，必须付出较高失业率的代价。

具体而言，一个经济社会首先要确定一个临界点，由此确定一个失业率与通货膨胀率的组合区域。如果实际的失业率和通货膨胀率组合在组合区内，则政策的制定者不采取调节措施；如果在区域之外，则可根据菲利普斯曲线所表示的失业率与物价之间的关系进行调节，如图 12.5 所示。

经济学家认为，如果一开始经济社会的失业率和通货膨胀率在 4% 以内，那这是比较安全的，从而产生一个临界点 A，由此形成一个安全区，如图 12.5 的阴影部分。在这个区域内，政府不需要采取什么调节措施。

如果实际的通货膨胀率高于 4%，如达到了 5%，该经济社会的失业率仍在可接受的范围内，政府可制定紧缩政策，以适当提高失业率的代价来降低通货膨胀率；反之，亦然。

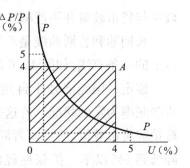

图 12.5 短期菲利普斯曲线的应用

如果失业能够在人群中均匀分布，失业形式表现为工作时间缩短、休假延长、提前退休等，那么这样的失业率水平或许是能够接受的。但即便如此，也无法解决通胀问题。

实际上，如果菲利普斯曲线能够保持稳定的话，那么在该曲线上选择一个最优的失业率水平，同时接受其对应的通胀率就是可取的方案。而最优失业率的确定，需要考虑两个方面的合理权衡：资源闲置带来的产出减少；各种因素导致的效率损失，如价格无法灵活变动、应对意外变化时的产能储备等。

三、长期菲利普斯曲线

货币主义经济学家弗里德曼认为，菲利普斯曲线表示的通货膨胀率和失业率的交替关系只有在价格水平的变化没有被预期到的情况下存在，即它是一种短期现象。在长期，菲利普斯曲线不再向右下方倾斜。

货币主义者在解释菲利普斯曲线时引入了预期的因素。他们所用的预期概念是适应性预期，即人们根据过去的经验来形成并调整对未来的预期，从而把菲利普斯曲线分为短期菲利普斯曲线和长期菲利普斯曲线。

在短期中，人们来不及调整通货膨胀预期，预期的通货膨胀率可能低于以后实际发生的通货膨胀率，人们实际得到的工资可能小于先前预期的实际工资，从而使实际利润增加，刺激了投资，增加了就业，失业率下降。在此前提下，通货膨胀率与失业率之间存在交替关系。因此，向右下方倾斜的菲利普斯曲线在短期内是可以成立的。这也说明，在短期中引起通货膨胀率上升的扩张性财政政策与货币政策是可以起到减少失业的作用的。这就是宏观经济政策的短期有效性。

在长期中，人们将根据实际发生的情况不断地调整自己的预期。人们预期的通货膨胀率与实际发生的通货膨胀率迟早会一致。这时人们要求增加名义工资，使实际工资不变，从而通货膨胀就不会起到减少失业的作用。这时菲利普斯曲线是一条垂线，表明失业率与通货膨胀率之间不存在交替关系。而且，在长期经济中能实现充分就业，失业率是自然失业率。因此，垂直的菲利普斯曲线表明，无论通货膨胀率如何变动，失业率总是固定在自然失业率水平上，以引起通货膨胀为代价的扩张性财政政策与货币政策并不能减少失业。这就是宏观经济政策的和长期无效性。

长期菲利普斯曲线是垂直于横坐标自然失业率点上的一条直线,如图12.6所示。

假定一国经济处于自然失业率(U_f)为5％、通货膨胀率为零的状况。若这时政府采取扩张性财政政策或货币政策,或者两者同时使用,力争使失业率降低到5％以下。扩张性经济政策的实施,使得总需求增加,导致物价水平上升为2％,如图中 A 点所示。

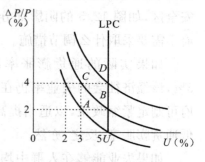

图12.6 短期菲利普斯曲线的应用

假定这时由于合同或者其他原因,工资增长速度慢于通货膨胀率上升速度,便发生了实际工资的下降。由于货币幻觉的存在,劳动者可能将名义工资提高看作实际工资的上升,从而增加劳动供给;雇主会把产品价格上升看作自己产品相对价格上升,从而增加雇佣劳动者。这样一来,就会发生图12.6中短期菲利普斯曲线所显示的情况,失业率由5％下降为3％,即以通货膨胀率的提高为代价,换取较低的失业率。

但这种情况只能是短期的。经过一段时间,劳动者们将会发现物价的上升和实际工资率的下降,这时他们便要求提高货币工资。从图12.6上看,在新的一轮合同谈判中,如果劳动者们坚信通货膨胀率会持续下去,至少要求按照2％的通货膨胀率来增加工资。从雇主的角度来看,货币工资的上升意味着产品相对价格并没有相应上升,故会减少劳动者与产量,由此推动短期菲利普斯曲线向上移动,与5％失业率对应的通货膨胀率不再是零,而是2％的通货膨胀率,如图12.6中 B 点所示。这一过程不断地循环,便产生一条与自然失业率相交的长期菲利普斯曲线(LPC)。该曲线表明,不管通货膨胀率有多高,失业率将保持不变。

如果政府再次推行扩大总需求政策,则通货膨胀与失业率的关系会由 B 移至 C,造成失业率暂时下降。当劳动者对新一轮通货膨胀有所觉察后,又会由 C 点移至 D 点,失业率维持在5％,而通货膨胀率达到4％,交替关系再次遭到破坏。

如果劳动者对通货膨胀有正确的预期,他们将要求按预期调整货币工资。这意味着预期价格水平与实际价格水平相一致,失业率与通货膨胀率的关系只是由 U_f、B、D 各点所组成的一条垂线,即为长期菲利普斯曲线。它说明通货膨胀与失业率之间的交替关系在长期中不再存在,这也就暗示着高通货膨胀率和高失业率可能并存。

在经济决策上,政府或许可以使经济在短期内的失业率低于自然失业率,但从长期来看,所付出的代价是越来越高的通货膨胀率。

第四节 经济发展与就业增长

经济增长和充分就业是一个国家宏观经济政策的主要目标。从世界各国经济发展的历史来看,经济增长与就业增长一般有着正相关的关系,经济增长越快,越能吸纳更多的劳动力就业。经济发展是比经济增长内含更丰富的概念,它不仅包括物质财富的增加,还包括精神财富方面的提高。

经济发展与就业增长的互动关系是客观存在的,是不断变化的。随着经济不断出现的周期性危机,传统理论关于经济发展促进充分就业的主张不断受到批评。如何既要促进经济增长又能促进就业增长,这是各国政府管理宏观经济过程中的两大主要问题。

一、经济增长与就业增长的协调

对比其他国家,特别是发达国家曾出现的过分倚重发展资金密集或技术密集产业和行业,经济虽能保持增长却没有带动就业增加的情况,我们看到了处理好经济发展与就业增长关系的重要性。在工业化、信息化、城镇化、市场化、国际化进程不断加快,科学技术不断进步,资本在企业生产投入中的比例不断增加的情况下,能否使经济发展与就业增长实现良性互动、相互融合、相互促进,都是迫切需要解决的现实问题。

(一)经济发展与就业增长的良性互动

要把就业从被动地适应经济发展的现行格局,转到形成促进就业和经济发展良性互动,使劳动力要素的注入能够更好地推动经济发展。具体来说,包括以下几个方面的含义。

1. 要在发展中同时实现高增长与高就业

努力实现经济发展与就业增长的良性互动,就应当选择适合的经济发展模式,以促进充分就业为目标实现均衡发展,避免出现经济高速增长而就业却是低水平的状况。特别要强调的是,低水平就业的经济增长,也是不可持续的经济增长,原因是:一方面,闲置了人力资源;另一方面,抑制了有效消费的形成,并进一步影响经济发展内生动力的形成。

当然,需要强调的是,充分就业目标的实现最终也是以促进经济效率提高和经济健康发展为基础的,所以,要防止经济过热导致就业盲目扩张。例如,投资于高耗能高污染的重化工项目,虽然短期可增加就业,但随着经济转型也必然出现产业调整、企业关闭、职工失业等问题,导致经济发展与就业增长的不可持续。

2. 在产业结构调整中要使劳动力资源得到较好配置

从经济社会发展的长远进程来看,产业结构的调整是一个必然的趋势,而产业结构的调整,即意味着对现有生产要素配置格局的调整,劳动力在产业间的调整势在必行。如果不能进行合理的安排,结构性失业和摩擦性失业可能在短期内较大幅度上升。所以,在经济结构的调整中,一方面要注重培植新的增长点,拓展新的就业机会;另一方面,要对调整中受影响的就业人群及现有的人力资源格局作出合理的安排,并通过必要的转业转岗培训、再就业扶助和失业保险保障等,使其尽快顺利实现就业岗位的转换。

3. 对人力资源的开发利用要能推动经济和就业增长

劳动力是生产力发展中最重要、活跃的因素,人力资源是经济发展的主导性资源。充分开发合理利用好人力资源,不仅能够在经济活动中体现人的主体性,发挥人的创造性,为经济的高效持续发展提供源源不断的动力,并且能够推进充分就业,为人的全面发展奠定基础。因此,要真正落实以人为本的发展观,改变以往将劳动力作为被动要素去适应经济现实的思维和做法,要将人力资源的开发利用作为推动经济发展和就业增长的核心要素,使人力资源开发战略的实施产生推动经济发展和促进充分就业的双重效果。

(二)实现"良性互动"的基本思路

1. 在价值目标上实现经济发展与充分就业并重

在经济发展与就业增长关系中,首先要明确经济社会发展的价值目标和判断标准。要从片面地追求国内生产总值转变到服务民生,应把扩大就业作为民生之第一要务,作为经济发展的着力点和优先目标,作为检验和衡量经济社会科学发展的重要标准。特别是在就业形势比较严峻的时期,充分考虑降低失业率的要求。必要时,效率、效益及结构转换等目标要适度让位于扩大就业减少失业的目标,资本利益要适度让位于劳动要素利益。

2. 在总体布局中体现"就业优先"

经济发展与就业增长的良性互动,落实到实践上,就是要在国民经济社会发展的总体布局中体现就业优先战略。在经济社会工业化、市场化、城镇化、国际化的发展道路上,要发挥人力资源丰富的优势,劳动力的就业和转移形成经济发展的禀赋优势,增强人力资本投入,使之真正成为推动经济发展的重要动力。

3. 在综合统筹发展中实现"三个转变"

统筹发展是实现经济发展与就业增长良性互动的基本思路。首先,要把经济持续健康发展的过程变成促进就业持续扩大的过程。其次,要把经济结构调整的过程变成对就业拉动能力不断提高的过程。最后,要把城乡二元经济转换的过程变成统筹城乡就业的过程。

4. 在制度安排上做好宏观调控

通过改变就业的宏观制度条件和影响因素,综合运用财政、税收、金融、收入分配和社会保障等政策手段实现对就业的宏观调控,将就业问题与一系列的经济社会政策紧密结合,将实现就业稳定和促进经济发展作为经济社会政策的目标。

二、通过技术进步带动就业增长

在经济快速发展的同时,我们也面临着诸多矛盾和挑战,技术进步与劳动力资源配置就是其中之一。任何事物的运动都必然从时间、空间上得到反映,事物之间的相互影响也是这样。从时、空二维角度来考察技术进步对劳动力就业的宏观效应,有助于我们更深地了解两者之间的联系。

(一)空间维度效应

技术进步对不同产业、不同部门的劳动力就业的影响是不同的,存在一个扩散效应,即从技术进步的核心产业到相关产业再到外围产业,技术进步对劳动力就业的影响由内向外逐渐扩散。一般来说,技术进步对整个就业增长的贡献主要体现在它对相关产业就业增长的贡献上,尤其是那些产业关联度大的核心产业的技术进步,由于能够促进众多关联产业的快速发展,也带动了关联产业就业的迅速增长。

(二)时间维度效应

按照熊彼特的理论,技术进步是波动式地推动经济和社会向前发展的。技术进步对劳动力就业总量和就业结构的影响也呈现一定的周期性。

在技术进步的起步阶段,核心产业的规模有限,对相关产业的扩散效应也有限,所以就业总量的增长较慢,甚至有所下降,就业结构的变动也不那么显著。

在技术进步的持续推进阶段,核心产业的规模迅速扩大,对相关产业的扩散效应也逐步显现,因而就业总量增长迅速,就业结构也会发生明显变化,对技术进步和产业结构调整的适应性和协调性不断增强。

在技术进步的后期,技术进步对劳动力就业的影响逐渐减弱,开始孕育下一波技术进步周期的到来。技术进步对劳动力就业总量的影响由减弱至增强,再减弱,再增强,就业结构与技术进步的关系不断地由不协调到协调,如此循环往复,这就是技术进步影响劳动力就业的周期性规律。

(三)时空二维运动的长期效应

从微观看,技术进步对劳动力就业既有积极影响,又有消极作用。然而,技术进步是社会经济发展的必然趋势。在技术进步的初期阶段,由于技术对劳动力的替代作用,在某些行业、某些部门,有可能造成失业率上升和劳动力就业困难的暂时现象,但这是局部的和暂时的。随着时间的推移,技术进步引起相关产业的迅速发展,将吸收大量的劳动力。所以,从长期看,技术进步将带来就业岗位的增加。

纵观世界各国就业结构变化的历史过程,劳动力就业结构的变动存在较强的规律:劳动力在第一产业的就业比重逐步下降,第二产业的就业比重由上升到稳定再趋于下降,第三产业的就业比重则不断提高。如电商的快速发展,使得传统的批发零售业被新零售产业取代,同时也促进了物流业的发展,促进了劳动力从知识含量低的产业部门向知识含量高的高科技产业部门和以知识为基础的服务业大规模流动。

三、共享经济对劳动关系的影响

2017年12月3日,第四届世界互联网大会在浙江乌镇举行,人工智能、全球数字经济、数字丝绸之路、共享经济等十多场平行论坛同时举行。其中,最受关注的是"共享经济:创新与治理"论坛。

数字革命的发展,几乎所有人都已经参与到了共享经济当中。随着共享经济的规模和影响的不断扩大,吸引了大批就业人群进驻到各类共享平台,网约司机、网约厨师、网约教师、网约保洁等各类"网约工"职业也应运而生。共享经济现在正在繁荣生长,需要我们认真研究它对劳动就业市场的影响。

(一)共享经济的理念

共享经济是指以获得一定报酬为主要目的,基于陌生人且存在物品使用权暂时转移的一种新的经济模式。共享经济,从开放、包容和互惠的价值理念出发,通过在陌生人之间形成信任和互动机制将人与物通过网络相连接,在不发生所有权转移的前提下,将有形和无形资产的闲置容量加以利用的活动。其本质是整合线下的闲散物品、劳动力、教育、医疗资源等各种资源,以便人们更公平、更方便地通过互联网媒介来享有社会资源。共享经济牵扯到三大主体,即商品或服务的需求方、供给方和共享经济平台。

罗宾·蔡斯女士认为,"使用而非拥有"是所有共享经济主张中共有的内核。这里的共享特指转移使用权,但不转移支配权,拥有者与使用者按一定合约共同分享剩余。"使用而非拥有"对互联网来说,它主要表现为平台拥有,大众使用。

闲置资源利用是共享理念的一个重要内涵,网络可以更精细、精准地配置资源。从物品的共享来说,共享经济是一种商业模式,而不是生产模式。通过对剩余物品的激活和市场再循环,共享经济创造了新的经济增长点。

(二)共享经济对就业的影响

共享经济的发展是去中介化和再中介化的过程。所谓去中介化是指共享经济的出现,打破了劳动者对商业组织的依附,他们可以直接向最终用户提供服务或产品;所谓再中介化是指个体服务者虽然脱离商业组织,但为了更广泛的接触需求方,他们接入互联网的共享经济平台。

1. 共享经济创造了新的就业模式

共享经济的表现形式是将闲置资源租让给有需求的人,从而实现物尽其用并获取收益,其主旨在于开放协作和共享共赢。从就业视角审视,共享经济重塑了就业理念,拓展了就业形态,也带动了就业热情。宣懿楠认为,作为一种新的经济增长模式,共享经济带来了新的就业创新模式:

(1)以专属产品共享为主的就业模式。这种就业模式就是通过建立一个共享平台从而把某种专属产品的供给者和需求者联系起来,进而基于专属产品的使用价值让渡实现其经济价值,如共享单车等。

(2)以生活服务为主的线下服务模式。这种模式也可以看作共享劳动力模式,通过共享平台整合一些从事餐饮、家政、配送等业务的劳动力闲置时间来服务更多有需求的人,如外卖、快递等。

(3)以知识技能为主的分享模式。这种共享经济模式的载体是无形的智力资源,通过共享平台将他人或机构的知识技能分享给有需求的对象,最大限度挖掘利用全社会的智力资源服务于社会经济更高质量发展。

(4)以众创空间为共享载体的创客模式。创客模式是一种共享创业资源的共享经济模式,其通过众创空间自身所具备的融合市场化机制、必要的资本以及专业化服务能力要素来为创业者提供低成本的创业平台,创业者从而能够专注于产品和服务。

2. 共享经济扩大了灵活就业

随着平台企业和各类"网约工"的大量涌现,这些劳动者与平台之间的关系似乎不能用传统劳动关系来解释。共享经济主要参与者大多来自服务业的司机、厨师、保洁等职业,其本身就存在特殊性,特殊性在于他们的劳动过程不需要与雇主提供的生产工具和生产资料相结合,或者他们自己就能获取和提供生产工具和生产资料,他们自身就能生产出"服务技能"这种产品。形象地看,他们更像一个"自雇者",而平台企业则像一个"集市",他们来到"集市"揽活并向"集市"支付租金,随后与客户进行自由交易。

3. 共享经济模式造成一些传统工作岗位的萎缩甚至消失

在未来,越来越多的工作可能被拉入低收入岗位行列。近年来,网约车在全世界范围内的迅猛发展,引发各国出租车司机的罢工与抗议。共享经济突破了传统雇佣关系隐含的"责、权、利",平台运营模式回避了企业给员工提供基本福利保障的义务,对从业者的控制及劳动权益保护也引发了巨大的争议。

随着共享经济新增就业规模的不断扩大,社会上也掀起了这种新经济业态是否对劳动关系带来影响的讨论热潮。有观点认为,传统劳动关系是工业化时期大规模雇佣的产物,劳动者只能服务于单一的购买其技能的雇主,并通过法律契约的方式加以确认,而在共享经济条件下,劳动者凭借信息化手段,可以对应更多的服务对象,并以更加灵活化的工作方式出现。因此,劳动关系中的"雇佣"应当变为"交易型服务",劳动"合同"应当变为"协议"。中国正在迈入一种新型劳动关系。

闻效仪教授认为,共享经济的快速发展已经实质影响到实体经济的劳动关系。除了在消费端上带来的冲击外,劳动力的"脱实向虚"成为关键影响因素。随着大量风险资本进驻共享经济领域,通过巨额补贴不计成本地"跑马圈地",劳动力也在源源不断地从"线下走到线上"。

共享经济的核心是人与人的交往,共享经济在快速发展的同时,也面临很多挑战。有业内专家直言,虽然共享经济快速发展为就业创业提供了新的思路和渠道,但由于这一领域中的经营模式大多是新生事物,很可能造成用工纠纷或现行政策不适用等问题,因此,政府相关部门应当对这些因为共享经济带来的风险有警惕之心和防范手段。

四、劳动力可持续发展与转变经济发展方式

中国在经历了多年的高速增长后,经济增长过程中所暴露出来的问题越来越突出,集中体现在创新能力不强、经济增长方式粗放、国内需求不旺、过度依赖出口等方面,因而转变经济发展方式的要求更为迫切。

(一)转变经济发展方式对劳动力数量和素质提出更高要求

转变经济发展方式最主要的是提升产业结构,改变在世界分工体系中的底层地位。不断地提高劳动力的素质,包括劳动者的文化素养、学习能力、技术水平、熟练程度、身心健康等方面,才能适应转变经济发展方式中对劳动力提出的更高的要求。促进劳动力的可持续发展才能为转变经济发展方式、为新型工业化准备更多、更合格的、适应新的技术需要和新的产业需要的劳动力。劳动力的可持续发展是转变经济发展方式的基本条件。

(二)转变发展方式有利于劳动力的可持续发展

顺利转变经济发展方式,要求改变过度依赖出口的局面,改变过度依赖政府公共投资的局面,把经济发展的动力转向更多地依赖国内需求上,要求劳动力有更多的收入用于消费,这必然以提高劳动者的工资为前提。当劳动力消费增加以后,就有利于劳动力生活水平的改善、健康水平的提高、文化素养的提高,从而有利于劳动力的可持续发展。

(三)促进劳动力可持续发展的措施

实现经济发展方式转变,就必须以人的可持续发展作为前提,具体措施主要有以下三种。

1. 维持合理的人口数量

许多国家经济高速增长的动力源泉就在于充裕的廉价劳动力资源。然而,随着

时间的流逝,随着人们对闲暇生活的要求增加,一些国家人口出现负增长,从而导致青壮年劳动力数量逐渐减少。为了防止用工荒的加剧,实现人口的可持续发展,要避免经济发展时可能面临的巨大的劳动力缺口,也要考虑到技术进步对劳动力就业的冲击,防止人口过快增长。

视野拓展

2. 提高劳动者工资

必须通过不断提高劳动者的收入,以解决消费、培训、教育、医疗、住房甚至精神消费的需求。这样才能实现劳动力的再生产,实现人的可持续发展,进而为城市化、工业化、产业结构的升级提供更多、更合格的劳动力。

3. 不断提高劳动者的人力资本素质

应该通过加大教育投入、加大医疗保障投入、完善劳动力市场等,促进劳动力的可持续发展。这样才能够为经济的可持续发展提供数量更多、素质更高的劳动力,以迎接经济发展方式转变对劳动力素质提出的更高要求。

总之,可持续发展是我国的长期社会经济发展战略,本质是生产力的可持续发展。而生产力既然包括物质要素,又包括人的要素。而人是其中最主动、最有创造性的因素。社会经济的发展,目的就是要提高人们的物质和精神生活,归根到底是人的全面发展。因此,可持续发展要实现物质的可持续利用,更重要的是实现人的可持续发展,实现人的素质的不断提高,从而创造更美好的人类生活。

本章小结

在很多劳动力市场上,政府的非工资支出会影响工资率和就业量。这种支出一般采取两种形式:购买支出和转移支付。

在其他条件相同,公共物品的生产和消费与私人产品是互补关系时,将产生对私人部门劳动力的引致需求;相反,若公共物品的生产和消费与私人产品是替代关系时,则会降低私人部门对劳动力的引致需求。公共物品和服务的提供会减少经济中个体和总体劳动力供给。公共物品和私人产品的替代性越强,劳动力的供给减少得越多。

二元经济是指发展中国家的经济是由两个不同的经济部门组成。一是传统部门,二是现代部门。所谓刘易斯转折点是指这样一种情况:在二元经济结构中,在剩余劳动力消失之前,社会可以源源不断地供给工业化所需要的劳动力,同时工资还不会上涨。直到有一天，工业化把剩余劳动力都吸纳干净了，这个时候若要继续吸纳剩余劳动力，就必须提高工资水平。

菲利普斯曲线表示的通货膨胀率和失业率的交替关系，只有在价格水平的变化没有被预期到的情况下存在，即它是一种短期现象。短期菲利普斯曲线为政策选择提供了理论依据。在长期中，菲利普斯曲线是一条垂线，表明失业率与通货膨胀率之间不存在交替关系。

共享经济是指以获得一定报酬为主要目的，基于陌生人且存在物品使用权暂时转移的一种新的经济模式。从就业视角审视，共享经济重塑了就业理念，拓展了就业形态，也带动了就业热情。共享经济的核心是人与人的交往，共享经济在快速发展的同时，也面临很多挑战，很可能造成用工纠纷或现行政策不适用等问题，需要相关部门尽快出台更有针对性的监督管理措施。

经济发展与就业增长具有相关性，但经济发展能否拉动就业同步增长，却与经济的发展方式、产业的布局结构、人力资源开发利用在生产力发展中的作用等紧密相关。实现经济发展方式转变，就必须以人的可持续发展作为前提：一是要维持合理的人口数量；二是要合理地利用劳动力；三是要不断提高劳动力的人力资本素质。

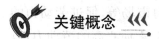

关键概念

二元经济　　　　　　刘易斯拐点　　　　　　菲利普斯曲线
经济增长与就业增长　　劳动力可持续化发展　　共享经济

思 考 题

一、思考题

1. 公共部门就业对劳动力供求有何影响？
2. 所得税政策对劳动力供给会产生什么影响？
3. 什么是二元经济？如何理解刘易斯转折点？你认为我国出现了刘易斯转折点吗？
4. 短期菲利普斯曲线和长期菲利普斯曲线是否相同？若不同，产生的原因是什么？有何政策建议？
5. 如何促进经济增长与就业增长的良性互动？
6. 如何促进劳动力可持续化发展？
7. 全面放开"二胎"生育政策，对经济增长和劳动就业会产生什么样的影响？
8. 技术进步对经济发展和劳动力就业会产生什么影响？

二、案例分析

李克强总理：网购、快递等逆势快速增长，带动了就业和传统产业的发展

2021年3月11日，十三届全国人大四次会议闭幕后，国务院总理李克强在人民大会堂出席记者会并回答中外记者提问时指出："网购、快递等逆势快速增长，带动了就业和传统产业的发展。"

在谈到"今年新增城镇就业的目标是1100万人以上"时，李克强指出，就业还是要让市场来唱主角，也就是继续通过保市场主体来保就业。一方面推动稳岗、增岗，另一方面拓展就业渠道。去年疫情中就业方式也有新变化，像我们这几年发展的新动能，包括网购、快递等逆势快速增长，也带动了就业和传统产业发展。一方面要继续鼓励增加相对稳定的就业岗位，另一方面也要广开灵活就业的渠道。

李克强指出，现在中国的灵活就业正在兴起，已经涉及两亿多人。有的人一人打几份工，很辛苦，所以我们应该给他社保补贴，特别是要用机制性的办法来解决可能出现的职业伤害问题，给他们提供基本的权益保障。这也有利于灵活就业市场更加健康、稳定地向前发展。

国家邮政局统计数据显示，2020年全年快递业务量完成833.6亿件，同比增长31.2%。新增社会就业20万人以上，支撑网络零售额10万亿元以上，在经济社会发展中作用凸显，为扎实做好"六稳"工作、全面落实"六保"任务作出了积极贡献。据测算，150件快递就可以稳定一人就业，快递业每年新增就业在20万以上。件量增加需要大量快递小哥来支撑，末端网点铺设需要人力保障，服务领域拓展也需要新的岗位。

"李克强总理在回答记者提问时，赋予邮政快递业'发展的新动能'的崭新定位，充分肯定'网购、快递等逆势快速增长'，给予'带动了就业和传统产业发展'的高度评价，体现了党中央、国务院对邮政快递业的关心关注、鼓励鞭策，为邮政快递业更好服务经济社会发展进一步指明了方向、标识了坐标。"国家邮政局党组书记、局长马军胜表示。

记者梳理发现，这是总理从2015年"愿意为网购、快递和带动的电子商务等新业态做广告"，2019年在回答发展"互联网＋"、共享经济相关问题时肯定"电商、快递对工业品下乡、农产品进城，可以进一步起到搞活流通的作用"，2020年肯定"网购、快递等一些新业态是逆势增长"之后，第四次在全国两会后的记者会上肯定快递业的作用。

思考讨论：

(1)试根据上述资料分析：快递业快速发展的原因是什么？

(2)快递业发展对完善劳动力市场有何指导意义？

课外阅读资料

参考文献

1. W·舒尔茨.人力资本投资.北京:商务印书馆.1990.
2. 蔡昉.劳动经济学.北京:中国社会科学出版社.2015.
3. 蔡昉.中国特色城市化道路及其新内涵.光明日报.2018-08-14.11版.
4. 曹斌.二元经济、剩余劳动力和刘易斯转折点.云南财经大学学报,26(05).2010.
5. 程实.劳动与闲暇:法国人的两难选择.第一财经日报.2005-03-29.
6. 大卫·桑普斯福特,泽弗里斯·桑纳托斯.劳动经济学前沿问题.北京:中国税务出版社.2000.
7. 德里克·博斯沃思,彼得·道金斯,索尔斯坦·斯特龙巴克.劳动市场经济学.北京:中国经济出版社.2003.
8. 丁守海.中国公共部门就业凸显棘轮效应.中国社会科学报.2011-6-17.
9. 冯蕾,邱玥.中国十年新增就业上亿人,经济增长是坚实支撑.光明日报.2012-12-21.
10. 付小平.人力资本理论的形成与发展.中小企业管理与科技,(9上).2009.
11. 广州日报.美国大萧条时期的生活.广州日报.2008-11-12.
12. 何承金.劳动经济学.大连:东北财经大学出版社.2010.
13. 胡鞍钢,王蔚.2017-03-07.时代呼唤中国工匠.光明日报.
14. 胡学勤.劳动经济学.北京:中国经济出版社.1999.
15. 黄浴宇.留学投资也当理性 五十万读洋MBA值不值.扬子晚报.2009-3-18.
16. 黄振奇.关于居民收入分配的基本理论与原则.中国社会科学院研究生院学报,(2).1996.
17. 加里·S.贝克尔.人力资本.北京:北京大学出版社.1987.
18. 江超萍.拿什么留住你 我的员工.管理@人,(10).2007.
19. 坎贝尔·R.麦克南,斯坦利·L.布鲁,大卫·A.麦克菲逊.2004.当代劳动经济学.6版.北京:人民邮电出版社.
20. 李放.劳动经济学.2版.北京:科学出版社.2016.

21. 李含琳. 中国农民与城市融合发展的演进. 光明日报. 2016－12－29.

22. 李剑平. "工匠计划"给高技能人才面子、位子与票子. 中国青年报. 2016－04－13.

23. 李仁君. 歧视将会使社会经济付出代价. 海南日报. 2007－4－30.

24. 林火灿. 经合组织报告肯定中国结构性改革成效——效率增长就业充分成经济主动力. 经济日报. 2017－06－27.

25. 林铉. 董明珠的困惑也是经济的挑战. 21世纪经济报道. 2016－12－28.

26. 刘乐山,鲁昕..美国调节收入分配差距的财政措施及启示. 喀什师范学院学报,(01).2007.

27. 刘昕. 劳动经济学教程. 北京:中国人民大学出版社.2012.

28. 刘英团. "用工荒"凸显劳动力流动不畅. 农民日报. 2013－02－26.

29. 卢昌崇,高良谋. 当代劳动经济学. 大连:东北财经大学出版社.1997.

30. 陆铭..城市内部高低技能劳动力必须是"互补"的. 北京日报. 2016－05－16.

31. 罗宾·蔡斯. 共享经济:重构未来商业新模式. 佟鑫徐娇 编,王芮 译. 浙江:浙江人民出版社.2015.

32. 罗纳德·G·伊兰伯格,罗伯特·S·史密斯. 现代劳动经济学.10版.刘昕 译. 北京:中国人民大学出版社.2012.

33. 罗南疆. 北京拟规定招聘信息含歧视最高可罚3万元 昆明尚无规定. 春城晚报. 2013－02－18.

34. 罗润东,李超. 影响我国劳动力短缺的八大因素. 中国社会科学报. 2012－8－22.

35. 吕怡维. 美国反就业歧视法规则及其对我国的启示. 苑法学杂志,(1).2010.

36. 马丁·布朗芬布伦纳..收入分配理论. 方敏译. 北京:华夏出版社.2009.

37. 马培生. 劳动经济学.3版. 北京:中国劳动社会保障出版社.2015.

38. 马荣霞..改变经济发展模式与促进就业. 人民论坛,(30).2011.

39. 曼昆. 经济学原理.7版. 北京:北京大学出版社.2015.

40. 宁光杰. 劳动经济学.2版. 北京:经济管理出版社.2015.

41. 平力群. 统计性歧视藩篱下的女性创业困境. 中国妇女报. 2012－12－10.

42. 乔治·J·鲍哈斯. 劳动经济学. 北京:中国人民大学出版社.2010.

43. 仇德辉. 统一价值论. 北京:中共中央党校出版社.2018.

44. 冉泽. 社会收入分配差距引热议. 私人财富,(2).2013.

45. 沈琴琴. 劳动经济学.2版. 北京:中国人民大学出版社.2017.

46. 石智雷,杨云彦. 家庭禀赋、家庭决策与农村迁移劳动力回流. 社会学研究,(3).2012.

47. 田永坡. 推动劳动力要素流动更顺畅更有序. 中国劳动保障报. 2020－06－10.

48. 陶达嫔. 垄断业年薪：平均工资 1.6 倍. 南方日报. 2012－06－19.

49. 王宝锟. 欧盟从劳动力市场开放中受益. 经济日报. 2009－05－23.

50. 王梅. 最低工资制度对劳动力市场影响的实证分析. 开发导报,（2）. 2008.

51. 王守志. 劳动经济学. 北京：中国劳动与保障出版社. 2006.

52. 王询,姜广东. 劳动经济学. 北京：首都经济贸易大学出版社. 2008.

53. 魏下海,王临风,林涛. 我国人口老龄化的劳动力市场效应. 中国社会科学报. 2016－05－19.

54. 萧坊. 理性看待行业收入差距. 中国青年报. 2011－12－12.

55. 亚当·斯密. 国民财富的性质和原因的研究. 1 版. 郭大力 王亚南译. 北京：商务印书馆. 1972.

56. 约翰·梅纳德·凯恩斯. 就业、利息和货币通论. 1 版. 高鸿业译. 北京：商务印书馆. 1999.

57. 杨河清. 劳动经济学. 4 版. 北京：中国人民大学出版社. 2014.

58. 杨伟国. 劳动经济学. 大连：东北财经大学出版社. 2010.

59. 杨燕青. 中国的："刘易斯拐点"之谜. 第一财经日报. 2010－3－26.

60. 袁伦渠. 劳动经济学. 5 版. 北京：东北财经大学出版社. 2017.

61. 曾湘泉. 劳动经济学. 3 版. 北京：复旦大学出版社. 2017.

62. 张抗私. 当代劳动经济学. 北京：经济科学出版社. 2000.

63. 张乐. 研究失业率 三经济学家获诺贝尔经济奖. 新京报. 2010－10－12.

64. 张哲,毕嘉宏. 全球"刺眼"失业率：发展失衡？教育之殇？. 中国社会科学报. 2012－1－30.

65. 钟正. 中国再现大规模民工返乡潮 结构性失业问题凸显. 福州晚报. 2012－07－24.

66. 周裕妩. 诺贝尔奖得主皮萨里德斯：高楼价阻碍劳动力流动. 广州日报. 2011－5－16.